U0102427

因为至性，所以动人

梁漱溟 著

梁培宽 梁培恕 辑录

梁漱溟谈读书

中国文史出版社

百年中国记忆书系

总策划、主编

刘未鸣

副主编

唐柳成　张剑荆　段敏

百年中国记忆·名家谈读书丛书

主编

段敏　张春霞

责任编辑

（按姓氏笔画排序）

牛梦岳　高贝　张春霞

前 言

勉仁斋与梁漱溟的读书录
——辑录者前言

先父梁漱溟所写读书笔记一类文字，不时于标题之前冠以"勉仁斋读书录"数字。这样做，最早见于20世纪30年代初，至70年代已届暮年，也曾如此。现在我们兄弟二人将他的读书笔记一类文字整理辑录成书问世，即沿用之以为书名。

"勉仁斋"三字首次出现在他所写《思亲记》一义：文末写有"记于勉仁斋"数字。这是1925年春他借住于清华园时的事：当时他独自一人在此整理编辑我们祖父梁巨川老先生的遗书。所写"勉仁斋"三字自然是指清华园内他的借住之处。

1921年，《东西文化及其哲学》问世，书末先父提出"再创中国古人讲学之风与近代社会运动结合为一"的主张，想要聚合一些朋友，试作一种类似于宋明古代书院式讲学活动，而随后就有人响应。于是若干青年朋友自愿与先父聚拢于一处，开始了同处共学的生活。他们"自起居游息以迄工作读书常常都是在一起的"。

这种生活似最早起于1922年，当时先父尚任教于北大。他们同处共学之地为北平地安门内吉安所（街道名），赁屋若干间，历时约两年。此时已来北大任教的熊十力先生也参与其中。

1924年下半年，师友一度同往山东曹州（今菏泽）省六中高中部办学，1925年下半年又同返北平，赁屋于什刹海附近的东煤厂（街道名）；不久迁至西郊大有庄（颐和园外东北，今中央党校东），租了一个宅院，又过起这种同处共学的生活。这时参加的有北大在学学生或旁听生，有原山东省六中学生；籍贯有山东、山西、四川的，还有远道来自海南岛的。当时除熊十力先生，又多了一位德国人卫中先生。由此可见"勉仁斋"曾是有址可寻的，只是前后多变，而且由原指个人读书之处变为称谓师友同处共学之处了。

师友们过的"虽然是一种团体生活，但没有什么会章。大家只是以人生向上相策励，每日只是读书讲一讲学问"。他们这些人都是"很想求得自己的人生生活"，而"不愿模模糊糊地过下去的人"。他们"讲学问"，自是讲求那种"能了解自己，并对自己有办法的学问"，即讲求自身修养之学。此时以及日后，就有"勉仁斋诸友"一词不时出现在师友间的信函中。这样，"勉仁斋"三字又衍变为师友团体代名词了。

师友以讲求自身修养相互策励，先父梁漱溟更是以"自身生活上自勉于自觉、自主、自如"为其终生的追求。这一点，读书作为其生活内容的一部分，同样也有体现。在阅读本书时，读者不难发觉先父梁漱溟对他所阅读的内容，往往以"人生"这两字为切入视角，或加以评价，或发表议论，或作摘录等，以表述其心得体会。这或许是这本读书录与他人所著同类著作有所不同之处吧。

以本书中《读厨川白村〈东西之自然诗观〉》为例，他即指出厨川所说东西文艺观点之殊异，印证了在其所著《东西文化及其哲学》中所作的"判论"：中国人与西洋人之"分异点"，在于人生态度之根本相异。

又如本是一本进行爱国主义教育的青年读物《卓娅与舒拉的故事》，却引起他这位老人的注意。20世纪50年代出版不久他读了一回，留有深刻印象，时隔七八年又借来重读，并写出数千字的笔记。是什么引起他如此关注？主要是卓娅的为人不凡。例如，卓娅十二三岁即表现出"内心明觉之强，不容一毫欺瞒"。而先父一向认为"人类之可贵在其清明自觉"，因而极为赞赏卓娅，说她"时时有其明强之内心活动，虽不知学（践形尽性之学），而庶几亦有吾古人所云自强不息之意"。

还有一本他一读（1963年）再读（1973年）的书——《河上肇自传》。此书传主自述其人生的内心体验极为深刻，显然深深触动了他。又因为彼此的某些人生体悟有相似或相近之处，遂引起他的强烈的共鸣，因而赞誉河上肇为"人生实践上追求真理的勇士"，写出的读书笔记竟有七八千字之多。他十分注意河上肇不同于一般人那样，"在世俗趣味中混过一生，而独能在没有外来打击，生活平顺中，自己触发了人生疑问，失去了人生兴味，陷入苦闷深渊，然后获得了宗教经验"。于是联系到自己，梁漱溟说："此其事例上有类于释迦牟尼感触人生问题而弃家出走，下则如我愚劣，亦曾于人生烦闷中早年思求出家，皆有若同符。"

《甘地自传》他早年读过，晚年又重读，并找了几本论及甘地的著作来阅读，做出笔记与摘录多篇，共约有两万字。从这些笔记中可以看出，他最为关注的乃在甘地的为人和他的人生体验。他指出甘地的生活"盖本乎其内心真切的自觉的良知而动作着"。对于甘地所领导的"不抵抗运动"，他也从这一点去认识和理解："一任天理流行的人无所贪慕依恋，无所贪慕依恋而后能无所恐怖惧畏。甘地胸中正有中国古人所谓'无以尚之'的东西在，他当然不会屈服于任何势力之前，同时他更不会以威武屈人，非暴力的根本在此。"

著名学者熊十力先生早在1919年即与先父相识，相交数十年，是"踪迹至密"的朋友。先父将熊老所有重要著作读过之后，肯定熊先生之所见"固有其真价值不容抹杀"，写出《熊著选粹》一长文。同时又写有《读熊著各书书后》，批评了熊老，说了他老来竟"悔而不改"一类分量很重的话。先父不敢苟同于熊先生之处不少，例如指出熊老将儒家孔门之学"随俗漫然亦以哲学称之"，这便"模糊了儒家特征"。应知实际上"儒家身心性命之学不等同于今之所谓哲学"。它是"为自己生命上一种修养的学问""此学贵在力行，而不尚思辨；思辨乃为力行而用，舍力行而用思辨，曾未之前闻"，而熊先生恰是"舍力行而用思辨"，这是他所绝不敢苟同的。

除上述几篇，从本书诸多读书笔记中，也可以见出作者是就人生问题上作一种思考或发挥。如果只作摘录或摘句，其所摘内容也往往是促人省悟或勉人向上奋进的。总之，或直接，或间接，多有关身心修养之事。读者读过之后，是不难理会的。

先父一生读书甚多，写有读书笔记者只限于一小部分。早年的多已无存，存的多是20世纪50年代初以后所写。但"文革"中遭抄家，笔记随文稿与书籍全被收缴一空，今得收入本书者仅限于幸得发还的那些。这损失只能令人叹息。

读书录自然是一个人读书生活的反映，可由于种种原因，能留存并收入者相当有限，只是其中一小部分，因而仅能反映其读书生活之一斑而已。然而从中仍然可有助于增加对他的了解。

梁培宽　梁培恕
2007 年元月 29 日于北京

目 录

第一章　追寻人生至理

第二章　中国人与西方人思路不同

第三章 格义致知：心体通乎一切

第四章 认识马克思主义

第五章　评说西方学者思想

追寻人生至理

至性动人

——读《卓娅与舒拉的故事》*

　　《卓娅与舒拉的故事》叙述苏联卫国战争中壮烈捐躯者青年两姊弟，出于其亲母手笔。二子身为国殇，其尽忠于国之情节自所当详。而为母氏者顾从其自身结缡说起，于其家人间夫妇、亲子、兄弟之情缕缕焉委婉言之，亲切自然，至性动人。由是而知其子忠烈固自有本有素，非发见乎一朝。正唯其琐细逼真而临文无枝蔓，无冗赘，不意存说教，乃所以其感人者弥深也。呜呼！此母固不凡矣！慈爱、孝友、忠贞自昔中国人好言之，而如此至文犹不多见，吾是以不能不深深叹美之也。

　　卓娅秉性从其母氏叙述中灼然可见，则此母于其女固有所

---

* 　《卓娅与舒拉的故事》，留·柯斯莫捷绵斯卡娅著，么洵译，中国青年出版
　　社，1955年版。——作者
　　本书中部分文字加有着重号，均为作者所加。——辑录者

认识无疑。然中国古人尽心知性之学，彼未之前闻。吾将从这里抉而出之，卓娅忠烈所本，庶几可明白也。

书中叙述二子出生以至其死，于稚弱情态颇多描绘，而卓娅秉性既有可见。原书 23 页处本意在写舒拉之有趣，却透露了卓娅为人：

最有趣的是：如果卓娅不了解什么东西，她就率直地承认这个（不了解）；可是舒拉自尊心特别大，"我不知道"这句话，是很难从他口中说出来的。（下略）

下文颇长，极有趣味，读者可取阅原书，这里不能不从略。这里要指出的是：卓娅所表现正是中国古人所云"知之为知之，不知为不知，是知也"那句话。最末一个"知"字——第五个知字，在她内心是明强的。这亦就是古人所云"直心是道"。（大约此时舒拉至多三岁而卓娅五岁未满。）

再看卓娅稍长大入学以后有一桩事就更清楚。原书 183 至 185 页处，母亲叙述着：

"卓娅你为什么这样愁眉不展呀？"（母问）"化学得了（评分）很好。"卓娅不高兴地回答说。

我的脸上现出了那样地惊愕的神气，舒拉甚至就忍不住哈哈大笑起来。

"成绩'很好'倒使你难受了吗？"我问道。我真有些不相信自己的耳朵和眼睛了。

因为卓娅坚决地不说话，舒拉就开始说道："我现在把一切都对你说明白了吧。你知道吗，她认为化学她知道得不够'很好'。"

在舒拉的语气里表现出（他）不同意（于她）。

卓娅两手托着下颚，一双不高兴的黯淡的眼睛由舒拉身上转移到我的身上来。

"本来是嘛，"她说，"这个'很好'一点儿也不能使我高兴。我踱来踱去，左想右想，最后我走近蔚拉·亚历山大罗夫娜（化学教师），对她说：您的这一门功课我知道得不够'很好'。可是她看了看我，就说：您既然这样说，就表明将来您能知道。我这次给您的'很好'，就算是给您的预支吧。"

"她（化学教师）一定是想你故意装腔作势！"舒拉气忿地说。

"不！她没有这样想！"卓娅昂然挺直了腰，她的两颊马上红了。

此下叙述母亲看出舒拉的话痛楚地刺激了卓娅，起来说话支援卓娅，以及另一次当卓娅不在时舒拉又拉出此事来讨论，均从略。在此要指出的是：卓娅所表现不又是其内心明觉之强，不容一毫欺瞒的吗？

这时卓娅大约已经十三岁了。我们再倒回去看她的幼小时一件事。事情见于原书33页，卓娅随同父母到外祖父家住，一次外祖父的眼镜偶然不见，以问卓娅，卓娅回答不知道。随后眼镜发现在某处了，外祖父还是认为卓娅所弃置，就说她说了假话。卓娅翻着眼睛看看外祖父，不屑作答。但是吃饭时竟不愿就座，她说："我不坐，既然不相信我，我就不吃饭！"她坚持着不就座，竟使得外祖父在五岁的孩子面前有些难以为情。此其正直之内心不容人轻侮，岂是寻常稚幼所有。方其稚幼且如此，则宜其稍长后拒不肯受老师之过奖也。

基于明强之自觉心而自律严，律人亦严。书中叙述卓娅律己律人之严，其例多不胜举。原书58页叙云：

有一次舒拉（五岁）打了一个碗，可是他不承认。卓娅用眼睛盯住他，皱着眉说："你为什么说谎话？不可以撒谎！"她虽未满八岁，但是话说得很有信心，很庄严。

其后姊弟一同入学，在学校中她对同学们亦是严的。在111至112页处，母亲自叙：

我很担心是否卓娅对于别人要求过严，是否她在全班里孤立起来了。抽出一些时间我就拜访丽基亚·尼柯来夫娜（主任教师）去了。

丽基亚·尼柯来夫娜仔细听了我的话之后，沉思地说：卓娅是耿直的公正的女孩子，她永远对同学们直率地当面说真理。最初我还担心她会惹得同学们反对她呢。可是不然，并没有发生这样的事。（中略）"你知道哇，"丽基亚·尼柯来夫娜补充着说，"最近有一个男孩子在众人面前大声问我：丽基亚·尼柯来夫娜，您说您没有喜欢的人，难道您不喜欢卓娅吗？"老实说，我被问得愣住了。可是我接着就问他：卓娅没有帮助你做算题吗？他回答说帮助了。我又问另外一个孩子：帮助你了吗？"也帮助了。"我再问一个：帮助你了吗？一个一个问，结果是卓娅差不多给所有的同学们都做了一些好事。"怎能不爱她呀？"我问。他们全同意了，他们全喜欢她。"你知道哇，他们全尊重她，这可不是对于任何这样年龄的人都可以这样说的。"

丽基亚·尼柯来夫娜沉默了一会儿。然后她又继续说："她是一个很坚决的女孩子。只要是她认为正确的，她绝对坚持不让。孩子们了解：她对于一切人都是严格的，对于自己也是严格的；严格要求自己，也严格要求别人。和她交朋友，当然不容易。"

原书 185 页叙述舒拉向其母讨论其姊在学校中的事：

（上略）"再有，也是昨天，你想也想不到在教室里吵得多么热闹啊！那一课是默写。一个孩子问卓娅'经过'的'经'字怎么写，卓娅总不回答她。你看，固执不固执啊！全班里的人分成两半，差一点打起来。一些人喊卓娅不是好同学，另外一些人喊卓娅是有原则的。……"

"你喊什么了呢？"（母问）

"我什么也没喊。但我如果是她，我什么时候也不能拒绝同学的。"

……

沉默了约一分钟，我说了："你听着，舒拉，在卓娅做数学题做不好而你早做完了的时候，她求你帮助她吗？"

"不，不求。"

"你还记得那次她算那个难解的代数题，算到早晨四点钟，可是究竟她自己解答了吗？"

"记得。"

"我以为这样严格，这样认真地对待自己的人，有权严格对待别人。(中略) 我不能尊敬那些依赖别人告诉或依赖夹带的人，我尊敬卓娅（下略）。"

"（上略）譬如别佳就这样说：如果我不明白，卓娅什么时候都能给我解释，永不拒绝。可是在试验时候暗中帮助，那就是不诚实。(下略)"

必须指出：严正出乎秉性之自然，既非有意严正，亦非陷于惯性的严正，那是无碍于其人之和易近人、温厚可亲的。卓娅"几乎为所有的同学都做了些好事"（见前），没有得罪什么人，正在此。

又在原书 187 至 188 页，其母叙述着：

卓娅本来是一个活泼愉快的少女。……在经常的严肃中，时常透露出她继承了父亲的幽默来。（下略）

幽默感脱离她的时候很少，她会讲惹人笑的话，而她自己不笑。

这皆是不容忽视的侧面。

卓娅平素关心别人，关心集体，可于书中备见之。当她在小学时"如果他们的一班在测验时总成绩不好，卓娅回家来就面带愁容……"（原书 91 页）。母亲担心是她功课或不够好，问她，她却数出某某同学功课不好，以致累及了全班，至于她自己则各门功课全做对了，没有什么问题。

然而她却亦有一次几乎脱离群众的事。这已是 1941 年卫国战争起来之后了。她和高级班的同学们一起被调去外地劳动战线上，为国营农场收获马铃薯，以免冻坏。工作是艰苦的，她长时间在一个地方刨挖，却发现许多同学前进得很快。经过检查，原来他们干得快是只图快，只刨浅层的薯块，而剩在深土中的好的大的马铃薯还多呢。她自己踏实认真地工作——这原是不欺内心明觉，不务表面功绩所必然的——自然就显得很慢了。检查明白，她仍旧守着她那远为落后的地方工作，不理睬那许多同学们。同学们喊她，说她脱离群众。她忿然责斥他们工作不忠实。争吵了很久。及至同学们说出"你应该相信我们，检查后马上就告诉我们……"，而她的朋友尼娜也说她做得不对，卓娅于是醒悟了。——她醒悟到：假如当初和同学们先谈

一谈，也许那时自己无须从群众中分出来了。（256 页至 258 页）

这件事引起她反省自责，而和尼娜更友好。母亲在家里初不知其事，只收到她从农场的来信，信末忽有自责没有涵养的一句话而莫解所谓。继而又收到一信片，自陈与尼娜结交，如此而已。然在舒拉看了来信，却心里很懂得其姊的情况。舒拉对母亲说：

"你知道吗？她跟同学闹别扭啦。她时常说她缺乏涵养，对待人的耐性不够，她说过：'应该会接近人，不可以一下子，就对人生气，可是我并不是永远会这样做的。'"

原书 188 页小标题《独处自省》的一段，是叙说卓娅十五岁时有一布皮很厚的日记：

……这是一本奇怪的日记。它和卓娅十二岁时候写的日记完全不同。她在这里并不叙述什么事故。有时仅仅写几句话，有时写了一句由书上摘下的话，有时候写一句诗。……可以看出我的女儿在想什么，看出她被什么感动了。

……

我怀着奇怪的和复杂的心情合上了本子不再看它。……这是一面明澈的大镜子，在这里反映着理智和心灵的每一活动。……独处自省，检讨检讨自己，在距离别人的眼目（母亲的眼目也包括在内）较远的地方考虑考虑一切，对人是有益的。

到后来，人们铭刻在卓娅墓碑上的就是取自这本日记中她自己早所摘取的名言：

> 人生最宝贵的就是生命。这生命，人只能得到一次。人的一生应当这样来度过：当他回忆往事时，不致因为自己虚度年华而悔恨……临死的时候能够说：我的整个生命和精力，都已献给世界上最壮丽的事业——为解放人类而做的斗争了。

这原是尼古拉·奥斯特洛夫斯基的话，卓娅生前采为标语和座右铭，并在她短短的生活和死之中实践而体现之。

日记不止这一本，原书 268 页有以《日记本子》为小标题的一段，叙述卓娅投身卫国战线后其母从抽斗中发现的一个小日记本子。在前几页上开列着许多作家姓名及其作品名称，其中标有十字的是读过的记号。再往后看去，则有对于作家及其著作的评断，亦有不少选录的文句，从而又可以看出卓娅的思想和感受。

这里试引其三则以见一斑：

> 人的一切都应该是美丽的：面貌，衣裳，心灵，思想。（契诃夫）
>
> 萨勒：在劳动是快乐的时候，生活是美好的！在劳动是不

得已的时候，生活是奴隶！

……什么是真理？人，这就是真理！

……虚伪是奴隶和主人的宗教，……真理是自由人的上帝。
（高尔基）

这些文句，有的词意所指尚难确知，有的涵义深浅未可遽定。我们引来只在指证卓娅时时有其明强之内心活动，虽不知学（践形尽性之学），而庶几亦有吾古人所云"自强不息"之意。

似乎卓娅平素举止之间不见有粗率与浅露之失，殆亦为此心恒在之证。如原书109页有这样的叙述：

有时候她和小孩子们也玩打雪仗。但是她的态度很谦让，很小心，像一个长者一样。舒拉一打雪仗就把世界上一切全都忘掉了：猛投一阵，躲过对方投来的雪团，又努力向前打去，不给敌人留一秒钟的喘息时间。

这时卓娅就喊："舒拉，他们是小孩儿呀！……你去吧！你不懂得，对他们不可以这样。"

实则此时卓娅亦只得十一岁而已。又有如170页叙述：

有一次，（此时卓娅十二岁）街上一个男孩子在我们窗前虐待和逗弄一条小狗。投石块打它。又拖它尾巴。以后又把吃剩下的腊肠送到它鼻前，它正张口要咬住这美食，他马上又撤回了手。这一切，卓娅隔窗看得很清楚。虽然那时已是深秋，她连大衣也没披上，就那样跑出去了。看她的神色，我（母自称）怕她就会大声叱责那男孩子，甚至用拳头去打他。可是她没有嚷叫，也没有举拳。

"别那样子！你不是好人，你是坏孩子！"卓娅走到台阶上说。声气并不太高大，但是带着无限鄙视的表情，致使那孩子哆哆嗦嗦地一言未发，就狼狈地侧着身溜走了。

此即见出其心恒在，曾无粗率之失。所谓不落于浅露的则有如 170 和 171 页所叙：

卓娅和舒拉一向说话都有斟酌，在表达自己感情的时候也很谨慎。……他们像怕火一样地怕说夸张的话。他们两人全不轻易表示爱、温情、狂喜、愤怒和憎恶。关于孩子们的心境和情感，我根据他们的眼神，根据他们的沉默，或是从卓娅在伤心时候或着急时候如何在屋中由这一角到那一角往返地踱着，倒是能了解得更多。

如果卓娅说某一人"他是好人"，那就足够了。我就知道了：卓娅很尊敬那个她所评价的人。

然卓娅显著之特点，殆莫如其人意志之坚决强毅。此在书中随处可见，而以下四次事件（依先后为序）最为表著：

一、在白棍儿的游戏上暗自坚持练习以至成功。

二、与女友打赌，风雨黑夜独自穿过大公园之森林。

三、代数题算不好，坚持算至天明，自己解决。

四、担任扫盲工作，无论如何不肯一次缺课。

这里不著录其事。以我浅测，以固生质之美，要亦秉赋有所偏至。其卒以壮烈毕命，亦是其命则然也。但它却是与其不粗率不浅露有关联，亦与前述她时时在自己勖勉自己是相联的。

关于卓娅的话即说至此为止。对于其母仍不可无一言之赞。

读此书者都会看到其一家人全可爱，而二子之成就与其父母的家庭教育是分不开的。父逝早，母教乃无不周贯。这里只举一事以概其余。

原书 158 页小标题为《丹娘·索罗玛哈》的一段，母亲叙述说，她很早就开始了和孩子共同解决家庭的收支问题：如何节约储蓄，如何同意舒拉的提议为西班牙战事中的妇女和儿童捐款，母子姊弟间如何互相斟酌彼此需要而后开支等等。而后叙云：

我们最得意的一项开支是买书。

到书店里，……翻阅，再翻阅，商议……最后拿着仔细包好的很重的一包书回到家里。这该是多么愉快的事呀！我们的书架子（放在屋角，在卓娅的床头处）摆上一本新书的那一天，在我们家里就算是节日，我们一次又一次地谈论新买来的书。新书我们轮流着读，那时候在星期日下午朗读。

我们共同读过的书中，有一本书名叫《国内战争中的女性》。这是一本人物略传汇编。我记得，我正坐着织补袜子，舒拉在画画，卓娅打开了书准备读。舒拉忽然说：

"你最好不要从头接连着念！"

"那怎么念呀？"卓娅觉得很奇怪。

"你这样：你把书随便打开，翻到什么我们就从那里开始。"

我不知道为什么他想要这样做，但我们就是这样决定了。打开了的恰好是《丹娘·索罗玛哈传略》。（下略）

所谓家庭教育，岂在有何说教。试看其家人长幼彼此日常相关系的生活中，如此融融洽洽恬静合理，岂不胜于任何说教？呜呼，此母固不凡矣！

丹娘盖为一青年女教员，在1918年红军与白党战争中参加赤卫军，献身革命，遭白党捕去而不屈惨死者。原书因卓娅所念断断续续转述其事。当卓娅缕续念到其惨烈处，不忍再念。母亲叙述说：

卓娅放下书，走到窗前很久很久地不回头看。她不常哭，她不喜人们看见她的眼泪。舒拉早已放下了画册和颜料，这时他就拿起书来继续读下去。

......

我记得：那天晚间被丹娘的惊人毅力和坚贞性格所感动得哭的，不只是卓娅一个人。约五年后，卓娅遭敌寇捕获，在寇军讯问中曾自称曰"丹娘"，其渊源在此。

二子固嗜好读书，而母亲更懂得读书在他们身上起着什么影响作用。请看 167 页叙述之文：

在一个未成年的少年人的生活里，每一小时全是很重要的。在他的眼前不停地出现新的世界。他开始独立地思考，他不能不加考虑地便接受任何现成的东西。一切他都要重新考虑决定：什么好，什么坏？什么是崇高、尊贵，什么是卑鄙、下贱？什么是真正的友爱、忠实、公理？什么是我的生活目的？我是否无味地活着？生活每一点钟，每一分钟地在那年轻人的心中不断地提出新问题，迫使他寻求和思考；每一件琐碎的事，他都会特别敏锐地和深刻地感受着。

书早已不是用来帮助休息和消遣的东西了。不，它是朋友、顾问、导师。卓娅小时曾这样说：凡是书上说的全是真理。但现在她却用很长时间来思索每一本书，她和书争辩，阅读时寻求解决那些使她激动的问题的答案。

读完《丹娘·索罗玛哈传略》，我们又读了那永远不能忘掉的、对于任何一个少年都不能不给以深刻印象的那本讲保尔·柯察金的小说，那本讲他的光明的和美好生活的小说。它在我的孩子们意识里留下了深刻的印象。每一本新书对于他们都是一桩大事。书中所叙述的一切，孩子们都把它们当作真正生活讨论着：关于书中的主人翁他们常常进行热烈的争辩，或是爱他们，或是非难他们。

在青年时期遇着一本有智慧的、有力量的、诚实的好书，有很重大的意义。而遇着一个新人，就往往可以决定你的未来道路、你的整个前途。

正唯母亲是有心的，所以她能体会到青年们的心。正唯青年的心天真，所以易有感受，从书上而与前人之精神相通。借前人之精神以感召兴起乎后人，此母可不谓善教乎！

原书最末一段自述其1949年4月参加巴黎的世界保卫和平大会的运动，即为本书作结束：

法西斯主义就是战争！记着，这是事实，我们经受了这个。不能让这事重演！

就是因为这个，我才克服了自己的痛苦，努力写了这本书。

坟墓里的人并不是真正的死人，忘了战争惨祸、容许新战争发生的人才是死人！

此心昭昭炳炳，常有以昭觉后人者，是固不随物俱化矣，则其人何曾死？若其昏昧顽冥、略无心肝、不知痛痒者，则谓曰死人，抑何不可？此母结末一语其识此义乎？是其所以可贵也。

补识：卓娅舒拉二子之成就与其父母之家庭教育是分不开的。兹见有一段似应补入——

我从来没有听见过他（指卓娅之父）对孩子们长篇大论地说教，或用很长的话谴责他们。他是用自己的作风，用自己对待工作的态度，用自己的整个风度教育他们。于是我明白了：这就是最好的教育。……教育是在每一件琐碎事上，在你的每一举动上，每一眼色上，每一句话上。这一切都可以教育你的孩子：连你怎样工作，怎样休息，你怎样和朋友谈话，怎样和不睦的人谈话，你在健康时候是怎样的，在病中是怎样的，在悲伤时候是怎样的，在欢欣时候是怎样的——这一切你的孩子都会注意到的，他们是要在这一切事情模仿你的。（见原书《夜晚》一节）

人生实践上追求真理的勇士

——读《河上肇自传》[*]

《河上肇自传》一书，我于1967年3月及1973年11月先后阅读过两次，深爱其人，——其人信为在人生实践上一追求真理的勇士——辄于其叙述有所摘录，间附以愚见，或可为阐明东方学术之一助云。

一、有关获得宗教经验的部分

（上略）前面已经讲过，（人们）利己活动的绝对否定的真理性问题，是我二十来岁在大学读书时代紧紧拉牢着我，叫我忘不掉、扔不开、摔不去的一个人生问题。（见原书上册121页）

---

[*] 河上肇（1879—1946），日本帝国大学教授，经济学博士，共产党人，有各项著作近百种。《自传》上下两册，有中译本，1963年商务印书馆出版。——作者

愚按：此为其不自觉地走向宗教的根本，同时亦是其开端。没有内心这样真实而强烈的要求，就不可能体认（经验）得宗教真理。

我们人类具有高度发展的意识作用。靠了这意识作用，我们才能……有种种知识。随着科学的进步、发达，知识越来越正确，越来越丰富。同时，就利用这些知识更积极地改变我们的环境（外在之物），无止境地改造这世界，使它更有利于我们的生活。但宗教真理不是关于外界事物的知识。（略）宗教的使命在于意识不向外而是向内。它不作用于外物，却作用于它生命本身。（略）科学真理主要是（近代）西洋人加以认识的；宗教真理则主要是（古代）东方人特别是印度人和中国人掌握得最深刻。（原书下册 280 至 281 页）

（上略）我幼年时代和宗教毫无接触。（下略）（下册 391 页）

我读了（基督教）《圣经》之后，受到的刺激十分强烈。（中略）这种刺激是我从前读任何一本书都没有受到过的。特别是下面一节初次读到的时候深深地打动了我的心弦，并且直到很久很久以后还是始终以强大的力量支配着我的灵魂。那一节是这样说的：

有人打你右脸，连左脸也转过来由他打。有人想要告你，要拿你的里衣，连外衣也由他拿去。有人强迫你走一里路，你就同他走二里。有求你的，就给他；有向你借贷的，不可推辞。（马太福音第五章）

这是绝对非利己主义的无上的指示，我良心无条件地向它拜服了。（略）我内心里叫着："对呀！对呀！"（略）觉得内心深处有一种强烈的要求，要我不折不扣按照这个理想来支配自己的行动。但同时我心里又有这样的疑惧："你如果抱定这样态度，就不能在这个社会生存，就会自己毁灭掉！"（略）应该怎样来规定自己的生活，这样一个疑惑……苦闷就从此开始了。

有许多人之所以对人生发生疑惑引起苦闷，往往是由于遇到了某种使自己对人生悲观失望的重大事件，例如亲友突然死去，自己得了不治之症，遭受失恋的痛苦等等。可是我压根儿没有遇到这种事情，而是我自己招惹的，可以说是平地掀起的风波。（以上均见下册391至392页）

愚按：此见出夙慧不凡，故而不同一般人那样，在世俗趣味中混过一生，而独能在没有外来打击，生活平顺之中，自家触发了人生疑问，失去人生兴味，坠入苦闷深渊，然后独特地获得了宗教经验也。宗教是什么？如我夙昔所说："宗教者出世之谓也。"一切生物（人类在内），生灭不已，是曰世间；从生物生命中解放出来，是曰出世间。生物的生活总就是向外取足，新陈代谢（饮食排泄）的那回事。其向外取足也，正为有物我相对在；而幻妄之"我执"实为其本。我执泯除，相对化归一本，不生不灭，斯为出世。我执现于吾人意识中者，曰分别我执，那是粗浅的，较易破除；若其与生俱来，深隐不露的俱生我执，恒转如流，为生物生命根本者，破除盖难。在此生命根本的俱生我执上多少有所爆破，是即所谓宗教经验矣。如自传所述其早年稀有经验，而径称之为宗教经验，自是不错的。

此经验之获得，是在经历了他不平凡的行动之后，非无故猝然出现者，试节录其叙述之文如次。

（1）1901年著者二十一岁，听了为救济足尾矿毒区灾民举行的大会讲演后的行动。

正在我抱着（人生）疑惑，过着学生生活的当儿，1901年11月底，我到本乡区中央会堂去听妇女矿毒救济会主办的讲演会……目的在于募捐钱财衣物去救济足尾矿毒区的灾民……灾民都没有过冬的衣服，正在彷徨。……我耳边清楚地听到"有求你的就给他；有向你借贷的不可推辞"的声音。于是我决心除眼前需用的以外，把自己所有全都捐出去。当我出会场的时候，我就脱下随身穿的日本服外套、大褂和围巾，交给管事的妇女。回到寓舍之后，又把余下的全部衣物都捆进行李，第二天清晨托一个人力车工送到救济会办公室。（原书下册392至393页）

漱按： 原书下册424至429页引据当时新闻报纸及其他处记载，叙及因他行动的不平凡，既曾为时人所赞扬，同时救济会主事者又疑其出于精神失常，抑或有其他情节，特追踪调查，他原来不吐露自己姓名，而其姓名卒为人所知等等。这里均从省略。

（2）1905年著者二十五岁，12月为投身"无我教"的宣教运动而有辞掉各处学校教师职业的行动。

（自传著者1902年在帝大法科毕业，结婚生子，1903年任职东京帝大农科讲师，旋又兼专修学校台湾协会专门学校、学习院等处讲师。）

（上略）早就怀着人生疑问的苦恼，又猛然抬起头来。（略）我怀着这种疑问，像乞丐一样彷徨街头。（略）正在彷徨不安的时候，我读了托尔斯泰写的《我的宗教》方才知道现在活着的人中间有力求奉行《圣经》教训的思想家，大为感动。（略）1905年11月28日对我来说是一个非常值得纪念的日子。（略）我最后下定决心抛弃当时的职位，也可以说完全是受了这本书的影响。因此11月28日就成了我最后一次登台讲课的纪念日。接着我又读了伊藤证信编的《无我爱》的杂志，于是又知道现在日本人当中也有和托尔斯泰走着同样道路的人，从而受到了几乎是具有决定意义的影响。（下略）（原书下册395至396页）

漱按：据原书下册401至403页叙述著者于12月1日访伊藤不遇，夜间写信给伊藤求于其辞职传道问题指教之。信付邮之后，又发一信，告以自己有了决定，不需要回信。然次日则收到伊藤回信，约期会晤。4日访伊藤；5日向各学校提出辞职。7日伊藤来答访，即听从其劝告，停止为《读卖新闻》写连续刊登的社会主义评论文章。8日再访大日堂"无我苑",但返寓后却打定主意脱离"无我苑"的组织,独立进行传道工作。原因详下。

（3）同年12月9日深夜作书时遽然获得有若禅宗"大死一番"的经验。

（上略）原因是我觉得那些"无我苑"的教友口头上虽说要竭尽全力爱别人,行动上则没有足以使我深受感动之处。尤其是他们晚上只知睡大觉,证明他们还没有竭尽全部力量。因此到了第二天,也就是9日那天,我就完全脱离"无我苑"独行其是。并且决定从此既不睡觉,也不休息,来传播真理,只要我这瘦骨嶙峋的身体还能支持,就最大限度地加以驱使,直到死而后已。（略）就在下这决心的当天晚上,我经历了最最奇特的体验。（原书下册403至404页）

12月9日夜里……我和朋友谈笑了一会儿,又闭目深思了一会儿,过了几小时以后,下定决心从今要不再睡觉,传播真理,做到死而后已。于是和竹内政一约好,组织"献身园"出版《献身》杂志。那时正好是半夜一点多钟,我想给《献身》杂志写文章,先写了一个题目:《我们所确信的宇宙本性》,接着深思了十几分钟,然后写道:

一、组成宇宙的一切个体的存在,绝对不是依靠自身的力量,绝对要靠此身外在的力量。

二、组成宇宙的一切个体的活动,绝对不是以自身为目的，绝对要顺从外在目的。写好之后，我解释道："宇宙是无限的，个体是有限的。既然是以有限对无限，可知个体有而等于无……"当时我正要写"我们所确信的人生真正目的"的时候，还没有着笔，我就觉得我的思想出奇地明确，同时奇怪自己过去为什么没有领会到这个最简单、最崇高的真理，惊叹现在自己领会到真理的伟大。——这是我当时的真实感觉。（略）这时候我头脑里瞬息间感到无法形容的清醒明朗，仿佛玻璃水晶一样透明。（略）过了一会儿我觉得我的眼睑仿佛用灵药洗了一遍，真稀奇，我的眼界突然开旷起来，视力顿时增加了一倍。我这时的心情，可以说是万里晴空，月到天心，不，那种舒畅无比的感觉，简直不是言语笔墨所能形容。（下略）（下册411至412页）

石野准坐在旁边，看到我这个情况，觉得非常奇怪，我自己亦觉得很奇怪，拿出表来一看，当时正是半夜一点五十分。（下册413页）

总之，12月9日深夜我所体验到的精神变动非常激烈，以致在那以后的几天里，我全身皮肤几乎完全失去感觉，即使用力掐手或脚也不感到疼痛。（略）这是无关紧要的；重要的是我通过这次体验，解决了多年人生疑问，从那以后直到今天四十年来我总是感到自己总是轻松愉快的。（下册416页）

（上略）从前我担心实行这一教义将会无法生活下去，这是因为我把五尺之躯看为是自己的东西了。其实身体并不是自己的私有物，把它看做私有物是错误的。身体是天下公器，暂由自己保管而已。明白了这一点，就懂得自己任务在于好好保养这身体，于必要时献给天下。这样明白过来，我才做到了一面信奉绝对非利己主义，同时毫无内疚地允许自己穿衣吃饭，睡眠休息，并且钻研学问，积累知识。（同书416页）

漱按：代表最高级宗教的佛法，即在指明"能取""所取"之二取为世间根本；断得二取，即为出世了。如《唯识论》所云"二取随眠是世间本，唯此能断，独得出名"是也。二取则来从"我""法"二执。请参看上文讲"俱生我执""向外取足"那些话，不难明白生物生命正不外基于我执法执（法谓外物）之执着，而不断地往复能取所取之间，辗转出不得耳。因我执生"烦恼障"，因法执有"所知障"，破二执，断二取，解除二障，便从生物生命解放出来，而恢复宇宙一体之真，亦便是成佛（大觉悟）。佛法大意如此而已，宗教真理如此而已。其他高级宗教接近乎此，多不彻底。不谓著者竟从基督教片言只语诱发凤慧不惜身命直向破执断障而趋，则其身心骤起非常变化，不亦宜乎！

著者自许其所体验者便是禅宗的（明心）见性，愚于禅宗见性未曾体验，不能为之作证，只能推想其不差，抑且推计在体验上亦未见得人人同一也。其原文如次。

他（著者）深信……乃是禅宗的见性；……当时他是在真心诚意地准备抛弃自己生命……这一决心简直彻底到极点。由

于这一决心，他觉得他把自己生命扔了出去，然后又双手把它接住，而自己用眼看了一番。（下略）（下册340页）

漱按： 自传文中说明宗教真理科学真理之分别亦复不差，兹摘取如次：

普通知识是由外界事物反映到心理而产生的。外界事物是客，心是主，这里成为条件的是主客相互对立。这种主客对立，在任何情况下都是相对的。而宗教知识，只能通过以心见心（禅宗所云见性）才能获得，所以它是超越主客对立的。在这里，它是绝对的。（下册410页）

宗教真理……是意识那意识本身，以心反映心。（略）在这种情况下，意识不是向外而是向内。它不作用于外物，却作用于它本身。（下册408页）

（上略）像心理学……是用对待物的方法来对待心的；这时活生生的心……就被对象化，固定化了……（下略）（下册409页）

（上略）然而既成为客观对象，心就变成外界东西而死亡。（下册340页）

愚按： 统观著者所说原是不差的，但词句间不免有些小疵累，抑或由中文译笔之未得简而能达耶？例如下册340页有云"要十分确切地掌握活的心，就必须依靠性质和科学研究方法

完全不同的极其特殊的意识的自觉作用"一句话便多疵累。应
知科学研究之能精审得真，全靠人心之自觉；宗教真理还即此
自觉自身之贯彻开朗而已，非有他也。所不同者，一则意识向
外用，一则不向外用，姑且说向内，实则无所向（一有所向便
向外去了）。深深地深入于无所向，便自贯彻开朗。试详看我
《人心与人生》一书，便可晓然。

　　我的心窍最初可说是《圣经》给开的。所以我的肉体虽则
在 1879 年 10 月出世，而心灵的历史却是二十世纪初年才开始
的。（上册 117 页）

　　我这里所说的宗教，既不是基督教，佛教，亦不是真宗禅
宗，而是叫不出名字的，十足闭门造车的东西。（下册 388 页）

　　愚按：著者既深受基督教启发，又自称其体验便是禅宗的
见性，顷不自承其为任何宗教教徒，且能为马克思所说"宗教
是人民的鸦片烟"之名言有很好的说明，加以肯定。此正见出
著者是真懂得宗教的人。

二、有关忠实于无产阶级革命的部分

　　这本书（1923 年出版的《资本主义经济学之史的发
展》）……却是著者根据其特殊要求而独出机杼的。它从肯定
利己活动的思想写起，以否定利己活动的思想结束。（上册

119 页）

漱按：著者是学生时代先在大学法科习经济学，后则在大学担任经济学方面讲课的。经济学发端于早期资产阶级思想家，以人生欲望为社会经济的出发点，所谓从肯定利己活动的思想写起者指此。但著者秉性既倾向于非利己主义，其结果遂自然地转入马克思经济学说而倾心无产阶级革命了。

（上略）我的研究对象已从资产阶级经济学一变而为马克思主义经济学，而到这时，我已不能安分守己地仅仅当一个大学教授，非走出书斋不可了。（中略）我离开大学是 1928 年 4 月，其实在此以前，我已经一点一点地开始参加无产阶级运动的实践了。（上册 139 页）

漱按：如我所称许著者是在人生实践上追求真理的勇士那样，他是不可能当一个学者待在书斋而止的。但在转入实践行动上又不是轻易之事，而是有其颇为迟钝的过程。他的踏实不浮认真不苟，正从其迟钝中见出。试录原书一段如次。

总之，我最初从资产阶级经济学出发，多年来寻求安身立命的真理，一步一步地靠拢马克思，到了最后终于转化为和最初出发点相反的东西。为了完成这样的转化，我在京都帝国大学费了二十年的岁月。我虽则不外乎证明我的愚钝，却也足以驳倒一部分人指摘我现在的立场是对马克思学说无批判的盲从的说法吧！回头看一下我的彻底转向马克思学说，乃是长期经历几乎值得唾弃的踌躇折中态度以后，方才实现的。不过正由于我经历了长期思索研究，好不容易达到今天这境界，所以我觉得今天即使把我抛进火里去烧炙，我在学问上的信仰也是决不会动摇的。（上册第110页）

（上略）所以尽管反对的声浪很高，它反而给我增加了勇气。我终于决眦而起，发誓要抛弃一切，从此为新劳农党而工作。大概就是从这个时候（1929年秋天）起，我完全从书斋走上了街头。（上册219页）

漱按：正为他不止走上街头而已，更且是投身革命，不避牺牲，其后卒于被捕入狱五年之久。他这里有一段话：

（上略）要知道，如果留在完全合法场面上从事活动，那么尽管表面看来在为解放运动而斗争，结果总是帮了不出乎改良主义圈子的无产阶级政党（如社会民众、日本大众、劳农等党）的忙。这样不管本人主观意图怎样，毕竟只能产生有害效果，所以我们必须避开这种不三不四的——归根到底反动的——政党活动。（下略）（上册280页）

（上略）只要我相信非走那条路不可，我就既不逃避，也不退缩，勇往直前地向前走，这乃是我的面相的特征，要不是粗笔浓墨地把这富于特征的面部筋肉画出来，就画不像我。抱着

这种想法，我才写了这篇自画像。（上册 274 页）

漱按：自传文可录取者尚多，不拟备录。第于其信宗教有真理，同时又说明宗教是人民的鸦片烟之一段话，应加录取。

在现实的历史里，却是以宗教真理为核心，结合哲学上科学上的许多知识，以及迷信、谬见、妄想、空想、欺骗、虚伪等各种各样的东西，形成一定的宗派的宗教。这种宗教一方面受到统治阶层的保护和一方面利用，经常把它用来做麻痹民众反抗的工作。最初掌握了宗教真理而向人宣传的宗教界伟人，自然没有指望把宗教作为政治的一个工具。可是，他所宣传的宗教真理随着它的深入民间，丧失了它本来的精神，它的意义（完全与始祖意图无关的）开始由社会力量的对比以及各阶级的客观相互关系来决定。在阶级社会里这种事情是无可避免的。这样宗教真理就被附着在它身上的许多杂七杂八的东西十重二十重地遮蔽起来，完全失去了它的光辉。马克思主义者抓住了这样的历史现实，因而把宗教说成是民众的鸦片烟。我一方面相信进步的宗教里含有一定的宗教真理，同时，在另一方面却和所有马克思主义者一样，认为宗教是民众的鸦片。（下册第 182 页）

愚读此自传之后感想颇多，扼举其要有下列两点：
一点是忆及愚所亲炙伍庸伯先生当壮盛之年，在世俗极好生活环境中，竟以怀抱人生疑闷而辞官弃禄，求师问道，今此著者之事正复有可举以相比互证者。此其事例，上有类于释迦牟尼感触人生问题而弃家出走，下则如我愚劣亦曾于人生烦闷中早年思求出家者，皆有若同符。

再一点是著者晚年在狱中虽在马列主义信念上终不变节，却作了出狱后退出阶级斗争之诺言。他一面说："本来人到死都不可没志气，而我呢……"另一面又说出："我今天才真正明白世上的确有一类事情不是青年就干不了……"（上册516至518页）前一句话在品德上是对的，后一句话在事理上亦不假。试回看上举各事例（伍公、河上、释迦、愚我）非皆出在年轻力壮时乎？此一问题从我近著《人心与人生》第十一章述卫西琴学说可得其解答。

辑录者附记：

撰写此《读〈河上肇自传〉》时，先父已年届八十整。从他当年日记中，仍可见出其读书之勤奋与认真。据日记，此读书录于1973年11月8日开始思考着笔，此后二十天中，其中四天因"批林批孔"，去政协参加"运动"，不得不中断，实有十六天每日必用一定时间埋头于此，不曾中断。工作的进行，均在早起之后。如，"早起写读书录，查阅《河上肇自传》。"（11月13日）"早起翻阅河上传。"（11月18日）"早起写读书录。阅自传甚久。"（11月24日）"早二时半起写读书录。"（11月29日）"早起写河上肇自传读书录完。"（12月1日）

可注意的是，此读书录全部撰写工作的进行，正当"批林批孔"运动进入高潮后的前期，先父一方面不得不应对来自运动的干扰，而另一方面撰写工作依然有计划地进行，不为所动。为完成此工作，有时竟"早二时半起写读书录"，言其勤奋由此可见。

生命通于宇宙

——读有关圣雄甘地事迹各书

我先后阅读有关圣雄甘地（印度人如此称呼）事迹的书，不止此数，但阅后多未加摘记，其有所摘记而存留至今者止于下列三书耳：

一、《印度的发现》（尼赫鲁著，齐文译，世界知识出版社，1956年）；

二、《尼赫鲁自传》（张宝芳译，世界知识出版社，1956年；胡仲持等译，上海青年协会书局，1948年）；

三、《甘地自传》（吴耀宗等译，商务印书馆，1959年）。

今但就往年所摘记者，写此读书录，以志我对甘地为人的一些体会认识。

兹先简括地说一下甘地的身世和为人：甘地出身波罗门（印度高贵种姓），母亲奉教极笃。少时留学英国，学习法律，曾以律师为业于英属非洲殖民地。这不待言，全是西欧资产阶级的一套。但他所濡染于西方文化者，到后来远为其故土印度宗教文明所掩覆而不可见，十足地成为一个印度土俗代表人物。然而甘地初非在不知不觉中接受其古传的（非佛教）宗教教义，束缚于社会传统习俗者；相反地，他少时曾有意地不守教诫。古宗教精神在他是自己逐渐寻得，一步一步深入其中的。这种寻得而深入的过程，全在其人生实践。身体力行是其根本，头脑思想非其所先。因此，他不是一个思想家（哲学家）乃至亦不是一个宗教家，虽然他的一言一动，自顶至踵充满了宗教精神。不过我认为任何一个宗教家应当在实践上向他学习，任何一个哲学家需要从他这里讨取宇宙人生的认识。

甘地所以被群众号为圣雄者，有千千万万的广大群众感动于他的倡议而兴起，随同他一道反英，风动全国，震惊一世也。其特色，在英国对殖民地武力统治之下却绝对不用暴力反抗；虽遭残暴镇压，再仆再起，夷然毅然不畏怯，不回报，正如甘地所说的是一种"非暴力主义""（对英）不合作运动"。这临到现实场面，其精神是何等地可歌可泣！在英人二百年长期统治下，曾经多次武装暴动所不能解脱的枷锁，卒以此代表正义觉悟的群众奋起运动，使得英国人最后乃不得不从印度撤退了。这实是世界史上无前例的，恐怕亦是今后难得再看到的奇人奇事吧！（奇人非止甘地，而是概括印度人民。）追随甘地致力这一运动的尼赫鲁，在其《印度的发现》一书中，这样写道：

（上略）我们（印度人自称）好像是在一种全能的怪物掌

握之中而无能为力了；我们的四肢瘫痪了；我们的心智呆钝了；……这种过程深深侵蚀了印度的心身，……正像那痛苦的疾病渐渐消耗了我们肺部的组织一样，慢慢地而将必然地要把我们弄死。有时我们宁想更急速一些和更显著一些的过程，类似霍乱症或黑死病还要比较好些。但那不过是刹那间的幻想，因为冒险主义不会得到什么结果，江湖医生的办法治不好深入膏肓的疾病。（下略）

那时甘地出现了。他像一股强有力的新鲜气流，使我们振作起来，深长地松了一口气。他像一道亮光，穿透了黑暗，拨去了我们眼上的翳蒙。他又像一阵旋风，吹翻了许多什物，而最重要的是激动了人们头脑运用思想。他不是从天而降的，他好像是从印度千千万万群众中涌现出来的……（以上均见原书472页）

以上摘录的话，要从以下所录取者得其了解。

甘地总是在象征着毫不妥协的真理；他要把我们拉了起来，使我们感到隐忍妥协的可耻而走向真理。（中略）不同的人对于真理可能有，也确有不同的理解，因每个人总被自己的背景、教养和感情所影响着。甘地当然亦不例外。但真理对于一个人来说，至少是他自己觉得到而认为是真实的东西。按照这个定义，我不知道还有任何人能像甘地那样坚持真理的了。（原书473页）

他绝不屈服于命运，或其他任何他认为是罪恶的势力。他充满着抵抗情绪，虽则这抵抗是和平而有礼貌的。（476页）

他的教义的精髓在无畏和真理以及与此相关联的行动……（472页）

在他看来真理和非暴力主义为同物，或是同样东西的不同方面，他差不多把这些字样交换地使用着。（478页）

在英国统治下的印度人主要心情就是恐惧，是一种普遍渗透使人窒息的绞勒一般的恐惧。怕警察，怕军队，又怕广布的特务；怕官吏阶级，怕那意味着镇压的法律，更怕监牢，怕地主的代理人，怕放债人；又怕经常等待门口的失业和饥饿。正是为了针对着这弥漫一切的恐惧，甘地沉静而坚定的口号响起了：不要怕！……于是人们肩头上一层恐惧的黑幕就这样突然间揭掉了。当然还未整个被揭掉，但已达于惊人的程度。（473页）

这黑幕是怎样揭掉的呢？

（甘地号召）头衔（指英王赐给的爵士头衔之类）都应放弃，虽然那些拥有头衔的人只稍有些响应，可是大众对英国颁给的头衔的尊重心理消失了。头衔变成耻辱的象征，新的标准和评价树立起来了。原先给人印象的是那样深的总督官邸和（土邦）王公们的显贵豪华，陡然间变得好像极度可笑粗俗，而且不如说是可耻了。因为环绕着他们的正是人民的贫穷和不幸。富有的人也不再那样亟于炫耀他们的富有了。至少在外表上他们中间很多人都采取了朴素的作风，在服装上他们几乎和那些比较卑微的人没有什么区别了。（476页）

甘地第一次踏进国民大会党组织，就立刻把国民大会党的党章完全改变了。他把它变得民主化，并且成为一个群众性的组织。……现在农民大量涌进来了，……产业工人也进来了。……（475页）

这样他就着手恢复人民的精神上的一致性，着手打破那隔在上层一小群西方化的集团（中产阶级）和（农工）大众之间的壁垒，……着手将那些在昏睡和静止状态中的群众唤醒，使他们活动起来。（480页）

国大党整个面貌改变了，穿洋服的绝迹了，人们看到的只是印度服。国大党的成分改变了，新的代表主要是中产阶级下层出身的人；说印度斯坦语的人一天比一天多。有的时候就用开会所在地方的方言，因为许多代表不懂英语，而且人们对于在自己民族运动中使用外国语的反感，也一天比一天明显。在国大党的集会上见出新生活和热情。（74页）

（上略）更重要的道理，在于这种运动对于群众所发生的影响。大家有一种如释重负，获得解放和自由的感觉。压迫人们低头的恐惧心理减退了。人们挺起腰，抬起头来。偏僻市集上的老百姓也在纷纷谈论国大党和印度自主的问题。（78页）

……往日受压迫和失望的感觉完全消失了。过去为了怕当局找麻烦，总是私下耳语，或用法律名词拐弯抹角地说话，现在这种情形没有了。我们心里想说什么就说什么，而且公开大声讲话，毫无顾忌。我们担心后果吗？怕坐牢吗？我们正求之不得，因为这对我们运动的事业有利。（78页）

要知道当时印度人民对于英国人强暴统治的抵抗运动，在国大党领导下从来不外两条路：开会讨论，通过决议，呼吁等等；再就是愤怒的恐怖活动、破坏活动。甘地出来领导之后，特别谴责了后一条路，而开出新的第三条路——非暴力主义的不合作运动。这里出现了人们坚持真理（正义）的意志，甘心忍受由此而来的痛苦和灾难。这是斗争，而非暴力斗争。它的痛苦和灾难是自己招来的，一次又一次，再仆再起，力量愈来愈增加，如火益烧益旺。至此，应参看《尼赫鲁自传》内如下的话：

1930年那一年充满了具有戏剧性的局势和鼓舞人心的事变。最令人惊讶的是甘地具有的那种鼓动和激励整个民族的惊人力量。这种力量几乎能够产生一些使人们如痴如醉的作用。我回想到郭克雷对甘地的评语"他具有使凡人变为英雄的力量"。和平抵抗运动作为达到民族解放的伟大目标的行动方法，似乎本身已经证明了它的正确性。全国成长着一坚定信念，不论朋友或敌人都认为我们已向胜利迈进。（252至253页）

1930年对我们来说确是充满奇迹的一年，而甘地像是以魔术师的玄妙手法改变了我们国家的面貌……我们对我们的人

民，对我们的妇女、青年、儿童在运动中的种种表现感到骄傲。(289 至 290 页)

我们的情绪很高，政府的情绪很低。(英)政府对当时所发生的事情不了解，他们所认识的印度旧秩序在崩溃中，到处出现了新的一种积极精神，自力更生和大无畏的精神。维持英国在印度统治的大支柱(威严)显然在削弱。(他们)小规模的镇压反而巩固了我们的运动。(见另书 79 页)

我知道甘地往往凭着本能——我宁愿叫它作本能，而不愿说它是"内心的呼声"或者是"祈祷的回音"——而行事。他的本能时常是正确无讹。他屡次表现出来他善于观察群众心理和相机行事的本能。(579 页)

在他坚持真理的直接行动的特殊领域中，他有非凡的本领。他的本能指导他采取正确的步骤。(144 页)

(上略)他对他的印度似乎了如指掌，感应着它最微弱的波动，能够准确地，几乎本能地判断形势，并且擅长在最恰当的心理时机采取行动。(287 页)

这些叙述应当翻查当时的报纸刊物才得证实不虚。尼赫鲁随从甘地而为运动中一大领袖，似并未阿其所好。因为尼本人是现代人，而甘地则毋宁是一个古代人物；在尼赫鲁口中屡次表现其对甘地不了解和不满。例如——

在思想意识方面，甘地有时表现得非常落后，可是行动方面他是印度现代最伟大的革命家，……决心为印度的政治独立而奋斗，因此在未实现独立之前，他必然毫不妥协地发挥他的作用。（《尼赫鲁自传》，415页）

我觉得我跟甘地在精神上一天比一天更疏远，虽然我在感情上十分钦佩他。（同上，424页）

我不满意甘地感情用事地从宗教上处理政治问题，并且一再提起上帝，他似乎还说上帝规定了他绝食的日期，树立这种榜样多么糟糕！（421页）

我们两人作了一次长谈……我告诉他（甘地）像他这样出乎我们意料之外的做法，使我们惊异不止，从而使我们感到在他身上存在某种未知因素。虽然我们十四年来保持着最密切的关系，然而我对于这种因素却一点也不能理解。这使我感到十分担忧。他承认在他身上确实存在着这种未知因素，并表示自己无法控制，同时也难以预测它的后果。（294页）

究竟他的目的是什么呢？尽管许多年来我同他最为接近，但我往往不明了他目的何在。我甚至怀疑他自己是否明了。他说他只要走一步就够了；他不打算瞻望将来，也不打算面前有一个明确目标。"注意手段，目的自明"，这句话是不惮烦地反复告人的。（中略）甘地被人比作中世纪（乃至古代）基督教的圣者，看他所说的话似乎同这点吻合的，但完全不适于现代……（583页）

摘叙到此，便可以探讨甘地为人的真际了。在人格上，甘地和普通人全然不是一路。甘地一言一动发自内心，而其内心实通乎广大宇宙。在生命上他与整个世界——从大自然界到主要的社会环境——脉脉息息相感应。他没有计算心，只有感应知觉，而感应知觉是时时刻刻变化的。他的行动不可测，乃至他亦莫明其所以然者在此。然而普通人却总是在计算着行事，不是吗？——普通人总是在分别目的与手段，其结果往往是一切都手段化了。甘地相反，心志精诚，浑全不二，处处都是目的。试看《甘地自传》中如下的说话：

除了真理以外，没有别的上帝。

我这里用宗教一词，意即自我实现，或自知之明。

我早就学会了使自己顺从内心的声音。我乐于顺从这种声音，如果背着它行事，是困难和痛苦的。

我不相信耶稣是上帝的化身，或独生子。倘若上帝能有儿了，我们都算是他的儿了。若说耶稣像上帝，或即是上帝化身，乃至上帝本身；那么所有的人都像上帝，或者就是上帝。

托尔斯泰说"天国就在你的心中"，使我倾倒。我把服务当作我自己的宗教；因为我觉得只有通过服务，才能认识上帝，寻着上帝，致力于自我实现。

要和普通无所不在的真理精神面对面地相见，（中略）便不能对生活的任何方面取超然态度。这就是我追求真理而不得不投身政治运动的缘故。凡以为宗教与政治无关者，都不懂宗教的意义。

如上的话都需要读者反躬细心体会。再参看《尼赫鲁自传》中有关甘地的话：

> 不仅在英国政府眼中，并且在他（甘地）自己人民和他最亲密的人们的眼中，都是个不可解的谜。（中略）印度神话充满了伟大苦行者的故事。……当我看到甘地那种从某些取之不尽的精神来源，产生出惊人的精力和内在力量时，我常联想起这些神话。（288页）

甘地身体瘦小孱弱而其精力却大有取之不尽，用之不竭者，全在其生命通于宇宙之故，其生命所以通于宇宙者，全在精神的浑整性。如前所说，他与普通人全然不是一路。尼赫鲁有一段话恰好可资佐证。

> 他（甘地）以极大耐心和注意力倾听别人向他提供新的建议，可是就在这样彬彬有礼的倾听之中，给别人的印象是他们在朝着一座封闭的大门讲话。（590页）

别人对他提供的新建议，总是出于一种比较计算来的，而在甘地却根本是一种非计算的心，彼此当然不相遇。我们接连着说一说甘地私人生活及其形象。

> 除我舍弃一切，我便不能归依于他（上帝）。（见《甘地自

传》，第四部五章)

　　劳动的生活如种地的人和手工业的人是有价值的生活。(注：甘地提倡手工纺织，自己行之不倦。)

　　"不占有"或"舍弃一切"亦称"自我纯洁"是甘地个人生活的原则。他并且说，个人纯洁的结果必然使周围环境亦纯洁了；纯洁是富有感染力的。甘地在公众生活中的精诚及其自身生活的纯洁是合一不分的事。因此他的形象亦即其给人的印象，乃大大不同寻常。

　　(上略)尽管甘地貌不惊人，赤着身体，系着腰布，但是他具有高贵和尊严的风度，使人不得不尊敬他。……他的声音清脆，沁人心脾，引起共鸣。不管听甘地讲话的是一个人或一千人，人们总都被他吸引着，感到跟甘地息息相通，心心相印。……甘地在演说时能够使听众着迷，并不因为他善于雄辩，或者因为他辞句漂亮。他的语言简单中肯，很少用不必要的字。(中略)甘地最显著的特点之一，是他争取人的能力，或者至少说是他有解除反对者武装的能力。(张译《尼赫鲁自传》，146至147页)

　　他一向愿意主动地去和他的对手见面讨论任何问题。……但是他不在于从理智上去进行说服。他一向寻求心理上变化，破除愤怒和疑惧所造成的隔阂，觅取引起别人善意和高尚感情的途径。……当他亲自同对他有敌意的人们周旋时，他获得多

次的胜利。（同上，283 页）

他本人同加尔文僧侣的派头（拘谨阴沉）恰相反。他笑容可掬，笑声动人，他的愉快心情感染了四周。他有一种天真烂漫的神态，使他富有魅力。每当他走进一房间，他随身带来新鲜的气息，使周遭气氛顿时显出轻快。（589 页）（参用胡译）

他使自己的生活整个艺术化，一切姿势都有意义，有风韵，脱净了虚伪形迹。他的生活上没有粗糙的边缘，亦没有尖锐的棱角，尤其没有一点庸俗气味。他寻着了内心的和平，便把这个反射到他人的心头，同时踏着坚实稳定的脚步沿着崎岖的生活道路前进。（张译 147 页，参用胡译）

我体会甘地的言动和神态之见于外者，皆从其生命深处而来，一味纯真，所以能直透他人心肺，影响迅捷。但在宗教生活上甘地是否登峰造极呢？如他自己所说，他正在不断努力中，“这就是为什么世界上的赞誉不能使我动心，有时反而使我难过的道理”（语见《甘地自传》）。

末后我们毋庸讳言，甘地是有其缺乏之一面的。当他看到西方社会人生由于资本主义工业文明而演出种种堕落和罪恶，他深感危惧。他在民族问题上虽要求独立，而在社会问题上却主张复古，不向往于社会主义前途。他根本反对近代工业文明，而要返于手工劳动生产之路。这是错误的。人类生命原有个体和群体（社会）这两面，从而宗教和道德（在甘地视为同物）亦各有这两面，而在甘地却片面地着眼于每个人自己生命上。他一心求个体生命造于纯洁，契于真理（上帝），不顾其他。用西洋教会人的话来说，他过早地要灵不要肉。所以说过早者，人类前途将有要灵不要肉的一天，却必经过社会革命进入共产社会之后，而极高度的生产工业化，实为共产社会的前提条件。因为必待社会生产上的体力劳动减至低度，而后人乃免于"肉"的牵掣而萃力于"灵"一方面也。可惜甘地于此不够通达，他要走的路是走不通的。

如所周知，甘地和泰戈尔是同时闻名于世界的印度伟大人物，但据传他们两个却殊不相同：

就性格和气质而论，再找不出另外两个人能像他们这样相异的了。泰戈尔——一位贵族式的文艺家却转变成同情无产阶级的民主主义者，本质上代表着印度的文化传统，代表着那接受丰富饱满的人生，并且歌舞欢乐地度过人生的传统。甘地却是一位来自民间的人物，几乎是印度农民的化身，代表着印度的另一古老传统，那就是自制和禁欲的传统。泰戈尔主要是一位思想家，而甘地却是一位精力集中、无休无止的社会活动家。两人作风虽则不同，却都注目到全世界，又同时是十足的印度人。他们似乎是代表着印度的迥然不同而又彼此和谐的两方面，并且是彼此互补其所不足的。（《印度的发现》第447页）

名画家徐悲鸿曾对我谈，他往时留寓泰戈尔国际学院，一次适逢泰戈尔招待甘地的茶会。此两位印度名人彼此交谈全用英语。因甘地一向是说印度斯坦话，而泰戈尔一向是说孟加拉话的，若各用乡音反而不能相通。——这是一件可哀叹的事，顺便附及于此。

《甘地自传》摘句 *

节欲是自我实现所必不可少的条件。

为人服务如果缺少愉快心情，于人于己都没有什么好处。然而当人们以愉快心情为他人服务之时，别的一切欢乐和财富都为之黯然失色。

野兽生性不知自制，人之所以为人就因为他有自制能力。

除了真理以外没有别的上帝。

要和普遍的无所不在的真理精神面对面相见，人们必须爱护最卑微的生物一如爱护自己，而一个有志于此的人便不能对生活的任何方面取超然态度。这就是我追求真理而不得不投身政治的缘故。凡以为宗教与政治无关者即不懂宗教的意义。

我必须把我自己降为零，一个人若不能自动在同类中甘居末位，就不能解脱。

---

* 《甘地自传》，吴耀宗、杜危译，商务印书馆，1959年。——辑录者

"恶其罪行而非恶其人"，虽然是一个容易被理解的观念，却很少有人做到，这也就是为什么怨恨的毒计遍布世界的原因。

为穷苦人服务一直是我的内心愿望，而这个愿望常常使我置身穷人之中，使我与他们求得一致。

我把服务当作我自己的宗教，因为我觉得只有通过服务，才能认识上帝，寻求上帝，致力于自我实现。

获得更多有关各宗教的知识，这种研究促进我的自我反省能力，还使我养成了一种有所启发即见诸实行的习惯。

对于那些愿意生活在敬畏上帝的境界中，愿意面对面地看到上帝的人，节制饮食的数量和质量是和节制思虑与言论一样的重要。

我认为信奉上帝的人要想在别人身上也看见体现在他们身上的同一个上帝，必须有足够的超然之情去和别人共同生活。同别人一起生活的能力是可以培养的，不要回避这种交往的难得机会，而且用为人民服务的精神来欢迎这种交流。这样才能使自己不受到有无机会的影响。

节欲是自我实现的必不可少的条件。总之，我不能同时享受灵与肉的生活，立下终身节欲的誓言。节欲始于肉体的自制，但不止于此，到了完善的境地，它不许有不纯洁的思想，甚至口腹之欲亦不能放纵。

如果不进行自我纯洁（舍弃一切）的工作，要和每一个生物合为一体是不可能，没有自我纯洁不能遵行非暴力的法则，亦决不能认识上帝。纯洁是富有感染力的，个人纯洁的结果必然使周围环境亦纯洁了。

　　一个人要达到完全的纯洁，就必须摆脱思想、言论和行动中的感情，超越于爱憎迎拒的逆流之上。我自知还没有达到这三方面的纯洁，虽然我是在不懈地努力，这就是为什么世界上的赞誉不能使我动心，有时反而使我难过之故。

　　一个被感情支配的人永远见不到真理。要成功地寻得真理，就要完全从爱与憎、福与祸的双重包围中解脱出来。

　　愚按：《信心铭》云："至道无难，唯嫌拣择，但莫憎爱，洞然明白。"与此至相符合。此境界甚高，不易达到。一切爱憎感情皆出于身，而心是最后超乎身的。

甘地：本乎良知，任天而动
——读《尼赫鲁自传》*

　　我知道甘地往往凭着本能（我宁愿叫它作本能而不愿说它是"内心的呼声"或者是"祈祷的回音"）行事，他的本能时常正确无讹。他屡次表现他善于观察群众心理和相机行事的惊人本能。事后他说明他的行动的理由通常是他后来追想的，很少时候使人十分信服。（579页）

　　在尼赫鲁所写的两本书中，屡次用"本能"这个词来说甘地的行动方向之所由决定，例如：

　　在他（甘地）的坚持真理的直接行动的特殊领域中，他有非凡的本领，他的本能指导他采取正确的步骤。（144页）

---

* 约作于20世纪60年代。《尼赫鲁自传》，张宝芳译，世界知识出版社，1956年。主标题为辑录者所加。——辑录者

……他对他的印度了如指掌，感应着它最微弱的波动，能够准确地，几乎本能地判断形势，并且擅长在最恰当的心理时机采取行动。（287页）

其他类此者还多，不必一一列举。我在前曾说"甘地盖本乎其内心真切自觉的良知而动作着"，正可与此互证。其被人感到神秘在此，其实并不神秘亦在此。然而甘地是得力于宗教的，与中国古人不同。正为甘地得力于宗教，而尼赫鲁则非常远于宗教，所以尼赫鲁对甘地时常摸不着头脑，思想上两人彼此不接头，这在书内屡屡提及，不烦枚举。

大约甘地的思想言论最不合时代，不止与尼赫鲁一人不接头而已。此点十分明显。然而以一个思想言论不合于时的人却竟能以其人格感动了广大群众，以其行动号召了广大群众，使得几亿人的印度民族由此得以翻身，此则使人最当深思熟省者。（若于此忽略，实为不善学）从下列引文可以见其影响之巨大与其影响形式之奇特。

1930年那年充满了具有戏剧性的局势和鼓舞人心的事变。最令人惊讶的就是甘地具有那种鼓动和激励整个民族的惊人力量。这种力量几乎能够产生一些使人如痴如醉的作用。我们回想到郭克雷对甘地的评语：他具有使凡人变为英雄的力量。和平抵抗运动，作为达到民族的伟大目标的行动方法，似乎本身已经证明了它的正确性。全国成长着一种坚定信念，无论朋友

或反对者都认为我们已向胜利迈进。（252—253 页）

1930 年对我们来说确是充满奇迹的一年，而甘地似乎以魔术师的玄妙手法改变了我们国家的面貌。……我们对我们的人民，对我们的妇女、青年、儿童的运动中的表现感到骄傲。（289—290 页）

不仅在英国政府的眼中，并且在他（甘地）自己人民和他最亲密的人们的眼中，他都是一个疑问和谜。……印度神话充满了伟大苦行者的故事。……当我看到甘地那种从某些取之不尽的精神来源产生出来的惊人的精力和内在力量时，我常想起这些神话。（288 页）

思想不接头的人居然成群地追随他是为什么？

我们怎样在政治上追随甘地，在许多场合下变成他的忠实信徒？这个问题很难回答，而对于不认识甘地的人，任何回答也不可能使他满意。个性（人格）是一个难以描述的东西，是一种能够控制人们灵魂的力量，而甘地却有这种丰富的力量。

最可注意的是这些话却出自于尼赫鲁之口，他是极菲薄宗教菲薄神秘主义的。尼赫鲁在其书中屡屡指斥甘地思想、言论，著者之不高明，甚至错误可笑。大约甘地的头脑有其缺点是不可否认的。我在这里愿指出的是甘地这种缺点与其特长正为一事之两面。

有些话必须引来在此：

在思想意识方面，甘地有时表现是非常落后，可是行动方面他是印度近代最伟大的革命家。……决心为印度的政治独立而奋斗，因此在未实现独立以前他必须毫不妥协地发挥他的作用。（415页）

我觉得我跟甘地在精神上一天比一天更疏远，虽然我在感情上十分钦佩他。（412页）

我不满意甘地从宗教方面感情用事地处理政治问题，并且一再提起上帝。他似乎还说上帝规定了绝食的日期。树立这种榜样多么糟糕！（421页）

这个制度（地主制度）的确日薄西山了。可是甘地还在支持它，并且还说到什么"受托制"等。我再想一想，他与我的观点相去很远，我怀疑我将来能和他合作多久。（548页）

这些话都见出甘地在其古宗教的深入与尼赫鲁在宗教上之远隔。尼是现代世界的人，甘是古代印度人。

我们作了一次长谈，……我告诉他（甘地）像他这样出乎我们意料之外的做法使我们惊异不止，从而使我感到在他身上存在某种未知的因素。虽然我们十四年来保持着最密切的关系，然而我对于这种因素却一点也不能理解，这使我感到十分担忧。他承认在他身上确实存在着这种未知的因素，并表示自

己无法加以控制，同时亦难以预测它的后果。(494页，原书第35章)

究竟他(甘地)的目的是什么呢？尽管许多年来我同他最为接近，但我并不明了他的目的。我甚至怀疑他自己是否明了。他说他只是走一步就够了，他不打算瞻望将来，也不打算面前有一个明确的目标。注意手段，目的自明，这句话是他不惮烦地反复告人的。独善其身，则一切皆得其所。这种态度不是政治态度或科学态度，或许连伦理态度也不是。精确地说，它是道德态度。它并提出这样一个问题：什么是善？善仅仅是个人的事情呢，还是社会的事情？甘地完全强调品质而忽视智力的培养和发展。没有品质的智力可能是危险的，但是没有智力的品质又是怎样呢？究竟品质是怎样发展的呢？甘地被人比作中世纪基督教的圣者，他所说的话有很多似乎同这点吻合，但完全不适合于现代。……(583页)

引列以上的话是为了它有助于我们明了甘地的人，特别是明了尼赫鲁所说的甘地的"本能"等一类的话。以我所见的一切古代宗教的圣者(应把佛教的除外)之所以有惊人的德性与能力均在于他们具有这种"本能"(依照尼赫鲁的话)。然而实在不是本能，这里不过是借用一下这个名词。本能一词的正当用途只在动物生活中有，人类生活中已难适用。虽则在人类生活中已难适用的本能一词，却不妨借来以说明古宗教圣者(如耶稣、穆罕默德等)的生活和行动，因为在某一点正有相似处。

所谓某一点何指呢？此指其任天而动，不作理智对外的考虑。在动物生活中是没有目的与手段之分别的——如其说有，亦不过是我们人替它分别的。古宗教圣者的生活和行动同样地不分别目的与手段，亦可说处处皆目的。目的是绝对的，手段是相对的。一切目的化，一切绝对化是他们的特征，而一般人（凡俗之人）生活正难免于一切手段化、相对化。他们所以精力过人，大有"取之不尽用之不竭"的样子，亦是为此。他们的"凌厉无前，所向无敌"的样子亦是为此。所谓"未知的因素""自己无法控制"等等亦是为此。

古宗教的圣者与中国古圣人有其相近或甚至相同处，这就是我说"甘地盖本乎其内心真切自觉的良知而动作着"的话。然而毕竟还是不同。古宗教的圣者不再能在现代世界中出现，而中国的圣人却不限于古代有之，后来还能有。中国圣人正是代表着人类，并不像那些古宗教圣者之接近动物本能。（甘地把人类和动物分别得很清楚，甘地于此似高过其他古宗教圣者）（附甘地语于此：非暴力是人类的法则正如暴力是野兽的法则一样。野兽的精神潜伏着不起作用，它除开体力外不知道有其他法则。见94页）

他（甘地）以极大耐心和注意力倾听别人向他提供新的建议，可是就在这样彬彬有礼的倾听之中，给别人的印象是他们在朝着一座封闭的大门讲话。（590页）

尼赫鲁这样来叙说甘地真是妙得很。其实这是不足以为奇的，因为甘地的行动一切自内发生而人们都总是作对外的考虑。彼此当然不碰头。然似此情景在中国圣人绝不会有。甘地得力在其宗教，而中国圣人则为"非宗教的"也。

尼赫鲁曾说他父亲与甘地的友谊结合是奇特的，因为一个克欲家在生活中屏绝刺激和肉体上享乐，而另一个恰是享乐家，生活上讲究享受，不大顾到后果。"在心理分析家来说，便是一个内向、一个外向。"（见 74 页）这内向外向的分别是不错的。尼赫鲁与甘地虽同从事印度民族独立自由运动，但所要争取的独立自由殆非同物。

甘地所想的始终是个人得救和罪恶，而我们多数人所最关心的却是社会的福利。……甘地不主张改革社会或社会的结构，而专门致力于消除个人的罪恶。他曾经写道："参加独立运动的人决不从事于试图改造世界这种徒劳无功的任务，因为他相信世界是按照而且永远按照上帝的法则运转的。"虽说如此，他还是很起劲地企图改造世界，不过他要进行的改造是个人改造，克制使他们耽迷的感觉和欲望，也就是罪恶。也许他会同意一个……给自由下的定义："自由不过是从罪恶的束缚中的解脱。"（586 页）

"印度的得救在于抛弃它五十年来所学到的东西。铁路、电报、医院、律师、医生等等都必须丢开，所谓上等阶级必须自觉地、虔诚地、慎重地学习农民的纯朴生活，认识这种生活才是真正幸福的生活。""每逢我坐上火车或是公共汽车，我认为我是在做违背良心的事。""打算用高度人工的迅速的动力来改造世界是行不通的。"（以上均为甘地之言，见于584页）

甘地打算从内心、道德和精神方面改造个人，由此再来改造外来的环境。他要大家抛弃恶习和放纵，成为纯洁的人。（596页）

甘地所要改造的是人们的内部，而发展工业则是外部的事，于这种改造无干所以说"行不通"。甘地这种想法无疑是错误的，尼赫鲁有些话却不错。

毫无疑问，这种内心的发展对外部环境产生极大影响，而外部环境同样也对内心的发展产生极大影响。内心的发展和外部环境互相影响。在现代工业发达的西方各国，外部的发展大大超过了内心的发展。但并不能因此像有些东方人所想的那样，认为由于我们在工业方面落后，我们的外部的发展很慢，我们内心的发展就大些。……也许个人能够超出形势和环境，在内心方面达到极大的高度。但就团体和民族而言必须具有一定的外部发展才能有其内心的发展。一个经济有困难，每天为了生活而弄得焦头烂额的人很少能够有高度的内心认识。……因此内部的发展需要外部的自由，需要适当的环境。在努力争取这种外部自由，改变环境，消除内部发展的障碍时，所采取的手段不应当有害于所抱的目标。……"

似乎可以说甘地的着眼点在内，尼赫鲁的眼光虽向于外面亦不遗内。尼赫鲁有一句说甘地的话亦是正确的，他说：

> 甘地是印度最典型的代表，他表现了这个受难的古老国家的真正精神。他本人几乎就是印度，他自身的缺点也正是印度的缺点。

这古老国家的真精神何在呢？在于宗教，不在顺着生活之路向外发展，而在反乎生活之路向内发展。如尼赫鲁所说向内发展还需要有外面的条件，所以就人类社会说，其真正向内大发展有待于外在条件的发展，即是生产工业化大发展，亦即共产社会之后。然而由于少数个人可能于此有其高度发展，便影响了古代印度社会，形成了以宗教为中心的古印度文化。这在我即谓之曰人类文化的早熟了——见旧著《东西文化及其哲学》。

尼赫鲁书中有"宗教是什么？"一章，但他是不能够解答这问题的。宗教是"世间"通向"出世间"之路。不晓得有"出世间"这回事即无法明白宗教这个东西。出世间又是什么呢？如我在《中国文化要义》中所说：

> 出世间者，世间之所托。世间有限也，而托于无限；世间相对也，而托于绝对；世间生灭也，而托于不生灭。

原书还有几句话很重要，亦引列于此：

超躯壳或反躯壳无非出世倾向之异名。这倾向则为人类（在生物进化中）打开一般生物之锢闭性而后有的。

（甘地就懂得野兽亦不是没有，只是锢闭了，不起作用——见前引甘地语。）

《尼赫鲁自传》摘录 *

他（甘地）的话朴素简明；他的声音和姿态冷静、明确，不动感情。然而这冷冰冰的外表后面却有火一般的热情。他的话深深地打动了我们的心，开动了我们的脑筋。甘地所指出的道路是辛苦困难的，但是一条勇敢的道路，可以达到自由的目的。（93页）

我深信假如只有在怯懦和暴力二者之间加以选择时，我将劝人选择暴力……可是我认为非暴力比暴力高明得多，宽恕比惩罚气魄更大……非暴力是人类的法则，正如暴力是野兽的法则一样。（同上，甘地著文）

甘地长得身材短小，体弱多病，但具有钢一般的坚强性格、坚如岩石的精神，不管外面压力怎样大，他总不屈服……尽管甘地貌不惊人，赤着身体，系着腰布，但是他具有高贵和

---

* 据张宝芳译本，世界知识出版社，1956年。——辑录者

庄严的风度，使人不得不尊敬他。……他的声音清脆、沁人心脾，引起共鸣。不管听甘地讲话的是一个人或一千人，他们都感到甘地的吸引力，感到跟甘地息息相通。……甘地在演说时能够使听众着迷，并不因为他善于雄辩，或者因为他用辞漂亮。他的语言简单中肯，很少用不必要的字。……甘地最显著的特点之一，是他争取人的能力，或者至少可以说是他解除反对者武装的能力。(146—147页)

在原则上，他一向愿意主动地去和他的对手见面，讨论任何问题。……但是也许他不仅在于从理智上去进行说服。他一向寻求心理变化，打破愤怒和疑惧所造成的隔阂，觅取引起别人善意和高尚感情的途径。……当他亲自同对他抱有敌意的人们周旋时，他获得多次胜利。……许多对他进行批评和嘲笑的人，也为他所感化而变得对他崇拜，即便继续反对他，但其中已不再有丝毫嘲弄的意思。(283页)

他（甘地）自己发现了一套生活艺术，使他自己的生活富有艺术性。每个姿态都具有意义，优美而没有虚伪的气味。甘地没有棱角，不露锋芒，不带一点庸俗气味。……甘地自己心里很宁静，并以此影响其他的人。他在人生的崎岖道路上，踏着坚定的勇敢的步子前进。(147页)

不认识甘地本人仅读过他的著作的人，往往以为他有僧侣的派头，极端拘谨，面孔阴郁，加尔文式的道貌，好煞风景，有点像穿着黑道袍各处传道的僧侣似的。其实他的著作委曲了他，他本人比他的著作伟大得多。……他本人同加尔文僧侣的派头恰恰相反。他笑容可掬，笑声动人，他的愉快心情感染了四周。他有一种天真烂漫的神态，使他富于魅力。在他走进一间屋子的时候，他带来了一阵新鲜气息，活跃了屋内的空气。（589页）

在胡仲持译本，此末句作如下译："当他走进了一间房间，他随身带来新鲜的气息，使周遭气氛显出轻快。"又前摘一段，在胡译似亦较好。其文如下："他使自己的生活整个艺术化，一切姿势都有章义，有风韵，脱净了虚伪意态。他的生活上没有粗糙的边缘，亦没有尖锐的角度，尤其没有一点庸俗的形迹。他寻着了内心的和平，便把这个反射到他人的心头，并且用了坚稳的脚步，沿着苦难的生活道路前进。"

人们的命运一向是，现在也还是去控制暴风雨，驾驭雷电，使烈火及奔腾的江河为人所利用。但最困难的乃在如何控制和约束自己堕落的情欲。只要人们不能控制他们自己的情欲（和气愤），他们也就一天不能充分掌握自己的命运。（471页）

英国人使他们的道德标准符合他们的物质利益，并把一切有助于他们帝国主义计划的事情看作正义的这种惊人妙诀确实使我惊讶而且佩服。墨索里尼和希特勒由于侵犯自由和民主而受到他们义愤的斥责，但在印度同样侵犯自由和民主的行为竟然被他们诚实地认为是必需的事情，并提出最崇高的道义理由，表明他们那种无私的行为，要求他们采取行动。（386页）

我是极不喜欢暴力的，可是我自己浑身是暴力，时常有意或无意地打算强制别人。（616页）

我们常常需要强制，这是没有多大疑问的；但如果我们要强制，我不要也不应以仇恨或凶暴心情来行强制，而应以消除障碍的正当愿望来强制。（631页）

面对着高山似乎不难攀登，山顶在向人招手。可是当你走近了，困难就出现，越往上爬，旅程越艰苦，山顶退隐到云层里。不过爬山虽然费力，始终是值得的，而且本身有他自己的快乐。也许使生活有价值的是奋斗而不是最后的结果。（681页）

无以尚之

——读《印度的发现》一书 *

……我们好像是在一种全能的怪物掌握之中而无能为力；我们的四肢瘫痪了；我们的心智呆钝了；……这种过程深深侵蚀了印度的心身，……正像那痛苦的疾病渐渐消耗了我们肺部的组织一样，慢慢地必然地要把我们弄死。有时我们想某种更急速一些和更显著一些的过程类似霍乱症或黑死病还要好些。但那不过是刹那间的想法，因为冒险主义不会得到什么结果，江湖医生的办法治不好深入膏肓的疾病。

那时甘地出现了。他像一股强有力的新鲜气流，使我们振作起来，深长地松了一口气。他像一道亮光，穿透了黑暗，并拨去了我们眼睛上的翳障。他又像一阵旋风，吹翻了许多东西，最重要的是激动了人民运用思想。他不是从天而降的，他

---

* 《印度的发现》，尼赫鲁著，齐文译，世界知识出版社，1956年。标题为辑录者所加。——辑录者

好像是从印度千万群众中涌现出来的……（第 472 页）

　　上面说甘地的几句话，应从下面各段所说之中去了解之。

　　甘地总是在那里象征着不（甘）妥协的真理，要把我们拉起来，使我们感到（妥协）可耻而走向真理。……不同的人对于真理可能有，也确有不同的见解，每一个都被自己的背景、教养和情感冲动所强烈地影响着，甘地亦不例外，但是对一个人而论，真理至少是他自己觉得到而且知道是真实的东西，按照这个定义，我不知道有任何人能像甘地那样地坚持真理了。（第 473 页）

　　他绝不屈服于命运或其他任何他认为是罪恶的东西。他充满着抵抗的情绪，虽然这抵抗是和平而有礼貌的。（第 476 页）

　　末句即指非暴力主义、和平抵抗、不合作运动而言。连同下面的话可以见出甘地盖本乎其内心真切自觉的良知而动作着。

　　他说道："我拒绝做我所不能理解的或在道德基础上不能辩护的那些先例或习惯的奴隶。"因此在实践上，他奇特地在自由走着他所选择的道路……一切只以他深信应该是那样压倒一切的道德法则的观点为转移……他所提议的每一种改革，他所给别人的每一个劝告，他都严格地应用到自己身上。他总是带头

做起。他的所言和所行总是互相符合，就像戴在手上的手套那样。（479页）

他的教义的精髓是无畏、真理和与这些相关联的行动……（472页）

在他看来，真理和非暴力主义是一件东西，或者同样东西的不同方面，所以他差不多在把这些字交换地使用着。（478页）

一任天理流行的人是无所贪慕依恋的，无所贪慕依恋而后能无所恐怖惧畏。甘地胸中正有中国古人所谓"无以尚之"的东西在，他当然不会屈服于任何势力之前，同时他更不会以威武屈人；非暴力的根本在此，非暴力与真理之非二在此。甘地正是以此激发其怯懦之国人，以此对待贪暴无礼之英人。

在英国统治下的印度（人）的主要心情就是恐惧，是一种普遍渗透的使人窒息的绞勒一般的恐惧：怕军队，怕警察，又怕广布各地的特务；怕官吏阶级，怕那意味着镇压的法律，还怕监牢；怕地主的代理人，怕放债人，又怕经常待在门口的失业和饥饿。正是为了针对着这弥漫一切的恐惧，甘地镇静而坚定的口号响起了：不要怕！……于是人民肩头上的一层恐惧的黑幕就这样突然地揭掉了；当然还不是整个被揭掉。但已到了惊人的程度。（473页）

如其是非之心不被启发出来，如其不以义理之念代替利害

之念，没有足够的正气亦就没有足够的勇气。看了下面的话方
能了解恐惧黑幕是怎样揭掉去的。

（甘地号召）头衔都应放弃（指英国赐给的爵位），虽然那
些拥有头衔的人只是稍微有些响应，可是大众对英国所颁给的
头衔的尊重心理消失了，它们变成耻辱的象征。新的标准和评
价树立起来了。原先给人的印象是那样深的总督官邸的和王公
们的显贵豪华，陡然间好像变得极度可笑粗俗，而且不如说是
可耻了，因为环绕他们的正是人民的贫穷和不幸。富有的人也
不再那样亟于炫耀他们的富有了，至少在外表上他们中间很多
人都采取了比较朴素的作风，在服装上他们几乎和那些卑贱的
人没有什么区别了。（476页）

印度人民对于英国强暴统治的抵抗运动，在国大党领导下
很久总不外乎两条路：开会讨论通过决议呼吁等等，不然就是
恐怖活动破坏活动。甘地出来之后，特别谴责了第二条路而开
出新颖的第三条路，那即是非暴力的和平抵抗的不合作运动。
这种运动要甘心忍受由此而来的痛苦和灾难。这里出现了人们
坚持真理的意志。

和平的不合作斗争一次接一次地发生着，里面包含着无穷
的痛苦。但那痛苦是自己找来的，因此是增加力量的。它不同
于那种压在不情愿的人们身上并导致绝望和失败情绪的痛苦。

（482 页）

什么是无畏？这就是无畏。周孝怀先生题字于译本云译者"望人读其书而知其人所以大无畏而又使人无畏之精神必有所自，而宜为人所取法"，说得甚好。

此时的号召和运动绝不应只是对抗英人的。

这种行动的号召具有双重意义。一种当然是对外国统治的挑战和抗拒，还有一种是叫我们对我们自己社会上的邪恶做斗争。（476 页）

（甘地曾说：）"我要为这样一个印度尽力：在这个印度，最贫苦的人也将感觉到这是他们的国家，在建国的过程中他们有有效的发言权。在这个印度，人民之中将没有高贵的阶级和低贱的阶级。在这个印度，所有的公共团体都生活得十分融洽……在这样一个印度不能容有贱民、酗酒与麻醉药品的灾祸……妇女和男子享有同样的权利……"

要对社会一切不合理做斗争，当然不是哪一阶层或哪一部分人的事，而一定要广大群众起来。

甘地第一次踏进国民大会党组织，就立刻把国民大会党的党章完全改变了。他把它变得民主化，并成为一个群众性的组织。……现在农民大量涌进来了……产业工人也进来了……

（475 页）

　　据说……印度人的思想习惯主要是清静无为……但是甘地这位典型的印度人却代表着清静无为的正相反一面。他是一位精力绝伦和行动超群的天才人物、活跃者。……在向印度人民的无为主义做斗争和改变它的工作中，他比我所知道的任何人所做的工作都要多。（477 页）

　　这样，他就着手恢复人民的精神上的一致性，着手打破那隔在上层的一小群西方化的集团（中产阶级）和（农工）群众之间的壁垒……着手将那些在昏迷和静止状态中的群众唤醒而使他们活动起来。（480 页）

个人出自社会，社会大于个人

——读书摘句及按语 *

他让多数人跟着他走，听他的话，为什么能如此？因他代表多数人的要求，他的所见符合客观事实，他的行动为时代社会所需要。

把伟大人物称呼为"发起人"，这个说法用得极其中肯。他所致力的活动，是这个社会必然的不自觉的进程之自觉自由的表现。他的作用全在于此，他的力量全在于此（不能更多）。但这是种莫大的作用，是种极大的力量。

个人的特点，只有在其社会关系所容许的那时候、地方和程度内才能成为其社会发展的因素。

按语：没有单独的人，只有社会的人，任何个人总是社会历史产生出来的。创造一社会的历史新局，亦是由此一社会创

---

* 摘自何书未详。标题为辑录者所加。——辑录者

造而成的，非任何个人所得居其功。当然有其中功最大最大的伟人，不容否认；却莫忘掉协同辅辏支持他的有全部社会力量在，而笼统颟顸地归到他一人份下去。

再说：个人出自社会，社会大于个人；当前一期的历史发展变化，在过去久远的历史中固其渊源之所自来。那么成功不在个人，成功不在一时就更明白了。

读溥仪自传《我的前半生》[*]

六七年前曾偶尔见到此书，只就开首各章节翻一翻，以为是谈故事的闲书，不想多看下去，浪费自己宝贵时间。不料今次看之卷终，乃知其后半大有意义。特别是叙述其思想改造过程，有些真切动人处，例如第九章叙在刘大娘面前放声痛哭等情节便是。尤以书末尾补充一段，极有价值。其价值就在叙出领导党相信人能改造好的那种完全信任之心。此心是人与人彼此通而不隔之心。此心是人的自觉能动性亲切的真实的感应流露。万物何以莫贵于人，人之何以可贵全在此。一切宗教莫不给人建立其膜拜之崇高对象，而人遂轻贱若不足数。马克思反对社会上的种种不平，而必以批判宗教为一切批判之前提者，正在此。（看马克思著《黑格尔法律哲学批判导言》自详）要求恢复对人的严肃尊重，是当初马克思主

* 《我的前半生》，溥仪著，群众出版社，1960年。——编者

义的出发点，亦是其一贯不易的立场精神。作者对此点未必知道清楚，但他从新社会环境有此感受在心，便不止一次地著见于笔墨间。我说此书后半部大有意义，指此而说也。

1972 年 1 月 23 日

梁漱溟识

第二章

中国人与西方人思路不同

人类以"有对"超进于"无对"

——读厨川白村《东西之自然诗观》

余于文学艺术向不留意，此盖生性于此为远。忆昨年寓清华西院，应清华学生所组织之文学社讲演，即开首先讲"我与文学无缘"一段话，聆者大笑。人而不爱好文学艺术，岂复得为人？余尚非蠢伦，何遽不感生趣味邪？然此心竟绝不能入。尝闻诸亲长，余儿时甚笨，独个性强；此在我已不自记忆。但忆十岁前后，读书能力视同辈为差；而当十四五岁乃能自为思想，持实利主义之见甚深，菲薄古文诗词，嫉恶玄想不可捉摸之言。凡今之所谓文学哲学者，殆皆在鄙厌屏弃之列，以为无用。其后不期走入哲学路，狭隘不通之见自渐捐除；然于文学及艺术，始终不能入也。民十①为"东西文化及其哲学"之讲演，于东西两方之哲学思想，政治制度，社会风习，物质生活，乃至医药之殊异，皆尝比较言之。顾于文学，于艺术，独

---

① 民十，即民国十年，公元1921年。——编者

不能置一词。盖诚无所知，缺憾实大。顷自百泉移来辉县城内，忙中忽得宽暇，随意翻书，于子和弟案头得见鲁迅先生《壁下译丛》一本。其中有厨川白村《东西之自然诗观》，读之大喜。不独余所判论东西人之分异点，于此又得印证；更喜其印证者，适在余所不能举证之文学方面也。

余往于《东西文化及其哲学》中，拈出"向前面要求"五字为西洋人根本精神所在，而以"自己调和持中"释中国人之态度；历久而弥觉此言之不可易。但自近年来，于人类之所以为人类，大有所见，深悟中国古人之学，为人类自尽其天赋才性体力之学；遂觉"自己调和持中"一语，虽可概说一般中国人之态度，而未足以尽中国古人之精神，道出中国文化之根据。故近年乃恒用"有对""无对"字样，以为中西人之分判。无对，即中国古人所谓"仁者与物无对"之无对；有对亦即与物为对之意。盖生物进化到人类，实开一异境。一切生物，均限于"有对"之中，而人类则以"有对"超进于"无对"。——他一面还是站脚在"有对"，而实又超"有对"而进于"无对"了。西洋人于古希腊时，既著露其有对精神；迨近世来，乃更将人类的有对性，发挥得淋漓尽致。余向以"向前面要求"点明西洋人态度，亦尽足见意，而未若"有对"二字之简切。中国一般人自未足以言"无对"，而其所倾向则在此；中国数千年文化所为与西洋大异者，实由古人认识了人类之所以为人——认识了无对有以开其先，立其基。故言中国精神，必举"无对"乃得也。厨川白村所论，亦弥于余后说相切，用剪取其文备考。

十九年^①三月二日记

附录：《东西之自然诗观》（节录）

厨川白村作 鲁迅译

宇宙人生的一切现象，若映在诗眼里，那不消说，是一切都可以成为文艺的题材的。为考察的便宜起见，我姑且将这广泛的题材，分为（1）人事，（2）自然，（3）超自然的三种，再来想。（中略）这三种题材，怎样地被诗人所运用呢？（下略）

为欧洲文化的源泉的希腊的思想，是人间本位。……所以虽是对于自然，那态度也是人间本位的，将自然和人间分离的倾向，很显著。或者姑且称为"主我的"罢。像历来的东洋人这样，进了无我、忘我的心境，将自己没入自然中，融合于其怀抱之风，几乎看不见。东洋人的全然离了自我感情，自然和人间合而为一，由此生成的文学。希腊的却从头到底是人间本位，将自然放在附属的地位上。

欧洲思想的别一个大源泉，是希伯来思想。但这又是神明本位，将超自然看得最重；以为自然者，不过是神意的显现罢了。将人间的一切，奉献于神明，拒斥快乐美感的禁欲主义的

---

① 十九年，即民国十九年，公元1930年。——编者

修士，当旅行瑞士时，据说是不看自然风景的。（中略）为近代思想的渊源的那文艺复兴时期，从诗文的题材上说，也不过是"超自然"的兴味转移为对于"人间"的兴味而已。欧洲人真如东洋人一样，觉醒于自然美，那是自此一直后来的时代的事。

西洋的诗人真如我们一样，看重了自然，那是新近十八世纪罗曼主义勃兴以后的事情。……在这以前的文学里，也有着对于自然的兴味，那当然不消说；但大抵不过是目录式的叙述或说明。……或者以人事或超自然的主题，而单将这作为其背景或象征之用。……莎士比亚的戏曲呀，但丁的《神曲》呀，弥尔敦的《失乐园》似的大著作，和东洋的诗文来一比较，在运用自然的态度上，就很有疏远之处。深度是浅浅的。总使人、神、恶魔那些东西，和自然对立，或则使自然的那些的从属的倾向，较之和汉的抒情诗人等，其趣致是根本地不同。

（上略）赞美自然的文学渐渐地发达，而这遂产生了在今日二十世纪的法国，崇奉为欧洲最大的自然诗人，……。我以为西洋人的自然诗观，是逐渐变迁，和我们东洋人的渐相接近起来了。

这在绘画上也一样。真的山水画、风景画之出于欧洲，也是这十八世纪以后的事。（中略）日本文学中，并无使用"超自然"的宗教文学大作，也没有描写"人间"，达了极致的莎士比亚剧似的戏曲。这也就是日本文学之所以出了抓得"自然"的真髓……的原因罢。

从外国输入儒佛思想以前的日本人，是也如希腊人一样，有着以人间味当中心的文学的。（中略）但是自从受了常常赞美自然的支那文学的感化以后，对于先是比较冷淡的自然之美，这才真是觉醒了。

自从"万叶"以后的日本诗人被支那文学所刺激，所启发，而歌咏自然美以来，在文学上，即也如见于支那的文人画中那样。渔夫呀，仙人呀，总是用作山水的点缀一般，成了自然为主，人物为宾的样子。（下略）

西洋人这一流人，是虽然对着自然，而行住坐卧，造次颠沛，总是忘不掉"人间"的人种。他们无论辟园，无论种树，倘不硬显人工，现出"人间"这东西来，是不肯甘休的。倘不用几何上的线分划了道路、草地、花圃，理发匠剃孩子的头发一般在树木上加工，就以为是不行的。较之虽然娇枝刈叶，也特地隐藏了"人间"，忠实地学着自然的姿态的东洋风，是全然正反对的办法。（下略）

东洋的厌生诗人虽弃人间，却不弃自然。即使进了宗教生活，和超自然相亲，也决不否定对于自然之爱。岂但不否定呢，那爱且更加深。西洋中世的修士特意不看瑞士的绝景而走过去的例，在东洋是绝没有的。这竟可以说，厌离"人间"，而抱于"自然"之怀中；于此再加上宗教味，而东洋的自然趣味乃成立。（下略）

中国人以超"有对"入"无对"为祈求

——读《中国美术在现代艺术上的胜利》

余前见厨川白村之《东西之自然诗观》，既喜其与愚说有合，乃昨复得最近《东方杂志》中国美术专号，有署"婴行"者所为《中国美术在现代艺术上的胜利》一文，其所申论中西画法之异，则又适与厨川白村说相合。盖西洋人无在不持其"有对"之态度，中国人无在不以超"有对"入"无对"为祈求，又可于艺术证之也。婴行君原文过长，不能尽录，摘取数小段，聊以见意。（其中含蕴意义可发挥者甚多）

婴行君文义有不易尽晓者，亦有余读之稍具意见者。如云："在真的艺术心看来，世界一定完全是活物，自然都是具有灵气的。"此语何等好！宇宙间原没有死物质，宇宙原是一整个活物，此绝对真理，更无商量。乃继此语又云："因为创作活动，非假定精神的绝对性，到底不能充分实行。"何待假定？且"假定"又岂能"充分"邪？此见作者正自未能信得及，故出语零弱有病。又如 impersonal 一词，译为"非个人的”太嫌拘切字面，愚以为其意义实在“超私的”或“无所为的”。

十九年六月六日记

附录：《中国美术在现代艺术上的胜利》(节录)

东西洋文化自古有不可越的差别。如评家所论，西洋文化的特色是“构成的”，东洋文化的特色是“融合的”；西洋是“关系的”“方法的”，东洋是“非关系的”“非方法的”。做西洋的安琪儿要生了一对翼而飞翔，东方的仙子只要驾一朵云。这传统照样地出现于美术上，故西洋美术与东洋美术也一向有这不可越的差别。

可知对象所有的美的价值，不是感觉的对象自己所有的价值，而是其中所表出的心的生命，人格的生命的价值。凡绘画须能表现这生命、这精神，方有为绘画的权利；而体验这生命的态度，便是美的态度。除此以外，美的经验不能成立。所谓美的态度，即在对象中发现生命的态度，即“纯观照”的态度。这就是沉潜于对象中的“主客合一”的境地，即前述的“无我”“物我一体”的境地，亦即“感情移入”的境地。

恽南田在画术上是深造的人……他的《瓯香馆画跋》中，极明快地说出作画的心境——艺术的意识的根柢上最必要的心境，人类最高的心境。他说：“谛视斯境，一草，一树，一邱，一壑，皆灵想所独辟，总非人间所有。其意象在六合之表，荣落在四时之外。"又说："秋夜横坐天际，目之所见，耳之所闻，都非我有。身如枯枝之迎风萧聊，随意点墨，岂所谓'此中有真意'者非邪？"

感到世界正在造化出来，而自己参与着这造化之机的意识，是艺术家可矜的感觉。然这感觉决不是自傲与固执所可私有的。如南田所说："总非人间所有"，必须辟除功利的意欲，方为可能。董其昌也说这是脱却胸中尘俗者，极纯粹的心境。

在真的艺术心看来，世界是活动，自然是真有灵气的。邓椿的《画继》中说："世徒知人之有神，而不知物之有神。"明示着艺术家的根本精神的"自然的生命观""世界的活物观"的意义，诚可谓明达之言！（中略）然普通的思想，总以为是精神是占座于人的身体中，有身体才有精神，或精神发生于身体中。

在真的艺术心看来，世界一定完全是活物，自然都是具有灵气的。因为创作活动，非假定精神的绝对性，到底不能充分实行。

气韵不是由外物强制而成的，乃是自然的，自己流动的。气韵与势结合，取必然的过程而表现。即所谓"气成势，势以御气。势可见，而气不可见。故欲得势，必先培养其气。气能流畅，则势自合拍。"即其机会来到的时候，用了猛然的势而突进。这全是所谓"神机所到，不事迟回顾虑者，以其出于天下也。"气韵生动因了内的必然而动。按照了其自己所立的非个人的（impersonal），即绝对的自存原理而发动。

中国人与西方人思路不同

——摘录徐旭生[*]论中西文化手稿

在我国知识界中谈起人类大同，几乎没有人觉得这是一个陌生观念，并且大多数人全相信它早晚总要达到的。可是我个人于上次世界大战时在法国留学每与人谈及此问题，百人中就没有一个人能相信人类会有大同之一日，甚至千人中亦还不敢决定是否有一二人能明了此问题！中西人在思想上有这样大的差别，是颇可诧异的。

从前将欧洲政治（国家）分立的原因归于地形复杂或种族复杂的说法并无是处。

文学主要的本质是人类的情感（sentiment），艺术主要的本质是人类的感受性（sensibility）。由人类的创造使我们看见

---

[*] 徐炳昶（1888—1976），字旭生，河南唐河人。1906年入京师译学馆，1911年毕业，赴巴黎大学留学。1921—1929年任北京大学哲学系教授，1924年任教务长。新中国成立后，当选河南省及全国人大代表，任考古研究所研究员。——辑录者

听见或接触到而能发生快感的东西，通常叫作艺术。写出来，念出来，或演出来而使我们内心和情感起一种重大变化者通常叫作文学。文学本质为情感，而情感本身却是盲目的，不回头的，——一往情深。文学之至者亦表其往而不复之情者也。唯永不回首，始能往而不复。"安不忘危"……即屡屡回首，绝不直情径行之谓。（同时悲不极度悲观绝望，怒不极怒亦同。）中国文学的最高点，总是温柔敦厚，冲淡夷犹。"日月为之失色，天地为之变色"，中国少有，而"山重水复疑无路，柳暗花明又一村"，中国却多有之。曲折幽隐，而非波澜壮阔。——平稳。工业品在实用方面从不看轻，至于使它增加美感快感，走向艺术，则每每认为奢侈而拒绝之（奇技淫巧有禁）。例如文绣织锦，有些念书人常常用不很放心的眼睛来注意它。大兴土木官室亦是被排斥的。游玩娱乐亦都不合于戒慎恐惧之意。因此文化的高度不行，但稳稳发展下去的长度则人不能及。试问：牵掣它，使它放不开的是什么力量？

漱按：徐旭生论中国文学艺术工业所受忧深虑远的思想及循环论的哲学之影响，此有特识之论，值得思考。

逻辑在中国几乎没有，几何学则简直没有。因明输入中国千余年看不见反应，《辩学启蒙》译过来数百年仍不见反应。几何原本输入后以其为有关形体的知识，不似逻辑之纯抽象，还引起一点反应，此即杜知耕《几何论约》、李子金《几何易简集》、方中通《几何约》等几部著作。但此中大可注意者即其并不能向着抽象思路发展，却从实用立场而要求其删繁撮要，恰恰与西洋抽象精神相反。（此为徐旭生先生对我《东西文化及其哲学》一书所写示其意见其中一条。）

漱按：中国人头脑思路不同于西洋人是其不产生近代科学的根本所在，而勤搜吾国往古科学技术发明的史料的李约瑟博士却不知道。此即他所以不能解答近代科学何以在中国产生不出来那个问题。今天新中国在毛主席领导下大力吸收和发展西洋的科学工艺，依然偏向实用方面而不崇尚理论研究，不犹是中国人旧作风乎？

又按：中西人们思路有些不同。

再录徐悲鸿答沈宝基之问：

中国艺术为万物平等，而西洋则以人为主体。

漱按：此见出前者是忘了人与物相对待的立场，而后者恰站在这立场上。

又录周太玄有论全民教育一文（见于《大公报》），有如下的话：

在人类历史中，中国历史有其独特的发展经过，从而构成其民族性。在这种性质中最重要的是其人生态度对于大自然界偏于求适合而不取对立；对于生命潜力偏于克制和控制而不让其纵情消散。这当是中国历史最久长而民族至今未见衰老之一重要原因。

    漱按：厨川白村《东西之自然诗观》有如后的话：欧洲人对于自然为人间本位的态度，将自然放在附属地位，可称之为"主我的"。东方人则将自己没入融合于自然而忘我之境。以上所录各家之言正可互相印证。

中国传统政治有异于欧日 *
——费孝通文章摘抄与按语

　　从表面上看来，中国以往的政治只有自上而下的一个方向，人民似乎完全是被动的，地方的意见是不被考虑的。事实上果真如此吗？果真如是，则中国政治亦成了最专制的方式。以这样幅员辽阔的皇国，非有比古罗马强上多少倍的军队和交通体系，不足以维持其统治。（略）政治绝不能只是在自上而下的单轨上运行。健全持久的政治必须上通下达，往还自如的双轨形式。（略）中国有两道防线可能使皇帝不成暴君。第一是无为主义。近代西洋政治是加强对权力之控制，使它向民意负责。此即宪法。中国则软禁权力，使它不出乱子。以无为代宪法。在地方自足时代不必动用趋向地方之权力。第二是把集权中央悬空起来，不使它进入人民日常有关之地方公益范围。中央派遣官吏到知县为止，不再下去了，并不到每家门前

＊　此标题为辑录者所加。

或门内。其实从县衙门到人家门前之一段最重要，此为中央专制及地方民主打交涉之关键所在。凡不明白此者，即不理解传统政治。过去县以下并不承认任何行政单位。往来于衙门与人民之间者，在衙门一面为皂隶、公差、班头、衙役。但此种人社会地位特别低，低到爬不起来。即使他滥用权力并不能藉此擢升。因而其贪婪有限止。县政府命令发到地方自治单位。地方公务在中国传统里，依旧活着的传统，非政府之事而是人民自理，同时应付衙门。（略）如果县政府命令直发人家门，则县为基层；然固非如此。只发到地方自治单位，即另有基层组织。地方自治之管事者绝不能与衙役公差接头。若此，则轨道塞住。在衙役公差与乡约地保接触时，政令即转入自下而上之轨道。此轨道不在政治制度明文之内，但效力很大。由绅士经种种关系可以压力透到上层，乃至直达皇帝本人。

（一）中国传统政治结构有中央集权和地方自治之两层。

（二）中央所做之事极有限，地方公益盖由自治体自理，不受中央干涉。

（三）表面上只见由上而下，其实尚有由下而上之一面。

（四）自治团体是由当地人民具体事实需要发生者，而且享受地方人民所赋予之权力。于是人民对于"天高皇帝远"的中央权力极少接触，履行了有限的义务后，可以鼓腹而歌，天子于我何有哉！（略）故于此行政中，无能非恶名，贪污有限度，皇帝无为，坐享其成，皆由地方自治体遍于各地之故。

第一道防线因时代而崩溃，……原来中央权力无限止。（漱

注：此指近百年因列强侵略被迫放弃无为主义而积极兴举各种新政而说。）第二道防线因保甲制警管制而破坏，……官方有一套，民方另有一套，原来由衙役、乡约、地方管事，三种人分任者合于一身，把基层社会逼入政治死角。

漱按：上为费君论述旧中国政治实况之文，往年嘉其所见不差，曾摘记于手册，此则其重抄者。就此附陈述我的一些感想如次：

上文所述基本上是不错的，特于地方基层社会情况为然。其所云地方基层自治体者，可参看我《中国文化要义》第十二章注文转录梁任公《中国文化史》乡治章，追述其家乡自治实况便得其概略。

在旧制中，县一级号为亲民之官，实则绝少干预民间事务。通常唯掌理钱谷词讼二事而已。而词讼又是不来告状的就不管不问。似此端拱无为主义实从中央一贯到地方的。有一副对联可资见证：我辈算不得好官，无非大事化小事，小事化无，但凭一片公心，临时开导；你们何必来告状，须知争莫如忍，忍莫如让，只存几分厚道，便得安闲。又如县衙门外的对联云：尔工尔商有暇各勤尔业；为士为农无事休进此门。

但另一面上自皇帝，下至县官，又可以无所不管，无所不问。这是从"民之父母""若保赤子"，那另外不同于外国统治阶级的一种思想道理而来的特殊情况。这种事情在旧日载籍中不少概见，可不举例。（总之旧中国与旧欧洲日本均不同）

　　同时在下的小民可以直接去皇帝那里申冤告状，谓之叩阍。

　　中国传统政治的特点甚多，这里所谈仅及一斑，其他重大特点，有如以选任官吏取代世袭之贵族，而官吏则来自考试制度；又如专设言事之官，可以谏诤君上和监察百官的监察制度。俗以西方封建社会看待旧中国者，其无当于事理也审矣！

读《破戒》

　　日本岛崎藤村写《破戒》一书，写出贱民阶级的自觉反抗，然而却仍未能立脚在人和自然相同的思想上，没有达到人和自然同性质的认识，仍然看人中有着差别。——这是何等显明地见出一视同仁的通达观之不易有。

　　贱民，"秽多"，部落民，新平民，"非人"。

　　野间宏《论〈破戒〉》一文，译者后记均指出其弱点。

　　明治维新"身份解放令"；然而上有天皇，皇族，华族，士族，平民，万世一系的天皇制。

　　差别到处差别，例如士族之内有上下，即秽多内部亦然。（如第八章第四节有云可知分成若干）秽多的职业是屠户、狱卒、行刑者。

　　以坦白告罪作结束，甚至跪到地板上请你们恕我！（修订本删去）

附记：

1972年4月3日北京《人民日报》第六版载有"日本部落民"的资料。

"秽多""非民"贱民以别于平民。平民包括农工商，而士则为武士为统治阶级的低级。法律上不再有歧视，但仍然存着社会歧视（就业、通婚、受教育上）。1922年成立"全国水平社""部落解放同盟"。

按：此种情况中国亦有之。可看梁任公自述其家乡情况一文。

第三章

格义致知：心体通乎一切

中国自古远于宗教

——《春秋·左传》中一些古语

夫民，神之主也，是以圣王先成民而后致力于神。

国将兴听于民，国将亡听于神。

鬼神非人实亲。惟德是依。故周书曰皇天无亲，惟德是辅。……如是则非德，民不和，神不享矣。神所凭依，将在德矣。

天生民而树之君，以利之也。民既利矣，孤必与焉。

师旷：天之爱民甚矣，岂其使一人肆于民上，以从其淫而弃天地之性，必不然矣。

郑子产为政，不毁乡校。

天视自我民视，天听自我民听。

漱按：凡此皆见出中国民族自古远于宗教，淡于宗教。

讲解《礼记·学记篇》的一段话[*]

大学始教，皮弁祭菜，示敬道也；宵雅肆三，官其始也；入学鼓箧，孙其业也；夏楚二物，收其威也；未卜禘不视学，游其志也；时观而弗语，存其心也；幼者听而弗问，学不躐等也。此七者，教之大伦也。《记》曰：凡学，官先事，士先志，其此之谓乎！

这是古书《礼记》第十八篇《学记》中的一段话。参考各种注解的书，如：

《礼记集解》（清孙希旦注）

《礼记训纂》（清朱彬辑）

《礼记集说》（清左有可集）

现在给它解说如后文——

《学记》是吾国古代讲教育的一篇文章，这段话是在讲大学教育开始应当注意的七个要点。原文"大学"不是我们今天说的大学。据《大戴记》"束发而就大学，学大艺焉，履大节焉"，似为当时统治阶层的少年而设的学校教育。原文"大伦"是大道理或要点之意。

下面按照原文七个要点分别给它解说：

一、"皮弁祭菜，示敬道也"，是说行开学礼，要用天子上朝的皮弁朝服，要用祭古圣先师的菜品，表示要本着恭敬的心情求学。

二、"宵雅肄三，官其始也"，是说行开学礼时，要歌唱诗词，还要音乐相配合；其诗是君臣之间互相劳苦安慰勉励的诗，如《小雅》中《鹿鸣》《四牡》《皇皇者华》那三章（现存《诗经》，有其词）。原文的"宵雅"就是《小雅》；"肄"是练习；"三"指《小雅》开首三章。"官其始也"，表示将登进统治阶层了。

三、"入学鼓箧，孙其业也"，是说入学时打鼓，学生们打开箧笥，取出所要用的书籍之类来——古时候还没有书，大约就是记有文字的竹简或其他需用的东西。原文"孙其业也"，"孙"是谨逊，就是说开始谨逊地作业。

四、"夏楚二物，收其威也"，"楚"是荆条，"夏"是稻木，都表示学生犯规，或有什么过错，就要责打的。意在学校内须有威信，学生们要收敛身心。

五、"未卜禘不视学，游其志也"，是说平常又要学生们坦怀游息，心志开朗，不必总是紧张。"禘"是一年中天子要举行的最大祭祀典礼，行礼之前要卜卦，以确定日期；行礼之后，天子才来视察学校。"未卜禘"就是指平常时候。

六、"时观而弗语，存其心也"，是说负教育之责者时时从旁观察学生，而不必叮咛告诫，说话太多。要这样，而后学生们乃存养得自己心思，自己悟出道理来。

七、"幼者听而弗问，学不躐等也"，是说学生中有年纪幼小的，教师不必多考问他，他亦不必多发问，只需随众学习好了；因为学问总当循序渐进，不宜躐等超级。

以上解说完了七点，下面解说这段话结尾的一句话："凡学，官先事，士先志，其此之谓乎！"这里"官"是指在官位的人，即统治阶层中有职守者；"士"虽属统治阶层的人，却是还未入仕任职者。官与士之所学，在道理上没有两样，但在官的要尽力于具体事务，而士则以励志为先。"其此之谓乎"，就是指上面讲的这些要点全为在学的青年士子而言。

大学之教也，时教必有正业，退息必有居学。不学操缦，不能安弦；不学博依，不能安诗；不学杂服，不能安礼；不兴其艺，不能乐学。

这是《学记》中接着上文的又一段话，为之解说如次：

此接续上文来讲大学的教学内容和教学方法。在两三千年前古代统治阶层的学校，其教学内容有六样：礼、乐、射、御、书、数；不像是后世以读书为学，而多是身体的活动。习礼、作乐，一切都要在实行中讲求之。那还是较轻的体力活动。射箭、骑马、驾车，便是较重的体力活动。因为统治阶层要领兵作战，而指挥作战用车，车要自己驾驭。射箭非止为军用，还用于狩猎，乃至行"乡饮酒"礼中亦有射箭。只有学书、学数偏乎脑力活动。因这些不同，就决定春、夏、秋、冬四时的教学内容不同了。原文"时教必有正业"就是说各样学业必当其时而行其数，例如狩猎射御在冬季，礼乐在春秋之类。又有春夏礼乐，秋冬诗书的说法。"退息必有居学"的"退息"，大约每天有退息之时，或者隔数日有一日假期，又或一年之中有一定期放假。退息之时，在宿舍在家里要自己做温习功夫，那便是"居学"了。

"不学操缦，不能安弦；不学博依，不能安诗；不学杂服，不能安礼；不兴其艺，不能乐学。"这些都是有关礼乐的说话。古时行礼、作乐、歌诗三事是联合在一起的。头脑、口腔、四肢同时活动，自必经历练习娴熟的过程才成。安弦、安诗、安礼，都是说各能得其安和亦即各达于娴熟之意。要安弦必学操缦，操缦是两手在琴瑟等丝弦乐器上练习操弄。安诗的条件在博依，博依即博喻。因诗多比兴，而比兴总不外借喻于草木鸟兽种种物情，就需要广博的物情知识。"杂服"是杂多的服役，如洒扫应对种种琐事。要先从琐细事务上学习，而后参预大典自能进退周旋合乎仪度。此即安礼。音乐、诗、礼皆有艺术在，而兴趣是艺术的本源。有了艺术兴趣便乐于其所学，也自然学得好。此即"不兴其艺，不能乐学"。

卓识高见

——读王船山《庄子解》

王船山《庄子解》具有卓识高见，非其他注解可及者：

一、寓言篇与天下篇乃全书序例。

二、内篇为庄子原著。

三、外篇为庄子门徒后学著作，非出一人之手。

四、外篇中"骈拇""马蹄""胠箧""天道""缮性""至乐"诸篇浅劣，其他篇值得参考。

五、杂篇中"寓言""天下"而外，"庚桑楚"一篇最和内篇义旨相通。

六、杂篇中"让王""说剑""渔父""盗跖"四篇为赝作。

司马迁《史记》不可尽信

昔人不尝有"信史"之称乎？而司马迁《史记》乃多不可信。近者我撰写《今天我们应当如何评价孔子》一文，就《史记》以考孔子事迹，乃嗟讶于其荒谬有失史职。

司马迁上距孔子之时不过四五百年，虽非甚近，亦不算甚远，苟能忠于史职，则于孔子生平事迹尽力考求，应当可以就周秦间子史诸书所流传者有所订正，汰去芜乱伪误之说，或审慎存疑，不轻予记录。然而司马迁竟未能也。其所为《孔子世家》滥取诸书，不加别择，似只求博闻，未计其他，以致其书内（非单指《世家》一篇之内）自相抵触谬戾者不一而足。自己且不求信，其何以取信于人？

考求孔子言论行事自必首先求之《论语》，史迁所为《孔子世家》一篇大体依据《论语》，不为不是。然《论语》一书既有不同之传本，便见得其不尽可依据，而宜掌握其他书史互相勘对考校，以求一是。《论语》多有显属错误之记事，例如《季氏

篇》首章将伐颛臾，冉有季路见于孔子一事，按之史实子路为
季氏宰在鲁定公世，冉有为季氏宰则在哀公世，并非同时，何
得有如《论语》上那许多问答的话。又如所记公山不狃召孔子
事及佛肸召孔子事，按之《春秋》《经》《传》及其他书史均错
谬可笑。然而史迁竟不加核订，以讹传讹。如此之例尚多，不
备举。最可怪者《史记》依孔子年龄早暮以次著其事迹，仿佛
很认真，而其实乃错乱不堪。

　　《论语》不尽足据，其稍后于孔子之诸子百家言，更不足
据。①此因孔子名声广大，非独传阅辗转多有错讹，而被人虚
造借喻之宣言尤多至不可胜数；《史记》于此每不加甄别，杂收
滥取。其不负责任乎？抑识见不足欤！

　　如下两例可见其无识之一斑：

　　季桓子穿井得土缶，中若羊，问仲尼云"得狗"。仲尼曰：
"以丘所闻，羊也。丘闻之，木石之怪夔，罔阆，水之怪龙，罔
象，土之怪坟羊。"

　　吴伐越，堕会稽，得骨节专车。吴使使问仲尼："骨何者最
大？"仲尼曰："禹致群神于会稽山，防风氏后至，禹杀而戮
之，其节专车，此为大矣。"……于是吴客曰："善哉圣人！"

---

①　吾文对于史迁的许多错误不及指摘，最好请参看崔东壁《洙泗考信录》。
　　此书是为孔子一生言行清除伪误传说的一部好书。其核求真实像一个科学
　　家，但因其力避世俗浅陋之见，有时立论又难免主观。虽有难免主观之
　　嫌，我却多半赞同之。——作者

孔子当时声誉虽高，未必广泛地被称为圣人。且人之所以为圣人，亦岂在乎其博闻强记，善能解答一些奇闻怪事。似此根本不值得载入史册之鄙陋传说而竟以入史，则迁之识见不高是肯定的了。对于吾国伟大史家说他缺乏识见，在我是于心不忍的，其奈事实之不可掩何！

末后我要指出史迁思想上之偏蔽。他是对儒家抱有偏见的一个人。《孔子世家》文内叙及孔子适周问礼于老子，记有老子的一段话；又在《老子韩非列传》内记有孔子问礼于老子，老子回答的一段话。两段话词句不同，而词旨在肆其讥诮则同。兹照录其后一段话以及孔子赞叹老子的话于左 ①：

孔子适周，将问礼于老子。老子曰："子所言者其人与骨皆已朽矣，独其言在耳。且君子得其时则驾，不得其时则蓬累而行。吾闻之，良贾深藏若虚，君子盛德容貌若愚。夫子之骄气与多欲，态色与淫志，是皆无益于子之身。吾所以告子，若是而已。"孔子去，谓弟子曰："鸟，吾知其能飞；鱼，吾知其能游；兽，吾知其能走。走者可以为罔，游者可以为纶，飞者可以为矰。至于龙，吾不能知其乘风云而上天。吾今日见老子，其犹龙邪！"

孔子问礼于老子，大概曾有其事，今见于《礼记·曾子

---

① 原稿系竖写，从右至左排列。——编者

问》篇内。篇内所记与史迁所记不同，自可置之不谈，但在《史记》一书之内，同记此一事而竟然记出来前后不同的两段话，此岂忠实记事者之所为乎？两段说话不同，而词旨讥诮则又同，那明明是文章撰作者的把戏了！结尾是孔子赞叹老子犹龙，一抑一扬，史迁之意昭然若揭。

史迁所以如此者，是有其由来的。试检《太史公自序》，一读迁父司马谈之论"六家要旨"便不难明白。原文不长而于阴阳家、儒家、墨家、名家、法家、道德家各有论断。在论断中总是一分为二，有所肯定，有所否定。对于儒家虽亦有其肯定之一面，却一上来就说："儒者博而寡要，劳而少功，是以其事难从……"

对于道家却称赞为融合了所有各家之长的，如原文：

道家使人精神专一，动合无形，赡足万物。其为术也，因阴阳之人顺，采儒墨之善，撮名法之要，与时迁移，应物变化，立俗施事，无所不宜，旨约而易操，事少而功多。

原文临末又就"形""神"二字，发挥道家学旨，说：

凡人所生者神也，所托者形也。神大用则竭，形大劳则敝，形神离则死。死者不可复生，离者不可复反，故圣人重之。由是观之，神者生之本也，形者生之具也。不先定其神，而曰"我有以治天下"何由哉？

这不是明白地崇道家而贬儒家吗？司马迁正是一秉其老父的思想而写书；我说他思想上有所偏蔽，即指此。他在《老子韩非列传》中便点出了两学派的矛盾斗争：

世之学老子者则绌儒学，儒学亦绌老子。
"道不同不相为谋"，岂谓是邪？

然则《史记》之为书，尊老子，抑孔子，史迁固不自隐讳。

附言：儒家之学，道家之学，同传自远古，皆是早熟的中国文化产物，各有其不可磨灭的学术价值，方将在人类未来文化中得到讲求，我在《东方学术概论》一书中略有阐明，可参看。

补记：
适从崔著《补上古考信录》中得见其转录宋欧阳修《帝王世次图序》一文，有如下的两句话：

（上略）至有博学好奇之士务多闻以为胜者，于是尽集诸说而论次，初无所择而唯恐遗之也，如司马迁《史记》是已。

此其评断史迁与我的话不若合符节乎？其言早在千年之

前，惜我乃未之知也。欧阳尝撰有《新五代史》传于世，固属一史学者。

1974 年 10 月 30 日属草

附录：

《史记》一书为吾国文化历史一重要典籍，必须读之，但史公为此亦殊有缺点：（一）叙述史实往往重趣味，似小说故事，虽文章引人入胜，非史家正体。恐其于当时社会政治实况缺略不周。（二）老子道家一派之学为其父所最推重，竟于老子之人未能深考，迷离惝恍其辞。如其汉初尚不深考，后人去古愈远，更无法考知了。（三）儒墨为古时两大学派，竟不为墨子列传，只附见一笔于旁处，缺憾甚大。

（摘自《致田慕周》，1973 年）

《明道学案》摘句 *

涵养到着落处，心便清明高远。

"敬以直内"是涵养意。言不庄不敬则鄙诈之心生矣；貌不庄不敬则怠慢之心生矣。

学者今日无可添，只有可减，减尽便没事。

学始于不欺暗室。

息，止也。止则便生，不止则不生。

人心常要活，则周流无穷而不滞于一隅。

中心不和不乐则鄙诈之心入之矣。此与敬以直内同理。谓敬为和乐则不可。然敬须和乐，只是中心没事也。

学至气质变化方是有功。

不学便老而衰。

---

* 程颢（1032—1085），北宋哲学家，宋明理学奠基者之一，人称明道先生。——辑录者

满腔子是恻隐之心。

圣人千言万语只是教人将已放之心约之使反复入身来，自能寻向上去，下学而上达也。

朱熹《晦翁学案》摘抄及按语 *

人自有生，（略）念念迁革以至于死，其间初无顷刻停息，（略）然圣人之言则有所谓未发之中寂然不动者，（略）尝试求之，盖愈求而愈不可见（略）。退而验之日用之间，则凡感之而通，触之而觉，盖有浑然全体应物而不穷者，是乃天命流行生生不息之机，虽一日之间万起万灭而其寂然之本体则未尝不寂然也。所谓未发如是而已矣。夫岂别有一物限于一时，拘于一处，而可以谓之中哉！

漱按：生命流行不息，喜怒哀乐虽隐微之极却亦无时不有。所谓未发之中原不属世间事，唯佛家出世无为的真如法性足以当之。世间法皆有其时间空间，只真如法性不落时空。晦翁推勘已是到家，却远非实证。世间出世间一体非二，世俗固

---

* 朱熹（1130—1200），程朱理学之集大成者，字元晦，号晦翁。——辑录者

不及知晓也。观其功夫卒不过归于涵养主敬而止，果何由而求得未发之中耶？

又按：晦翁有云"敬不可谓之中，但敬而无失便是中"，此可见其造诣之浅在。儒者之所从事，固非出世之学也。在非出世之学的儒家，原不须造乎"生灭灭已，寂灭为乐"的境地，但得敬而无失便与寂然之体息息相通（无一息隔碍），由之喜怒哀乐靡不发而中节焉，则曰"敬而无失便是中"，正是可以这样说的。

却又须知敬而无失乃是极难极难的事。那是在睹体承当之后，戒慎其所不睹，恐惧其所不闻，没有一息之懈的事情。

前人有"如执玉，如奉盈"的话，正是指出敬而无失的所以然。

读《白沙子》摘录及按语 *

此明儒《陈白沙先生集》，亡友黄艮庸当其卧病中恒读之不释手，我于其身故后取来披览，未暇竟读，但摘要加砗点。白沙所云静中养出端倪者即我所谓人心内蕴自觉之透现也。

1976 年 12 月

梁漱溟识（印）

忘我而我大，不求胜物而物莫能挠，孟子云我善养吾浩然之气。山林朝市一也，死生常变一也，富贵贫贱夷狄患难一也，而无以动其心，是名曰自得。自得者不累于外物，不累于耳目，不累于造次颠沛。鸢飞鱼跃，其机在我。知此者谓之善

* 陈献章（1428—1500），广东新会白沙里人，世称白沙先生。明代儒学家，上承陆九渊，下启王阳明，为心学史上承上启下的学者。其文集"题曰《白沙子》，犹孟氏七篇而题曰《孟子》之义也"。（见《白沙子》序）——辑录者

学，不知此者虽学无益。

人与天地同体，四时以行，百物以生，若滞在一处，安能为造化之主邪？古之善学者常令此心在无物处，便运用得转耳。学者以自然为宗，不可不着意理会。（中略）自然之乐乃真乐也，宇宙间复有何事。（《白沙与湛民泽》）

天道至无心。比其著于两间者，千怪万状（指草木禽兽以至人类），不复可及至巧矣。然皆一元之所为。圣道至无意，比其形于功业者神妙莫测，不复可加，亦至巧矣。然皆一心之所致。心乎其此一元之所舍乎？昔周公扶王室者也，桓文亦扶王室者也。然周公身致太平，延被后世，桓文战争不息，祸藏于身者，桓文用意，周公用心也。是则至拙莫如意而至巧莫踰于心矣。（白沙：《仁术论》）

漱按：心本乎天，意出于人，此其论旨。

君子一心足以开万世，小人百惑足以丧邦家。何者？心存不存也。夫此心存则一，一则诚；不存则惑，惑则伪。所以开万古，丧邦家者不在多，诚伪之间足矣。夫天地之大，万物之富，何以为之也？一诚所为也。盖有此诚，斯有此物；既有此物，必有此诚。诚在人何所？具于一心耳。心之所有者此诚，而为天地者此诚也。天地之大，此诚且可为，而君子存之，则何万世之不足开哉！（白沙：《无后论》）

漱按：心存即诚，诚即天矣，此其论旨。

学者不但求之书而求之吾心。察于动静有无之机，致养其我者而以闻见乱之。去耳目支离之用，全虚圆不测之神，一开卷尽得之矣。非得之书也，得自我者也。（白沙：《道学传序》）

人具七尺之躯，除了此心此理，便无可贵。浑是一包脓血，裹一大块骨头，饥能食，渴能饮，能著衣服，能行淫欲。贫贱而思富贵，富贵而贪权势。忿而争，忧而悲，穷则滥，乐则淫。凡百所为，一信气血，老死而后已，则命之曰禽兽可也。（白沙：《禽兽说》）

千体千处得，一念一生持。（白沙诗）

宇宙内更有何事，天自信天，地自信地，吾自信吾，自动自静，自阖自辟，自舒自卷，甲不问乙供，乙不待甲赐，牛自为牛，马自为马，感于此，应于彼，发乎迩，见乎远，故得之者天地与顺，日月与明，鬼神与福，万民与诚，百世与名，而无一物奸于其间。呜呼大哉！前辈云铢视轩冕，尘视金玉，此盖略言之以讽始学者耳。人争一个觉，才觉便我大而物小，物尽而我无尽，夫无尽者微尘六合，瞬息一古，生不知爱，死不知恶，尚奚暇铢轩冕而尘金玉邪？（白沙：《与何时矩书》）

或曰：道可状乎？曰：不可。此理之妙不容言。道至于可言，则已涉乎粗迹矣。何以知之？曰：以吾知之。吾或有得焉，心得而存之，口不得而言之。比试言之，则已非吾所存矣。故凡有得而可言，皆不足以言得。曰：道不可以言状，亦可以物乎？曰：不可。物囿于形，道通于物，有目者不得见也。何以言之？曰：天得之为天，地得之为地，人得之为人，状之以天则遗地，状之以地则遗人，物不足以状也。（白沙撰著）

终日乾乾，只是收拾此理而已。此理干涉至大，无内外，无始终，无一处不到，无一息不运。会此，则天地我立，万化我出，而宇宙在我矣。得此把柄入手，更有何事！往古来今，四方上下，都一齐穿纽，一齐收拾，随时随处，无不是这个充塞，色色信天本来，何用尔脚劳手攘，舞雩三三两两正在勿忘勿助之间。曾点些儿活计，被孟子打并出来，便都是鸢飞鱼跃，若无孟子功夫，骤而语之曾点见趣，一似说梦。会得虽尧舜事业只如一点浮云过目，安事推乎。此理包罗上下，贯彻始终，滚作一片，都无分别，无尽藏故也。自兹以往，更有分殊处，合要理会。毫分缕析，尽理尽不穷。书中所云，乃其统体该括耳。夫以无所著之心行于天下，知焉往而不得哉！（白沙：《与林缉熙》）

寓于此，乐于此，身于此，聚精会神于此，而不容或忽，是谓之曰君子安土敦乎仁也。比观泰之序卦曰：履而泰，然后安。又曰：履得其所则舒泰，泰则安矣。夫泰通也。泰然后安者，通于此然后安于此也。然九二曰：包荒用冯河，是何方泰而忧念即兴也。九三曰：艰贞无咎，则君子于是时愈益恐恐然，如祸之至矣。是则君子之安于其所，岂直泰然无所事哉？盖将兢兢业业唯恐一息之或间，一念之或差，而不敢以自暇矣。（白沙：《安土敦仁论》）

道无往而不在，仁无时而或息，天下何思何虑，如此乃至当之论也。

天地间一气而已。诎信相感，其变无穷。人自少而壮，自壮而老，其悲欢得丧，出处语默之变，亦若是而已。孰能久而不变哉！夫气也者，日夜相代乎前，虽一息变也，况于冬夏乎。生于一息，成于冬夏者也。夫气上蒸为云，下注为潭，气水之未变者也。一为云一为潭，变之不一而成形也。其必有将然而未形者乎。默而识之，可与论易矣。（白沙：《云潭记》）

读慈湖家记 *

（1976 年 12 月）

慈湖之学一超直入，悟得本心，宜俗儒疑其为禅。禅不禅且不论，其非一般人所能学则确定了。一般人有志愿者应从《大学》所谓"近道"困勉行之。

《大学》一篇是慈湖所不承认的。慈湖于古书所昭示之义往往率直否定之。其自信自肯有值得敬仰之一面。但此学自有粗细深浅次第，慈湖造诣未见深细也。

"近道"的解说，则我有《礼记大学篇伍严两家解说合印叙》一文可参看。（见《梁漱溟全集》卷四——辑录者）

---

* 杨简（1141—1225），南宋理学家，陆九渊弟子。字敬仲。浙江慈溪人。因筑室德润湖上，号慈湖。——辑录者

读阳明先生咏良知诗有悟 [*]

阳明先生咏良知诗（四首）

个个人心有仲尼，
自将闻见苦遮迷，
而今指与真头面，
只是良知更莫疑。

问君何事日憧憧，
烦恼场中错用功，
莫道圣门无口诀，
良知两字是参同。

---

* 此标题为辑录者所加。

人人自有定盘针，
万化根源总在心，
却笑从前颠倒见，
枝枝叶叶外头寻。

无声无臭独知时，
此是乾坤万有基，
抛弃自家无尽藏，
沿门托钵效贫儿。

一

良知即俗云良心，为人所共有，遇事而见，或时牵于一身一家一群之利害得失而昧之，半夜醒来扪心自问，便觉不安，盖身小而心大。从乎身，你吃饭我不饱，从乎心则痛痒相关好恶相喻也。此皆世人恒情中所有事，均甚粗浅，且只有循从一时一地的社会习俗，而真痛痒真好恶隐昧不见。

二

此时天资卓越出群的人独能从其伟大真切的痛痒好恶即良知（良心）起而革命，领导群众改造社会习俗，即从启发群众的痛痒觉悟来领导群众。

三

有遇事而见的良知，更有不因有所遇而恒时炯然不昧的良知。阳明王子咏良知诗云"无声无臭独知时，此时乾坤万有

119

基"者是已。此独知寂而照，照而寂，心净如虚空，远离一切有。

四

何云乎乾坤万有基？即此是宇宙本体也。世间森罗万象不出能见与所见相对待之二分，而此则泯绝对待，恢复宇宙之一体性，而从体发用焉。

五

试引《论语》为证："子曰：由，诲汝知之乎，知之为知之，不知为不知，是知也。"此第六个"知"字正指恒时炯然不昧的良知，亦曰独知者，盖非堕入世网劳攘终日之人所与知。

六

独知之学，心不与物对，而自己却默然而识之，学而不厌。

七

质言之，此学只在自家生命和生活上理会。《论语》上孔子答子路之问，所云修己，《大学》《中庸》两篇中所云修身慎独，其义一也。

八

例如孔子自述云："吾十有五而志于学，三十而立，四十而不惑，五十而知天命，六十而耳顺，七十而从心所欲不逾矩。"此即其为学只在自家生命和生活上理会之明证。

九

又如颜回在孔门所以最称好学者，端在不迁怒，不贰过；何谓不迁怒，何谓不贰过，未可妄事猜想，但其为学只在自家生命和生活上则是明白的。

十

参照《易·系辞上》："子曰：颜氏之子其殆庶几乎。有不善未尝不知，知之未尝复行也。"则于孔之赞颜子不贰过者又可得其的解。盖有不善便是有过，随即自觉焉，就可不贰过，此非恒时不昧其独知之学乎？

十一

《中庸》上"戒慎其所不睹，恐惧乎其所不闻"，均在说慎独功夫。戒慎恐惧正是心之本体，即功夫即本体，即本体即功夫是上智人们所有事。

十二

中人以下只有时时反躬自省一途，庶几乎不远而复。曾子云"吾日三省吾身"者可为明证。（附注：《论语》上有"参也鲁"之文，明非上智。）

阳明宗旨不可不辨

——评谢著《阳明学派》[*]

中华书局出版谢无量先生著的书有好多，如《佛学大纲》《中国文学史》《中国哲学史》等都是的；还有一种小本的学生丛书，其中如《孔子》《朱子学派》《阳明学派》《王充哲学》几本亦都是的。这些书我或看过，或未看过；未看且不论外，其看过的也觉得似都有可批评处。这一本《阳明学派》是最近偶从朋友案上看见的，其间可指摘处尤其多。以阳明在中国学术史上价值之大，势力之伟，论理社会上大家都应当晓得他一点学说才是，然《阳明全集》安能人人都备一部？则简明地编辑一小本以供给普通社会，原是很需要的。现在这本书听说也果是很流行，那么其间许多不妥之处如其听它这样流传，似乎不好。在谢君既作这本书供给社会需要，则我们既有所见不可不出而辨正——此亦是一种社会需要。

---

* 此文为1922年在北京高等师范的讲稿。主标题为辑录者所加。——辑录者

听说谢君此书是以一日本人所著的书作底本，大约其中错谬不妥之处或是原出于日本人，而谢君没加辨察，就沿用了。就此书以窥其原来编制，则前半似取通常讲哲学之格套，如第二篇各章之分列宇宙观人生观等是；后半似取阳明平日所说的话分作几堆。例如言知行合一者为一堆，言天理人欲者为一堆；言良知者太多，既为一堆，又分为数小堆；如言固有者为一堆，言致良知功夫者为一堆之类。凡阳明所说的话皆纳于此几多之堆中，其不便分属者如四句教法则又为立一堆，务使应有尽有，而无所遗漏；此即其后半各章各节所由立矣。于是其前半以敷衍格套则病浮泛不剀切，搜集一些关系宇宙观人生观的话连缀成文，于阳明宇宙观的真意人生观的真意全道不出。其后半以分堆办法则病零碎无头脑，每章或每节中将此一堆阳明的话条列排比起来便好，于阳明宗旨毫不可见，使我们看完之后心中茫然得不到一点什么意思。又此零碎排比而成章的本都是许多阳明原来文句，绝少著者自己的话，唯于每条阳明语之前常有一两句引子，其后则有一两句收束，是著者自己的笔墨。

例如：

良知虽固有之，然知愈致则愈明。（引子）故曰"天理在人心亘古亘今无有终始。天理即良知，千思万虑只是要致良知。良知愈思愈精明，若不精思漫然随笔应去，良知便粗了"。（阳明原话）盖良知既粗，以此判断事物或至颠倒善恶也。（收束）

致良知之功夫愈勉愈进，日异而月不同。（引子）崇一曰"先生致知之旨发尽精蕴看来这里再去不得"。阳明曰"此何言之易也，再用功半年看何如？再用功一年看何如？功夫愈久愈觉不同，此难口说"。（阳明原语）盖其间消息全在于心悟，而非言语所可形容也。（收束）

诸如此类，都是开头两句引子，便将阳明言语录入；然后用"盖……也"作收束。此种办法不能将阳明言语条贯起来而得其旨归已属无谓，然前之引子后之收束果作得好，亦未始不可指点出阳明意旨，使人眼下明醒，而为读者之一助。乃此一两句引子与收束亦往往错谬不通（若更有所申论尤多误），不但不能点出阳明意思，翻且加以搅乱而失其原意，此真可为太息者。兹举其尤著者于下：

一、第三篇第二章心即理说有一段收束："陆王所谓心即理之真义，是指良知之本心，能为百行之标准者而言；而邪心私心不与焉。世或误解心即理之语，以本心与私心同类而并论之，……是岂陆王之本旨哉？"

此替陆王辨明的话，似乎务在妥慎，其实陆王原旨即从此迷失而不可见。盖陆王所谓心即理者，一面固是说是理即从心而心外无理；一面亦是说是心即是理，更无非理之心。固无理非心，亦无心非理，若有心非理，还说什么心即理呢？他绝不承认一种心有理，一种心无理。换言之，即绝不承认有一种心为本心，有一种心为私心。私心即非是心，或私心即没有心，此其本旨也。孟子所谓放其心而不存者，所谓舍则亡者是也。
若如著者所辨"是指这种心而言不是指那一种心而言"，不几使
人疑心亦有非理者乎？不几使心即理者变为心非即理乎？原有
精神经此一辨，完全丧失不可见矣！

二、同前章有一段引子云："阳明与朱子之异亦如西洋哲学
中理性论者与经验论者之异。"

按西洋哲学大陆之理性派与英岛之经验派原为争认识论上
之问题而分派者，与阳明朱子以争伦理上问题而分者全非一
事；岂能比而同之？有此一比又被搅得糊涂了。

三、同篇第四章第二节良知固有论收束处替阳明辨良知非
后天经验得来之义云："天下无无因而生之物，春艺其根而后秋
获其实，自然之理也。婴儿之良知虽长大始可见，然其根必植
于先天；猿猱虽被以冠裳，而终不能教化使知礼义者，本性所
无也。故良知固有之说未可非也。"

这真是可笑极了！良知原即是赤子之心，到长大，天真已
凿，反不易见，如何却说长大乃见？且借以追证小的时必自有
了呢？有此一辨证，而良知固有之义又丧失不知到哪里去了！

四、同前章第三节良知标准论引子云："凡道德之判断无论
直接间接皆自良知而出，故阳明良知标准论极其详密可味也。"

按良知之判是非皆直接的，所以谈良知者每以镜为喻是妍
是媸，随来随照。又每云"天机神应不容措力"，若一加拟议思
量早已不是了。安得有所谓间接判断出于良知的呢？经此轻轻
加上间接两字，又把良知迷失到乌何有之乡了！

五、同前章节有一段为阳明言集义作引子云："小善积而成大善，小恶积而成大恶；故吾人功夫当时时积聚正义。"

呜呼！集义顾可作如是解乎！此正所谓"义袭而取"耳。阳明所谓集义即是致良知，亦即是戒慎不睹，恐惧不闻，而慎独，非寻常人认那许多为好事而天天做好事之谓也。做好事者亦便是所谓"行仁义"，而此则所谓"由仁义行"也。经此一引子所谓集义者适得其反矣！

六、同前章节有一段收束云："盖良知判断之所以误皆由认人欲为天理也。"

按此句直是不通！如果是良知便不会有误，如其误必非良知，不得云良知判断有误。

七、同前章有一段云："野蛮人判断善恶之意见往往与文明人相反，……亦由野蛮人致良知之功夫未熟。"

此话从何说起？

八、同前章第五节致良知功夫论全盘皆错，容后另为辨明。其荒唐可笑之语句亦至多。如云"动之功夫在格物致知"。其实《传习录》中明明说"格物无间动静，静也一物也"。兹姑不一一列举。

九、同前章第五节良知与行为之关系论亦全盘皆错，待后辨明。其不通语句亦至多，如云"良知能戒慎恐惧，有使人不为恶之作用，盖于已行之后而戒其将来，有命令之意"。就字面牵扯，直不知所云，兹均不一一列举。

十、第五章阳明学说相互之关系有一段收束云："欲良知之示此标准不可无良知之功，即致良知而不行，又无以见心即理之效。"既致良知而犹有所谓不行，则所谓致良知者诚不晓其果作何解？是盖犹以致知为无预于行之事也。世有如此之阳明学耶？

我们不过举这几条作例，使大家知道他的荒谬。其实这零碎指摘是无谓的，以下我们对于他书中"知行合一论""致良知功夫论""良知与行为之关系"三篇各加辨正，亦即是对于阳明宗旨稍为申明表白。我们为使阳明学说易得晓了起见，先辨其"良知与行为之关系"之非，次辨其"知行合一论"之非，最后辨其"致良知功夫论"之非。

辨其"良知与行为之关系"之非

在这"良知与行为之关系"一篇里，作者以从前心理学之知情意三分法来讲良知。他说：

> 近世良心固有论者或以良心为知之作用，或以为情之使用，或以为意之作用，其说各蔽于一端。今阳明以良知之体用即心之体用，则心之三作用固同时即良知之三作用也。请以阳明之说证之。

于是他便开列知情意三项，而各以阳明讲良知的话分注于其下，牵扯附会以成其说。每项之下又分行为前与行为后。于是他不但可以指出某为良知之知，某为良知之情，某为良知之意；并且可以指出某为良知在行为前之知，某为良知在行为后之知，某为良知在行为前之情，某为良知在行为后之情，某为良知在行为前之意，某为良知在行为后之意，奇奇怪怪，不可测度，所谓良知是什么东西，简直莫名其妙了！

例如他在意的一项之下，引阳明语"能戒慎恐惧者是良知也"，便说，"良知能戒慎恐惧，有使人不为恶之作用，盖于已行之后而戒其将来，有命令之意，然亦可以戒之于行为未著之前……"从戒慎恐惧一戒字扯出命令之意，以附会心理学上所谓意志。其实戒慎恐惧另是一回事，岂可这样讲？直是荒谬。又他在知的一项之下，则藉知善知恶知是知非之语以证良知有心理学上所谓知之作用。并且后面列一良知三作用在行为前后的详表，其中指良知在行为前知的作用为"关于判断"，在行为后之知的作用为"关于详论"。良知虽不可云无判断用，然全非论理学①上所讲之判断。至若详论二字则直不知从何说起？诚为胡闹。要晓得良知对于善恶是非并没有识别之用，只有一种迎拒之力。不可因其知是非的字面，便以为是知识的事。这在阳明自己原说得很明，《传习录》上说"良知只是个是非之心，是非只是个好恶，只好恶就尽了是非"。好恶即我所说的迎拒。在作者于阳明所谓良知全无理会，但摘拾阳明一二语句字面去附会，自全无是处。

---

① 论理学即逻辑学的旧称。——编者

　　阳明所谓良知固不好讲，然此时正复不必作深解。阳明他为此语原是本于孟子"不学不虑"的两句话而来。其实只就这两句话分剖去，所谓良知者已自可见。第一桩一切后天知识俱不在内，这是很明的。某为天，某为地，某为黑，某为白，某为三，某为四，……所有这一切具体观念或抽象概念都为良知所不能知。良知上根本没有这些个。第二桩其能知这些个之知非是良知。这就是说先天所有能创造、能传习、能了解这些后天知识之作用，即所谓感觉作用和概念作用（即理智）者都非良知。然心理学上所谓知情意之知，实是说这感觉作用概念作用；则举心理学上所谓知者来讲良知，良知是否包含得了？后且直以判断详论等作用属诸良知，良知更何曾能做这许多事？通常所谓判断作用即是概念作用，详论而尤为复合理智的事，正是要待学待虑者，如何说作良知呢？第三桩我们试看真个不虑而知的是哪一项？则只有痛痒好恶才相接触即时觉知更不待虑。即此痛痒好恶是良知。这项的知是有情味的知或说有意味的知，和知识知解的知不同。知识知解的知是静的知，亦即是客观性的知，而良知则为主观性的知。试看孟子的话便晓得。孟子说的人之四端，"恻隐之心人皆有之，羞恶之心人皆有之，恭敬之心人皆有之，是非之心人皆有之"。其恻隐、羞恶、恭敬，皆明为有情意的知，固不待讲，即是非之心亦不是概念的判别，而指吾人对于是非有一种迎拒的那一点。所以阳明直以好恶为说，所谓"是非只是个好恶，只好恶就尽了是非"者极得孟子的意思。就以孟子的一段话所谓口之于味有同嗜，目之于色有同美，而人心有所同然，便可以互相证明了。这种有情味的知，或有意味的知，在今日则所谓直觉。直觉不待学虑而世所谓半情半知的。譬如我们看见花而美感，此美感便是直觉。即此有美感时是知其美之时，美感与知其美非两件事；自其有所感触一面看去则为情；自其有所晓了一面看去则为知；盖即情即知者也。大抵为人讲良知就感情去指点尚无大误，若指为知识边的事则不对了。至若知情意之意则良知上固亦有之。盖无论如何复杂的情味总不出乎好恶，好恶只是心在迎拒力，行为即从这里而起。如见好花则向前赏观，闻恶臭而退后掩鼻，虽无所谓意志，而意志已存乎其间。因人每用智慧为工具，行事多出于安排决定，故有意志可指；而此则天机神应，间不容发，故无意志可见；而其实此正是真的意志所在，舍此则后之所谓意志亦不得有也。心理学上知情意之三分法本属旧说，其实意是不好独立的。

兹将谢书应辨正之点分三条重述一过以清眉目：

一、原书径以心理学所谓知的作用讲良知是不对的；知的方面以感觉和理智为主，而良知则只是一种直觉的知，不可无辨。

二、原书径以心理学所谓情的作用讲良知是不对的；良知固属情的一边，然世所谓情是非良知者，此处较细，暂不能详，而不可无辨。

三、原书径以心理学所谓意的作用讲良知是不对的；良知上未尝无意的作用在，但如云"戒其将来，戒之行为未著之前，有命令之意"，则无有也，不可无辨。

总而言之，知情意原不妨说都是良知上所有的，但如原书所说则全不对矣。

辨其"知行合一论"之非

次当辨其知行合一论之非。在此章中作者列举十义，谓阳明知行合一之说要不出此。十义者：（一）知则必行；（二）知与行并进；（三）不行由于知未真知；（四）真知则必行；（五）不行终不能得真知；（六）知为理想，行为实现，真理想必实现，若不实现仅当名空想，不可名理想，世之空想家多而能真知实践者少，故阳明发此论；（七）知为理论，行为实际，理论之可贵与否因其适于实际与否而定，不适于实际之理论不足贵也，所谓理论与实际相违之说既阳明所决不许，故倡言知行合一以斥架空之弊；（八）知行合一为知行关系之真相；（九）知行合一之说可以鼓励实践之勇气；（十）知行合一其所谓行不限于动作兼指心之念虑而言，譬如知恶念是知，绝其恶念使不生即是行。阳明知行合一之旨究竟何在不能说得出来，乃写若许条款以臆度之，不独阳明之旨不得见，反因而更加迷晦。就中以六七两条尤为糊涂。末尾有一段更可令人失笑，原文云："然犹有疑者知行合一果何所知而何所行乎？……若谓知恶便行恶以解知行合一，不惟异于阳明之本旨，抑亦大害于人心矣！"他不替阳明辩解还好，他这一辩解，阳明知行合一的意思倒不知道往哪里去了！此下更分四大段凑集一些阳明的话而敷衍成说，种种荒唐不可枚数，总是于阳明意思全没理会，不经他说犹可听人自去理会，一经他说乃搅乱掺杂人亦无从理会矣！今欲说明阳明知行合一的意思，不可不先弄明白他所谓"知"是什么？他所谓"行"是什么？然后方能论到合一不合的问题。此在原书作者亦稍想到这层，所以他说：

> 至于知行合一之范围则仅限于人事，而不及自然界。盖凡政治道德一切关于人事者知之即无不可行之，若夫自然界之事能知之而即行之者较罕。故阳明言知行合一始终以实践为主，亦专就人事言之耳。

其实他这种分别还是没弄明白。此处所说知行自有所专指，而不是无范围的；但却不是人事和自然界的区分。自然界的事知之而可以行之的正多，凡人类之以科学利用自然界者何莫非知之而即行之呢？而人事正不见得像他所说知之即无不可行之。我知道如何裁兵的理，我便能裁兵么？我知道有钱可以买衣服的理，我便能有钱买衣服么？须要晓得，即说知行合一，自然这"知"是指总应要发生行为的主观上有情味的知，而不是泛指些发生行为不发生行为都不干系的知，客观性的静的知。譬如知道如何裁兵的知，和知道有钱可以买衣服的知，都是静的知，并没有发生行为不发生行为的下文可说。若是知裁兵为现在切要的知，便是主观上有情味的知。他知裁兵切要的知，与他动于裁兵的切要的情，是不可分的，假如他知道裁兵切要，而不甚动裁兵切要的情，则必是知其裁兵切要犹未真。从这种知上是总要发生行为的——即裁兵运动。知行合一是专指主观上有情味的知与其应有的行为而说，却不是以人事与自然界为区界。试看阳明答顾东桥论知行合一书，顾以知食乃食，知路乃行为问，而阳明以知味之美恶，知路之险夷为说，皆可见。又答余曰仁问，举好好色恶恶臭作例云："见好色属知，好好色属行。"此"见"字大似指视觉，而属于静的知；其实此"见"字非单纯视觉而实包同时直觉而言。盖色是单纯视觉可以有的，好色则不是单纯视觉所能有，必兼同时直觉乃言有所谓好色。故此"见"字仍属有情味的知，而非静的知。阳明弟子王龙溪答人问知行合一尝有云"知非见解之谓，行非履蹈之谓"，都是辨外人以知识见解之知讨论知行合一的错误。本书作者所以发生知恶行恶的疑问，而特为慎重之辨，也便是错误在这上边。他如果晓得知恶即是恶恶，即是拒恶，而知识见解不算数，何致有这笑话呢？

　　知行之知是专指主观上有情味的知，既如上述；知行之行又是什么呢？平常大家所谓行就是"做事"而与"不做事"相分别的；但其实我们没有不做事之时。人常说"我现在没有做事"；然此时你独不坐卧站立了么？无论你是坐着，是卧着，是站着，已是坐着了，已是卧着了，已是站着了。乃至你歇着，你睡着，也已经是歇着了，睡着了。不能说这些都不是事，只可说没有特别举动罢了。"做事""不做事"只有忙闲程度之差，初非有划然的区别可得，盖做事的时节也是我们的一段生活，不做事的时节也是我们的一段生活，无时无生活。既没有什么不"行"之时，则哪里别有所谓"行"？生活只是念念相续。做事时节也是念念相续，不做事时节也是念念相续，都是一般的照平常大家所谓"行"的去求，简直求不到；因为这样实在是看得太粗。如其要去求所谓行，则只当就念念相续之一念上去求。我们时时是一念，在此一念上从其有所感发趣向则言便是行。更质言之，只这一念上所有的情意是行。说个行，便当就这里看；更于外求行，则真的行却将遗失。譬如看见师长，只这一念起敬即是行了；更不待起身搬个椅子与他坐而后为行。看见乞丐，只这一念生怜即是行了；更不待掏出钱物给他而后为行。搬个椅子与他坐，掏出钱物给把他，都是起敬生怜之念念相续而达之于四肢百体的。真个起敬生怜自然会如此，万一格于时势（假设为病卧在床与手边没钱），而四肢百体不得循其感发趣向者以表达于外，则只此感发趣向之念念不已既将恭敬之行慈善之行做了而无不足。倘以时势之得便得有动作表达出来，则亦是将恭敬之行慈善之行做了而非有余。反之，若未曾真动敬与怜之情意，无其念念之相续，而徒有搬个椅子与他坐，掏出钱给把他之举动，则其为何种行为正未可知，要不可以为恭敬之行慈善之行也。故真的行在情意，其表现于外乃有举动。若求行于举动，未有不失真的行者。旁人必要问，你说知也是说情意，说行也是说情意，然则知行岂非无别了么？答曰正是如此。知即在行上，行即在知上，知行都在一念上，只此一念自这一面看为知，自那一面看为行，知

行一体非二物也。阳明说知行便是这般意思，故曰"知之真切笃
实处即是行。行之明觉精察处即是知"。又曰"若会得时只说一
个知已自有行在，只说一个行已自有知在"。而龙溪所谓"知非
见解之谓，行非履蹈之谓"，亦无非此意。龙溪集中此段原文云：

　　明伦堂会语请问知行合一之旨。先生曰"天下只有个知，
不行不足谓之知。知行有本体，有工夫。如眼见得是知，然已
是见了，即是行。耳闻得是知，然已是闻了，即是行。要之只
此一个知已自尽了"。孟子说"孩提之童无不知爱其亲，及其长
也无不知敬其兄"，止曰知而已。知便能了，更不消说能爱能
敬。本体原是合一。阳明先生因后儒分知行为两事，不得已说
个合一。知非见解之谓，行非履蹈之谓，只从一念上取证。知
之真切笃实即是行；行之明觉精察即是知。知行两字皆指工夫
言，亦原是合一。非故为立说以强人之信也。

　　即如看见师长一念起敬之例，从其知敬师长而言，则谓之
知。然已是起敬了，即是行。知行都于敬师一念上见。所以要
想明白阳明的知行合一论，头一桩应当晓得他有知行本来合一
之意。他屡次说：

　　某今说个知行合一，……又不是某凿空杜撰，知行本体原
是如此。
　　此虽救弊而发，然知行之体本来如是，非以己意抑扬其

间，姑为是说以苟一时之效者也。

　　但在旁人谈到阳明知行合一论，总看作因勉人实行而发，对于阳明这种声明辨白绝不细心体会以求其故。其实如果不晓得知行本来合一之意，则阳明知行合一论必无从明白的。

　　不过此时又要晓得，即知行同在一念本来不离，何又有知行不合一的问题发生呢？则于晓得绝对不离之知行外，再须晓得有绝对不合之知行，然后进而谈知行离合问题自易明白了。所谓绝对不合之知行，即是以静的知识见解为知，以表露的举动做事为行。盖从知识见解之知，情意未著；而情意未著，绝无动作发生。所以知识见解的知和举动做事的行是绝对不能相联合一起的。在绝对不离之知行，即知即行，无所等待，不发生知行不合一问题。在绝对不合之知行，两不相及，无可等待也，不发生知行不合一的问题。知行合一不合一的问题是因这两种知行牵连错混而发生的。牵连本来是牵连；错混是人所错混。自一念之感发趣向，知行原已俱有，然苟非时势禁格，则念念相续，布达肢体，是不应当没动作的。感触恶臭之知与退后掩鼻之行本相联带。所以阳明有云："知是行之始，行是知之成。"即于一念外更就其念念相续达于动作而说为行也。由此第一种知行之知与第二种知行之行相牵联，则于一切知过不能必改，见义不能勇为者，都发生知行不合一的问题了。其实若单就第一种知行看，当其知过见义之时，即知即行，一念俱足。当其不能必改不能勇为之时，无知无行，一念昏失，知行未尝不一也。所以说为不合一者，盖就其一念之知，以责其作为之行耳。这是因两种知行本来牵联而发生知行不合一的问题的。还有因为人的错混而发生者是怎样的？我们从一种观察客观静理的方法，产出知识见解以为我们生活中的工具；许多常识和学术都是如此。但如见师当敬，出言必信之理则非客观的静理，而为主观的情理。此理出于良知直觉，与知识见解由后天得来者根本不同。却是我们常习惯而致错混，把这种情理也做成知识见解一般。于是自修则借多见多闻，教人则凭训条注入，直欲强知识见解之知发生举动做事之行，结果徒增许多死板干燥之知解，而行事不逮；就发生知行不合一的问题了。其实若纯就第二种知行去看，则知识自知识，行事自行事，本不发生合一不合一的问题。只为其本身原是情理之理，被人错混到知识路上去，两种知行相错混而难分，辄即其所知以责其行事，就生出知行不合一问题。此时又有不可不知者在前一种知行不合一问题，情味之知与动作之行本相牵带，而竟知过不能必改，见义不能勇为，是犹闻恶臭而弗退后掩鼻者，自是失其本然而为一种病态。此病实吾人之通患，抑吾人所患亦唯此一病。其义容后详。求所以致此病，盖私意乱之也。阳明答徐爱问云：

　　大学指个真知行与人看："如好好色，如恶恶臭。"见好色属知，好好色属行，只那见时已自好了，不是见后又立个心去好。闻恶臭属知，恶恶臭属行，只那闻时已自恶了，不是闻后又立个心去恶。……知行如何分得开？此便是知行的本体不曾被私意隔断的。

阳明之意即我前边所说自一念之感发趣向以念念相续布达肢体见诸行事者，必要如此随感即应，方为知行之本然。若知而不见有行，或又特立个心去行，便都不是了。在感既真，在应自切；应有未切，即感有未真。感之不真，由心有所牵，此有所牵之心谓之私意。方其一念有感，虽不无兴发，而力难持续，以及于念念，以达于肢体；这是根本致命伤在此知之前者。但有所感，岂其无虑？卒乃无应，由有贰心。此有贰之心谓之私意。这是结果性命的利刃在此知之后者。阳明之言似只属后一层，然实有此两层特未分别说出耳。阳明每云"知而不行只是未知"，即前一层"应有未切即感有未真"之意。有此两层而病态遂呈，阳明欲药此病，所以倡知行合一之论。知行合一论者指示出知行之本然者为其常态，以见世人之失其本然成为病态，而使人知所以求之。诚求到知行合一地步，即是感应真切得其常理，亦即是圣人。此其真意义也。非强为立说徒以矫时弊之谓也。

又在后一种知行不合一问题，直觉之知本来不假学虑而自足，何反求之见闻教训？且益之以见闻教训而犹不足？此又所谓失其本然而为一种病态也。此病（本来自足而兹竟不足之病）实吾人之通患，抑吾人所患亦唯此一病。盖此病与前病原是一事，前之不足于行，正此不足于知之见症耳。其所以致此，还即心有牵贰之故。世人辄欲借见闻教训以为帮补，非徒无益，适以滋惑。阳明欲药此病不得不排知识见解之非知，而指出知行合一之知以示人。知行合一论者，使人晓然必如是而后为知，而有以实致其知，此其真意义也，俗以为其意在勉人以实行者浅见也。与其谓为意在勉人以实行，宁曰勉人以致知。此时行上无可着力，若只去行而无非"行仁义""义袭而取"，而行非其行也。故阳明之功夫曰"致良知"。

上面意思兹更简括重述如下，愿大家切记。

一、俗常看知行合一论为有所矫而强为立说是不对的；知行合一论是实理实说指出知行真相与人。

二、俗常看知行合一论在勉人以实行是不对的；知行合一论是要人去致知。

此两条是阳明发言本意。然使无世人之以良知错混到知识路上去，而谬解知行是两截事，则亦无须说个知行合一也（若说反嫌多疑）。知行合一之论自是纠正时人错误而发。

辨其"致良知功夫论"之非

又次当辨其致良知功夫论之非。原书于此妄谓阳明有动静两种功夫，在此两种功夫下复有许多样色。其原文云：

阳明说致良知之功夫极详密。今约言之则有动静二种。静之功夫不外读书，慎独，静坐等。动之功夫在事实磨炼，辅以社会之经验。动静二者皆致良知之要也。

动静二者之功夫虽当兼行并进，然亦有辨。当闲暇无事且加意于静之功夫，以免精神外驰，至于应接事物，非有动之功夫无以征其素养。故二者相须不可离。

这是他开头的两段，以下文章甚长不须具引。即此两段话荒谬离奇，信口乱说，几于字字是错。阳明功夫只是一件，故以简易直捷为世所称，何曾有动静两种？更何曾有五六样色之多？如此支离繁杂乃犹曰约言之乎？读书慎独何缘乃属静之功夫？慎独亦岂可以为某项下之一功夫？亦岂可与读书静坐同列而并论？至于动之功夫在事实磨炼辅以社会之经验，直太离奇！良知安事经验乎？功夫又何能兼行并进得？且复有辨更可为怪！功夫岂能搁下一件换过一件耶？其后文又谓"静之功夫终属消极方面"，又云"动之功夫在致知格物"，皆臆谈无据。

大约儒家种种功夫只是各目不同，或方面不同，至其内容则只是极简单之一事，更无两件。阳明尝答人问云：

大学之所谓诚意，即中庸之所谓诚身也。大学之所谓格物致知，即中庸之所谓明善也。博学审问慎思明辨笃行皆所以明善而为诚身之功也。非明善之外别有所谓诚身之功也。格物致知之外又岂别有所谓诚意之功乎？书之所谓精一，语之所谓博文约礼，中庸之所谓尊德性而道问学，皆若此而已。

又《传习录》载云：

黄以方问曰："先生之说格物，凡中庸之慎独集义博约等说皆为格物之事？"先生曰："非也，格物即慎独，即戒慎恐惧，至于集义博约功夫只一般。不是以那数件都做格物底事。"

又阳明尝言"慎独即是致良知"。又答聂双江书有云"所谓时时去集义者只是致良知"。凡此皆可证明并无两种功夫，亦非致良知或格物一总题目下包有许多样色功夫，而实种种功夫皆同为一事了。

此时当说阳明之唯一功夫是如何一回事。欲说功夫不可不知吾人为何要功夫；必先明白问题，乃能谈应于此问题而来之事情也。且就阳明之说而观，则头一层当晓得本无问题亦无功夫可用之义。盖假如我们要求什么特别另外自己所无的东西则成为一问题，而须要有求之之方，即功夫。但在阳明却只要良知，不要什么别的东西；而良知不学不虑本身现成，岂非无问题者乎？既无问题又要功夫何用呢？假如我们以为良知犹未足，而更须如何以完成之，则亦是问题，亦须功夫。但在阳明又以良知已足，更无须帮凑补充。则尚何有问题？何须功夫呢？此所谓本无问题，亦无功夫可用之义也。然则岂遂竟无问题亦无功夫乎？此却亦不然。问题诚是有的。盖良知虽本具，然亦不难丢掉，良知虽已足，然亦不难欠明醒。吾人当求其所以常在常明保不昏失者此问题也。诚有以使其不昏不失者此功夫也。

昏失是问题，不昏失是功夫，此极简单明了。所以孟子说"学问之道无他，求其放心而已矣"；一句话断得甚明，并没有许多问题，亦没有许多功夫也。于是又当进而问怎样叫做昏失呢？或所谓昏失是怎样一回事呢？可以答言昏即是失，不失不致昏；然失实无失，失只是昏。盖此心所以昏昧都是心放失不在的缘故，所谓"心不在焉，视而不见，听而不闻"是也，心如何会不在呢，为其有所在，所以就不在了。此有所在的心亦谓之放于外的心，俗常说心跑了的便是。自这不在一面说即谓之失其心，如果不失其心，绝不致昏昧，故云"昏即是失，不失不致昏"。然所谓失其心者，哪里真个便失了心呢？实不过昏昧一点，失其明觉罢了；故又云"失实无失，失只是昏"。唯一问题只是心放于外，我们前边讲知行合一说"心有牵贰"便是指此。所以又谓之私心私意的，因为随感即应，过而不留才是天理之自然，亦即是公。特别着在上边是出于人之所为，亦即是有所私。故又谓之人欲，人欲犹云人为。非指声色名利。若声色名利毫不杂以人为则亦天理也。是方法不同非内容之异。故憧憧往来胸中者固是私心私意，即一时心若无所驰逐，坦然没事，亦不可恃；路子（即方法）既熟，举心动念仍不出此也。然则功夫将如何用？只是如《中庸》说的戒慎恐惧。戒慎恐惧即是要此心常在之意。然说个戒慎恐惧将谓将心注念不忘则又不是。若注念在此，则如何照应事物？才一照应事物，便又失却，安有此理？且注念亦岂天理之自然？戒慎恐惧是要心理没事而息息不昧。自然的戒慎恐惧，非人为的戒慎恐惧。诚能如此则痛痒好恶随有所感无不真切，尚何有知而不行之事？随知即行无所容心。虽在动中与静亦是一般。动静只此一件功夫，谁闻有动静两种功夫？所谓致良知，所谓格物，所谓慎独，所谓操存，所谓集义，所谓去人欲存天理，乃至种种名色，其内容皆此一事。果真用功夫自须细究，自非一言可尽。若以其大意语人，则只是如此而已。

然动静的字面在阳明书中亦是真的。所谓静坐所谓默坐澄心亦阳明所教人作的功夫，但与前说并非两事。盖作功夫之初，习惯未变，若事多心忙，即难得措手改变他；不得不屏事而求静，庶有可措手，亦免其多往熟路上跑；又闲静下来良心易见，此孟子所以有夜气之说。识得良心而后可以言戒慎操存，否则不知戒个什么，操个什么？总之功夫只此一件，凡有所为无非为此。

以上辨谢书之误，申阳明之旨已竟。然其全书之中却亦有一篇尚好，即第三篇第一章讨论性善性恶。谓阳明"无善无恶心之体"仍是主性善。立有解答十条，颇敢抒己见，所见亦不错，或出谢君自己手笔也。

阳明通达无碍

——录《阳明年谱》一节

年谱五十二岁：即吾尽性至命中完养此身，谓之仙。即吾尽性至命中不染世累，谓之佛。但后世儒者不见圣学之全，故与二氏成二见耳。譬之厅堂三间共为一厅。儒者不知皆吾所用，见佛氏则割左边一间与之；见老氏，则割右边一间与之；而己则自处中间，皆举一而废百也。圣人与天地万物同体，儒佛老庄皆吾之用，是之谓大道。

附录："昔贤有悟于三家（儒、道、佛）学术异同，各予以适当位置者独有阳明王子耳。"又，以上所录为王阳明答张光冲问。"此答语不出阳明手笔，但为旁人一粗略记录，未必尽达其原意。但可以看出阳明是通达无碍的。"

（以上均见于著者所作《东方学术概观》
第四章"佛家之学"一章内。——辑录者）

《罗近溪语录》摘抄 *

所谓欲者只动念在躯壳上取足求全者皆是。

大道只在此身，此身浑是赤子，赤子浑解知能，知能本非学虑。至是精神自来体贴，方寸顿觉虚明。

"圣希天"。天则莫之为而为，莫之致而至者也。圣则不思而得，不勉而中者也。……赤子之心，浑然天理，细看其知不必虑，能不必学，果然与莫之为而为，莫之致而至的体段，浑然打得对同过。然则圣人之为圣人，只是把自己不虑不学的见在，对同莫致莫为的源头，久久自然成个不思不勉而从容中道的圣人也。

心为身主，身为神舍。身心二端，原乐于会合，苦于支离，赤子孩提其身心犹相凝聚。

三十年来觉恕之字得力独多。

---

* 罗汝芳（1515—1588），字惟德，号近溪。明学者，泰州学派代表人物之一。——辑录者

学者果有作圣真志，切须回头在目前言动举止之间觉得浑然与万物同一天机鼓动，充塞两间，活泼泼地，直是不待虑而自知，不必学而自能，则可以完养而直至于不思而得，不勉而中境界。……所以曰好仁者无以尚之，又曰苟志于仁矣无恶也。直是简易明快。

"知之为知之"，即日光而见其光也。"不知为不知"，即日暗而见其暗也。光与暗任其去来而心目之明何尝增减分毫也。

两个知，两个行：发狠去觉照，发狠去探求，此个知行，却属人。才说有时忘记，却忽然想起，有时歇手，却惕然警醒，此个知行，却是属天。

按：浑身视听言动都且信任天机，一片真机，读后识得此义。

读《明儒学案》《宋元学案》志感

　　宋明诸儒为学途径虽遭颜习斋先生严刻讥评，而先儒学脉终赖以有所传达于后，此不可否认者。诸儒各专集既难得——保存留传，则《明儒学案》《宋元学案》两书搜罗萃聚之功不可没也。

　　两书创始撰述端在黄梨洲百家父子，而后之学者——如全谢山等——补苴而完成之，自然都是好的，顾我深有所不足者，梨洲谢山主观太强，动辄以自己眼光对于前辈先贤率加赞否评量。自己既欠谦谨，且阻碍后之学者之独立思考。其显著之例，如梨洲之于陈白沙（此指《明儒学案·师说》中梨洲评论白沙的一段话）和谢山之于杨慈湖（此指谢山在《宋元学案》中《慈湖学案》前的案语，有云坏象山之教育者实慈湖；既于慈湖之言复有所取，则云：因采其最粹且平易者以志去短集长之意。）皆俨然高自位置，实觉不能令人心服也。

　　再则，宋明儒者类多眼界狭隘，避讳佛家禅家如不及。其实真有学问的人总是通达无碍的，对于拥有群众的各学派教派均能洞达其得失，各给予适当位置。若拒斥于千里之外，只是自小而已，欠通而已。

以上泛论宋明儒者隘陋之病，自不概括其间某些高明伟大人物在内，幸读者善观之。

心体通乎一切 *

湛甘泉《心性图说》：心也者包乎天地之外，而贯乎天地万物之中者也。

邵康节云：身在天地后，心在天地先；天地自我出，其余何足言。（——后两句似可省去。）

明儒祝世禄字延之，号无功，有云：原来身在心中。天包地外；身地也，心天也。海起浮沤；身沤也，心海也。未有此身，先有此心。

古禅师云：有人识得心，大地无寸土。

龙树菩萨《心赞》云：诸佛出生处，堕地狱不减，成佛原未增，应敬礼此心。

《大学》之所谓明德，正指此心自觉而不容自昧者言也。

禅宗有云：即心即佛；又云：非心非佛。

———————————

＊ 此标题为辑录者所加。

心体通乎一切。说理性，正是言其通而不隔的一面，古语所谓"仁者与物无对"者是。理智却是心之用；用在对物的分析综合上，用在对物的利用反抗上，属有对性矣。仁表心体，故云"居仁"；即体显用，则"由义"是也。

吾深爱诸葛公其人

——读《诸葛亮集》有感

中国历史悠久，往圣昔贤曷可胜数，而吾夙所深爱则蜀汉诸葛公其人也。世俗每传诸葛公智巧过人，殊不知公之所大不可及者，乃在其虚怀勤求己过，其执政临民也，信如所云"开诚心布公道"者。昔年吾初入蜀，辄诣成都武侯祠，肃躬下拜，偿其夙愿焉。

附录：成都诸葛武侯祠拜谒志感 ①

中国历史悠久，往圣先贤曷可胜数，而吾所深爱则蜀汉诸葛公其人也。世俗传说恒在公之多谋善断，乃至种种制造工巧，殊不知公之所大不可及者乃在虚怀纳谏，勤求己过，唯谦

---

① 此为应成都武侯祠之请所书之题词，其放大复制件现悬于祠内。——辑录者

唯谨，感人至深也。其事例试读公遗集不既征见一斑乎。回忆1937年5月，吾初次入川，即趋成都造谒公祠堂，伏地叩拜，欣偿夙愿焉。计其时吾年四十有四，而今九十有三，追忆往事前尘，盖忽忽五十年于兹矣。

1986 年 9 月

梁漱溟识于北京

读新版李氏《焚书》《续焚书》

1974年中华书局新印出李卓吾《焚书》《续焚书》，顷者偶得展读，有些感想分条记之如次：

一、新版有可赞赏者两点。勤于增补，内容丰足，一也。原著多有迷信唯心主义不合时宜之言论，不为删汰，并存其真，二也。

二、李氏言论既因时势需要而被推奖，大为今时人所注意，其人才品学问如何，试以我所见一为评价，用供参考。（用供后人参考而已，无意即时发表。）

三、吾意卓吾才品自是卓越不群，古今之所稀见。第若衡论其学问则显然不足取。这里所说的学问，即彼一生所宗仰的佛、孔、老古东方三家之学。

四、卓吾之品绝高，其才绝奇。其品其才，都见出他一生表现都植根在人类生命深处——从人类生命深处发射出来的光芒。在他当时的人们虽远不及他，但究竟同样都是人，而人心有同然，他的才品自会唤起人们极大注意和同情以至心理上的共鸣。不过同时另一面因为他品高才奇偏远乎一般，又不免为俗情所不容，而受到歧视和排斥。特别是他具有革命精神，不能为统治阶级所容许。

五、因他矫然不附和儒士俗流，好像菲薄孔子，如其所云自汉代以来千数百年"咸以孔子之是非为是非，故未尝有是非"者，遂为今天革命家所欣赏。其实我们应当知道：孔子曾未示人以固定之是非——曾未以固定之是非示教于人。《论语》中所说："子绝四：毋意，毋必，毋固，毋我。"又曰："我则无可无不可。"孟子——善学孔子者——要人"由仁义行"而不要"行仁义"。行仁义者，规定一条是非准则而循行之，有如后儒"三纲五常"之教者，原非孔孟之所取也。五十多年前我在旧著《东西文化及其哲学》一书中讲到"孔子之不认定态度"一段话，可看。今天不善学马克思主义者，不有所斥为教条主义、公式主义者乎？人们误落于教条主义、公式主义，马克思固不任其咎，又何可因不善学之后儒而归咎孔子耶！

毛主席曾说马克思主义并未结束真理，而要在开出了认识真理的道路（见《实践论》）；孔子亦犹是也，孔子亦只是示人以求得真理之路耳。（注：马克思主要在示人以求得客观事物之理，孔子则教人如何认识社会人生的情理。）

六、何以说卓吾学问不足取？此其明征颇多。例如他削发为僧，乃对人说："今世俗子共以异端目我，我谓不如遂为异端，免彼等以虚名加我。"发菩提心出家，何等宏愿大事，乃其动念如此，岂不可叹可笑！谅他动念出家或未必由此，而实是蓄志已久者，但有此种说话便见其浅隘无学问。又例如佛、孔、老三家之学实各为一事，乃在卓吾谈来则同等齐观，模糊不明，竟若不需加以别择者，其学问所得何在耶？（参看我《儒佛异同论》）

七、古东方三家之学皆是身心性命之实学，各有其实在功夫，各有其步步深入之次第进境。今人却把它视同西洋人的哲学思想空谈，真错误之极。三家之为学不同，而莫不收变化气质之功（我写《人心与人生》曾谈及之）。宋儒大程子说过"学至气质变化方是有功"；掉转说，未见气质变化即是未曾致力真实学问之明征。人的气质莫不各有所偏，不过庸常人所偏便不大显耳。卓吾人非凡品，其气质之特偏昭然共睹，而垂老至古稀之年不见其改，终于负气自刎死；这便是他未曾有得于学问之最大明征。

八、卓吾虽无实学，却非无妙悟与深识；此于其深深佩服王龙溪、罗近溪若以不及门从学为恨者可以见之（试读其先后在闻王罗之讣时所为两篇告文可见）。王罗二公之学皆启发于阳明，而于古东方三家有所汇通者；自非有相当妙悟深识不能有此佩服之诚也。

九、学问之至者，通达无碍。在学问上我之不取卓吾者，以其一言一行之多碍也。我自视在思想上是能通达无碍的，却非有实学又不异乎卓吾李老，此不可不自白之。卓吾老最不可及者在其率真无伪饰，在人品上我有愧于他而钦佩他，此又不可不自白者。衡论古人，行念自身，此言或不为赘。

1975 年 4 月漱溟时年八十有三

佛家列举五十一心所有法内，既有"惭""愧"二法，又有"无惭""无愧"二法。往者印光法师恒自称"常惭愧僧"，见其向道修持之殷切。卓吾狎妓食肉，但知快一时意兴，却大悖佛戒；虽云率真无伪，正是无惭无愧，悍然不求实学实修，虽有妙悟，抑何足取？

右文①既成，又随有未尽之词，特补志之如上。

漱溟 24 日（印）

---

① 原文系竖写，从右至左排列。——编者

《论语》决不可不读

——蒋著《十三经概论》读后特志

从同学王星贤借得蒋伯潜①著《十三经概论》翻阅至再，获益良多。我少时未曾诵习四书五经，由小学而中学，所学者一些教科书而已，唯《春秋》《左氏传》，有少许在中学时曾闻讲授。若旧日读书人所必读之《论语》《孟子》，在我只自己数取来阅览之，幸其间少艰僻文字，自己可以大致通晓，遇有某些文字虽不晓其音读，而贯串上下文亦可晓其意旨。然既未上口成诵，自己行文欲加征引恒须检索之劳。至若《诗经》《书经》则更安于不求甚解，未曾用心寻绎。我之谫陋如此，世人不知也。今得蒋著填补了我所必需的某些知识，自尔欣喜不胜。

我更须指出，蒋著实有极好极大贡献于现时的绝大多数知识分子。现时除极少数专治古籍的学者外，一般知识分子的精

---

① 蒋伯潜（1892—1956），浙江富阳人。1920年入北京高等范国文系。后任浙江省图书馆研究部主任。

力要用于学外语和各科常识，其中少数或且进修某一专科学问，固皆不暇一读古书，但我以为其他古书尽可置之不读，而作为一个中国知识分子却于《论语》决不可不读，然而通用之《论语》版本又存在许多错误乃至极其荒谬处。蒋著于此，既资借前人研究，又出于他自己卓识，加以判别抉择，多有昭示，俾我们避免陷于错误，不自觉知；抑或节省了我们许多思辨之劳。我赞其为功非小者在此。

率直无隐以报梁任公

——读《饮冰室合集》内任公一讲演有感 *

民国十年十二月廿日梁任公在北京高等师范平民教育社讲演，载入《饮冰室合集》内文集第十三册，有如下自己知悔之言：

（上略）别人怎样议论我，我不管。我近来却发现了自己一种罪恶。罪恶的来源在哪里呢？因为我从前始终抛不掉贤人政治的旧观念，始终想凭借一种固有势力来改良这个国家，所以和那些不该共事或不愿共事的人共过几回事（似指两次入阁当政——漱）。虽然我自信没有做坏事，多少总不免被人利用做坏事，我良心上无限痛苦，觉得简直是间接的罪恶。（下略）

---

* 此文写于1973年。是年10月18日《日记》中写道："抄取梁任公年谱中自悔语句。"标题为辑录者所拟。梁任公即梁启超（1873—1929），号任公，广东新会人。近代思想家、教育家，戊戌维新运动领导人之一。著作辑为《饮冰室合集》。——辑录者

在此之前有《吾今后所以报国者》一文既有悔悟之言，载入文集之第十二册。如云"吾尝自讼吾所效之劳，不足以偿所造之孽"。

任公先生是有血性的热情人，其自号"饮冰室"甚恰当，其不足负担政治重任，而徒供他人利用是决定的。其卒有悔悟是有良心不昧者，以视康有为杨度辈悍然作恶值得原恕。

情感浮动如任公者，亦是学问不能深入的人，其一生所为学问除文学方面（此方面特重感情）外都无大价值，不过于初学有启迪之用耳。

小子既尝受知于先生，先生于我多所奖掖，然于先生一生功过得失不能不明白率直言之，即此率直无隐即所以报先生也。

漱溟附识（印）

东西学术之分异

——重读马一浮先生《濠上杂著》*

重读马一浮先生《濠上杂著》，摘取一些，略加按语，以志敬佩。

一、儒佛等是闲名，心性人所同具（下略）。

漱按：此语真好！儒也，佛也，都是不相干的名词或称谓。但生而为人，如果想要明白人心人性是如何的，却不妨向古儒家古佛家去探讨探讨。假如资借古人而有得有己，那么，这些透悟便是自己之所有，更不须说儒说佛；——当然说儒说佛亦自不妨耳。如我夙日所指出东西学术是分途的，近世西洋人站在人生立场向外察物，发展了利用厚生之学；而古东方人如中国如印度却反躬内省乎人类生命，分别成就得儒学和佛

---

* 马一浮（1883—1967），浙江绍兴人，现代著名国学大师。

学。为后此学术发展之先导。质言之，它们都是人类未来文化之早熟品。他日学术风气转变发达，对于人类生命有深彻认识之时，古儒家古佛家所发明之学理及其应用，将逐一为世所公认且加发展，而儒佛之名却不须存矣。

原文在"儒佛等是闲名，心性人所同具"之下，再摘取数语：

古来达德莫不始于知性，终于尽性；众庶则囿于气质，蔽于习俗，不能知性故不能率性，谓之虚生浪死。唯知性而后能率性（原注：循理由道，不随习气），率性而后能践形（原注：极聪尽明，不存身见），践形而后能尽性（原注：察伦明物不限时劫），如此则庶几矣。

漱按：孔门之学无他，只是践形尽性而已。如我所了解，一切事物时时在发展变化中，人的心性形体举莫能外也。所不移不易者则向上奋进是已。从乎社会文化之迁进，将来继儒学而兴者佛学也。

二、从上圣贤别无他道，只能一性纯真，应物无失而已。（原注：上句是廓然而大公，下句是物来而顺应。）

三、（上略）然此非意识能缘境界，纵晓会得亦只是义解，不中用。

漱按： 众生大惑在第七识缘第八识深隐的俱生我执上，而流俗每以第六意识上不存我念便为无我，那是很不够的。唯识法相家言在马先生著作中未见谈及，然类如此处所说则能祛俗病，通于唯识学理。

四、时时住于正念则杂念无自而生。寻常以杂念为患者，只是心无主宰。（略）凡读书不得力者，只为务多闻而不求义理耳。圣人之学无他，只是气质清明，义理昭著，逢缘遇境一切时皆作得主，不被他人惑乱耳。时人大患莫过于气昏，障碍自心虚灵，遂使义理无从显现。能祛得一分昏蔽，必还得一分清明。此乃心体之本然，不从外得也。

漱按： 近世西方学术以增多外界知识为务，正如这里所云唯务多闻者是。古中国印度的学术固非同路而反躬于自身生命，其所务在深彻心体，如这里所云"逢缘遇境一切时皆作得主"者却有些相类近。在人生践履上西方人皈依宗教奉行教诫，正不外孟子所谓"行仁义"而非"由仁义行"，以义理为外在，从不晓得率性之谓道。东西学术之分异即在偏内偏外不同上。

先生之学真价值不容抹杀 *
——熊著选粹

《读熊著各书书后》一文，既以愚所不足于先生者写出，求正于后之学者矣。然先生之学固自有其真价值不容抹杀，因再举其书中为我所能认识其价值者选录于此，冀有助于后之治东方学术者之研究。

此选录始于 1961 年 7 月在海拉尔避暑之时。自京到海，虽携有笔砚而忘备稿纸。此纸盖从当地购取，殊不佳。

7 月 6 日漱记

一、录《读经示要》卷一讲《大学》之一段

王阳明诗曰：无声无臭独知时，此是乾坤万有基，抛却自

---

* "先生"即熊十力（1895—1968），湖北黄冈人，现代新儒家代表人物之一。——编者

家无尽藏，沿门托钵效贫儿。正为《大学》"明德"作释。少时读此，颇难索解。以为"无声无臭独知时"正谓吾心耳。吾心与吾身俱生，非超脱天地万物而先在，何得说为"乾坤万有基"邪？累年穷索，益增迷惘。及阅《列子·天瑞篇》粥熊曰：运转无已，天地密移，畴觉之哉！张处度注云：夫万物与化为体（万物无实自体，只在大化流行中假说有一一物体耳），体随化而迁（一一物体皆随大化迁流）。化不暂停，物岂守故（离化无物也，化既不暂停，即物无故体可守也明矣）。故向之形生，非今形生。（前一瞬形生已于前一瞬谢灭，后一瞬形生乃新生耳，新生者亦复无住）。俯仰之间已涉万变。至此，忽脱然神悟。喜曰，吾向以天地万物为离于吾身心而独在也，而岂知天地与我并生，万物与我为一邪？（悟化则吾与天地万物非异体）。向以缘虑纷驰，物化而不神者为心。而岂知兀然运化，无定在而靡不在，遍万有而为之宰，周吾身而为之君者，此乃吾之本心邪？

（附说）缘虑云云者：缘谓攀缘，攀缘一切境故。虑谓知虑，随应于境，起分别故。纷谓不定，非凝寂故。驰谓向外追求。物化者，心逐乎境，即随物转。《孟子》所谓"物交物则引"，《礼记》所云"人化物"也。（心随物转，即心成为顽物。以此物与所追求之物相交，则为其所引，而全失其固有虚明之本体，人生乃成为机械的。）今心理学上所谓心即如此耳，禅家也谓之情识。然此心乃后起，非本心也。《新论》所云"习心"，与《道》书所言"人心"者即此。兀然形容其绝待也。运化者言万化有实体焉，故能冥然独运耳。化非凭空幻起，故知有实体。唯此实体无方所，无形相，故无定在而靡不在。使有定在，则滞于一方而有所不周矣。遍万有云云者：谓此实体为万物所资始，无有一物得遗之以成其为一物者。故说实体遍现为一切物，而随在皆为其宰。如一微尘由得实体以成，则此实体在一微尘中为其真宰。于一微尘如是，他可类知。周吾身云云者：吾人由得实体以生，即此实体在吾一身之中而为真宰。总之，实体是一，而其成变化即现为万物，乃于一一物中随在皆为其宰。《新唯识论》无非发挥此义。是故尅就吾人而言，则说实体为吾人所以生之理。是理也，乃运乎吾身之中而为之主，故名以本心。

阳明所谓"无声无臭独知时，此是乾坤万有基"，理实如此，非妄臆之谈也。

二、录《十力语要》卷三《王准记语》之一段

余少时读严又陵《天演论》。又陵按语解释佛家不可思议一辞，有云：智者则知由无常以入长存，断烦恼而趣极乐，正为渴马奔泉，久客思返，真人之慕诚非凡夫所及知也。当时不知何谓长存。岂谓修养功深，庶几灵魂永存欤。然殊难置信。长存究作何解？想彼只是作文章也。后读阳明咏良知诗"无声无臭独知时，此是乾坤万有基"云云，始憬然有省。却不管又陵意如何，佛氏本旨如何，而吾自悟当下便是长存——此意极不易言，系乎见性与否。凡夫迷执驱壳，只堕溺无常之生死海中。至人超越形气，直得本体，则时、空、内、外等见无自而

起。禅家所谓彻体真常者是也。夫无常乃相对也，见性即于相对而见绝对，固非于对之外，别求绝对。所谓由无常以入长存，实非在无常之外更有长存之境。

三、录《读经示要》卷一讲《大学》一段（有删节）

吾少时不解《大学》明德，阅康成注，只训释文句而已，觉其空泛无着落。阅朱注，以虚灵不昧言，始知反诸自心。及读阳明咏良知诗，即前所引者，则又大诧异，怀疑万端，苦思累年不得解。偶阅《列子》，忽尔触悟天地万物本吾一体。须向天地万物同体处即万化大源处认识本心。现前虚灵不昧者只是本心之发用，而未即是本心。虚灵者动相也。动则可以违其本也。唯动而恒寂，乃是本心通体呈现。阳明诗指出无声无臭之独体是乾坤万有基，此乃于虚灵而识寂然无扰之真，方是证见本心。以视朱子只认取虚灵者盖迥不同也。或有问曰：先生言今心理学之所谓心非是本心；然则心有二种欤？答曰：原来只有本心。但本心之发用，即所谓虚灵不昧者，流行于官体感物之际，则官体假之以自用，以追逐乎外物。如此，则虚灵不昧者乃失其本而亦成为物矣。吾谓之物化而不神者以此。《孟子》所谓"物交物"，上物字即谓虚灵而失本物化者。以此物与外物交感，谓之物交物。至此，复有习气生。习气者物交物之余势也。则亦成为潜能而与官体相顺应，心理学所谓"本能"即此也。夫虚灵不昧者既为官体所役而至物化，则不得谓之本心。然未尝不依本心而有，却毕竟不即是本心。此不可无辨。由是义故，本来无二种心者，又不得不假说有二种。

本心即万化实体，而随义则有多名。以其无声无臭冲寂之至则名为天（此与宗教家言天者不同，《中庸》末章可玩）。以其流行不息则名为命。（命字有多义，"而天命之谓性""五十而知天命"等命字则皆以目实体之流行。）以其为万物所由之而成则名为道。（道者由义，王辅嗣《老子注》：道者万物所由而成也。）以其为吾人所由生之理则名为性。以其主乎吾身则谓之心。以其秩然备众理则名为理。以其生生不已则名为仁。（孔门之仁即谓本心。仁乃生生之德。生生便有温然和悦义，故仁以爱言。）以其照体独立则名为知。（照体者言本心自体原是明觉的。独立者绝对义，主宰义。）以其涵备万德，故名明德。明德既固有，非从外铄，其发于事亲，则名孝德。发于取与不苟，则名廉德。发于不自暴弃，则名自尊之德。略举数德，余可例知。总之，一切道德皆本心之随事发现也。德即是心，非如法规然，从外制之也。俗学不见本原，乃依此心随事发现之迹而执之，袭而行之，矜而尚之。及事已万变，而应之者犹泥迹。不务反诸心，以权事之变，行其所安。习心泥迹，而本心无迹。习心无权，而本心即权也。自日常应事接物，以至科学上之辨物析理，哲学上探索宇宙人生诸大问题，都凭一个最高之权来作衡量，才不陷于迷谬。此权世俗或以脑筋当之。其实脑筋但是此权之所凭借以发现者。当知权即本心。凡意见或偏见、成见等等皆习心用事而失其权也。

四、录《读经示要》卷二之末附《答罗膺中书》（有删节）

《论语·学而》一章，"学"字是何义？学个什么，此之未解，说甚"时习"？说甚"悦"？又说甚"朋来之乐"？又何得"不知而不愠"？此是圣人彻上彻下功夫，自始学以至成圣不外乎此。《论语》全部亦包括于此。学字有两义：曰效，曰觉。朱子取效义，非也。此章当取觉义。觉是功夫，亦即是本体。阳明门下说"即功夫即本体"，深得《论语》真髓。何谓本体？汝与天地万物所以生成之理，是谓本体。但尅就汝身而言，即此本体是流行汝身之中而为之主宰者。依主宰义，亦名为心。心无倒妄，亦名为觉。颜子四勿一章，非礼勿视听言动，四个勿字。此勿者何？即觉也。不觉，则非礼而视听言动之矣。不觉中之视听言动，后儒谓之人欲横流，佛氏谓之无明，或迷惑现起。觉而视，即非礼勿视。觉而听，即非礼勿听。觉而言，即非礼勿言。觉而动，即非礼勿动。乃至觉而思，即是睿。觉而执事，即是敬。觉而居处，即是恭。觉而事父，即是孝。觉而交友，即是信。觉而入试验室，即是知。总之，人伦日用万感万应之际无非是觉，即无非是学。觉或学固是功夫亦即是本体。离此功夫汝便成一顽物，而其所以生成之理早剥丧无余矣。是之谓行尸走肉。庄子呵为不死奚益。故君子不敢一息而废学也。圣人始学至成圣，功夫一步深一步，便是本体逐渐显现。本体不是一件呆板的事物，功夫愈深，本体显现愈无尽。是以圣人发愤忘食，乐以忘忧，而不知老之将至也。"天行健，君子以自强不息"，时习即是自强不息。功夫不息即本体愈显。本体原无凝滞，无枯窘，无系缚，无匮之，为何不悦？悦非自外，本体恒如是也。"朋来而乐"，乐其一体也。

非有人我对待而蕲人之从我，可以谓之乐也。"人不知不愠"，此义深远，所以继朋来而乐言之。凡此圣贤经传文字切忌只依考核方法去解。务要反在自家身心上理会。理会犹云体认。科学是要假定外界，是要向外找，即所云客观的方法是也。哲学求万有之本原，却须反己体认。此中千言万语难为不知者道。其间自有许多真参实究之苦功，要不外从迷乱与尘凡的生活中努力拔出，然后觉体澄然。（下略）

五、录《十力语要》卷四《高赞非记语》一段（有删节）

记得李延平称道吕与叔解《中庸》一段甚好。吕云：谓之有物，则不得于言。不得于言者，视之不见，听之不闻，无形声接乎耳目而可以道也。谓之无物，则必有事焉。必有事焉者，莫见乎隐，莫显乎微，体物而不可遗也。此不可求之于耳目，不可道之于语言，然有所谓昭昭而不可欺，感之而能应者，正唯虚心反求乃庶乎见之。学者宜熟玩这段话。大抵一向为知识蔽塞的人，无缘识得此理，却要教他莫将知识来推度。须知说到宇宙实体原无内外可分，当作一物外在而推求之，自不相应。

这个自明理，不倚感官经验而得，亦不由推论而得，即是超知识的。吾所言反知者此也。然吾所言反知亦止于此。这个自明理，浑然虚明，固是无知而无不知。——无思、无为、寂然不动，故谓无知。能发万善、应万感、肇万化，故谓无不知。然而我们只道它有这个功能，而要辨析许多事物之理，毕竟还靠经验得来的知识，这是毫无疑义的。若孤恃固有之明，则本体上亦且有所不通矣。

六、录《十力语要》卷二《韩裕文记语》一段（有删节）

须知儒佛二家之学，推其根极，要归于见性而已，诚能自见本性，则日用间恒有主宰，不随境转。此则儒佛所大同，而不能或异者也。

七、录《十力语要》卷二《答敖均生书》一段

孔子十五志学以至三十而立，四十而不惑，由其志定而不厌倦于学，故日进不已也。此学不是知识技能之学。学者觉也。《白虎通》犹存古义。日用间无非明觉之泛应。居处恭，执事敬，与人忠，乃至格物与博文无非此觉。任持此觉而存主于中之谓志。推致此觉于事事物物，而一切处恒无昏昧之谓学。时时加功而无休止间歇之谓习。夫子自十五志学以往，盖终其身焉如此也。当其五十知天命，乃由功夫纯熟，直透本原。此个本原无以名之，名之曰一。得此本原始信形形色色莫非这个。时时在在，罔不左右逢源。《记》所谓"通其 ，万事毕"也。一贯者此之谓也。尔后"耳顺""从心"乃一贯之极诣。夫子不是先求一，再执一以贯。却是先立定此志，不失其本心之觉。于人伦日用中，落落实实行去。久之自尔透宗，始曰一贯也。故谈一贯之旨，不必论述先儒许多见解，确须于自身觅下落。曾子忠恕二字亦道得切实。孟子言万物皆备，而必本之强恕，其犹曾门之旨也。

八、录《读经示要》卷二《论立志》一段（有删节）

志字具有存主与向往二义，二者实亦相资，而存主之义为主要。阳明与张世文书云：自古及今有志而无成者则有之，未有无志而能成者也。此语未安。盖其以向往言志，则徒外羡乎圣人，其情不恒，其力不充，宜其无成也。若知志者只是心有存主，则万理之宗，万善之源，反己体之而即是，无须向外模仿。知其在己之谓默识。尽其在己之谓思诚。（《孟子》曰"思诚者人之道也"。诚即天理，思诚者默与理契，起心动念，举手投足，无在非天理流行，而私欲不得间之，是思诚者也。）实其在己之谓据德。（《论语》曰"据于德"。推致吾心之天理于事事物物而有得于心之谓德。据者依据也。）是故存主功夫悉在自力，不依他起。自力则未有无成者，如其无成，必是自力未发起也。易言之，即志未立也。诚有其志矣，岂有无成者乎。孔子曰"苟志于仁矣，无恶也"。又曰"我欲仁斯仁至矣"。何患乎无成哉！心有存主即自力生。或有放失时，则反而自责，存主期在。阳明责志之说亲切无比，学者所宜服膺。孔子曰"有能一日用其力于仁矣乎，我未见力不足者"。

九、录《十力语要》卷二解《孟子·口之于味》章（有删节）

孟子曰：口之于味也，目之于色也，耳之于声也，鼻之于臭也，四肢之于安逸也，性也。有命焉，君子不谓性也。朱注：程子曰，五者之欲，性也。然有分，不能皆如其愿，则是命也。不可谓我性之所有而求必得之也。愚按不能皆如其愿，不止为贫贱，盖虽富贵之极亦有品节限制，则是亦有命也。云云。

程朱之说甚迂陋。《孟子》此章道理极广大深微，程朱全失其旨。夫命与性，本非二也。以其为生生不息之理，则曰性。以其流行而成此生机体，则曰命。性者万物一原，虽复无声无臭而万善万德无不具足，故谓之理。此理之流行而赋予吾人，吾人禀受之遂自成为独立的生机体，即有一切意欲。所谓声、色、臭、味、安逸等等之欲，推其原皆自性生，孟子是以谓之性也。但虽自性生，毕竟非性之本然（此语吃紧）。要自流行而成生机体乃始有之耳。孟子故曰：有命焉，君子不谓性也。

（续前孟子曰）仁之于父子也，义之于君臣也，礼之于宾主也，智之于贤者也，圣人之于天道也，命也。有性焉，君子不谓命也。

后儒皆以仁、义、礼、智、天道为性所固有，其说虽是，顾未识孟子此处意思，则其失不小。自性之本然以言，虽万德具足，然仁、义、礼、智等则待有伦类之交而始见。有父子，则显其仁焉。无父，而事父之仁无有矣。无了，而恧了之仁无有矣。同此例而推之，其他可知。故仁、义、礼、智、天道者，若迹其发见，要自一原之性流行成物而后，有物有伦乃始显现焉。孟子故曰命也。假若性体而无流行可言，即无物可言，更何从说仁义等等邪？然仁义等德，虽于凝命以前无可说，要是性自固有，非从有生以后外铄得来。孟子故曰，有性焉，君子不谓命也。

此中解释亦与程、朱异。命是气质之始。自天化言，则曰命。自吾人禀之而有独立的生机体，则曰气质。声、色、臭、味等等莫非气质上事。但如推其原则亦自性生。以欲缘气质而发，气质则性之所凝成也。然欲要非性之本然，究属后有的，故不谓之性也。仁、义、礼、智、天道皆一心之全体大用，然若无这气质则性德如何显现？当命之流行，吾人禀之以有生时，即体仁、行义、复礼、发智与证天道等等的可能性，便与气质俱始时起。故孟子曰命也。然此理（仁义等）毕竟不限于气质，故复曰性也，非命也。

《孟子》此章是融贯天人之际而谈。他以为人的食、色等欲，虽是气质方面后起的事，而气质凝成本于天化，所以把欲推原到性上去。在佛家便不如此说。宋明儒虽宗《孟子》，后来亦失掉此意。然而欲属气质后起，终不成谓之性，此千古正法眼藏。晚世西人便不识性，就认食色等欲为本来的了。

性者何？本心之明是也。此心显为恻隐者，即性之仁德也。仁莫切于父子之际，故于此言之。此心显为制事之宜者，即性之义德也。义莫大于君臣之际，故于此言之。此心显为辞让者，即性之礼德也。礼莫著于宾主之间，故于此言之。此心显为抉择一切义理之大用，即性之智德也。智则凡愚难以充分发展，故于贤者言之。此心之全体大用即所谓天道是也，亦即性之全德而为言也。必有反观内证之功，自明而自喻之，即此通达物我同源之体是为证知天道，盖必圣人而后能焉，故于圣人言之。

孟子盖以为命者正是气质（生机体）肇始之际。而仁、义、礼、智、天道虽皆性所固有，要必于凝命之际始可说为具有其德。试设想命之未降，气质未有，仁义等德果在何处？所以道不离器，"形色即天性"其义至矣，尽矣，无以复加矣。孟子言仁、义、礼、智、天道必于凝命之际言之意深远哉！然命，则气质之始也。又恐人沾滞在气质上，难以见性，故孟子复谓仁义毕竟是本性固有，而君子不谓之命也。

补识：流行之谓命，此中意义极难言。天理流行，吾人禀受始成有生之物，即生机体肇胎于此际，先儒所谓气质清浊之分亦正在此际。故凡仁义等性德易发否，及食色等欲易循理与否，都须向命上理会。吾人立命功夫，只在率性以变化气质。

十、录《十力语要》卷二《答马格里尼书》中一段（有删节）

真理非他，即是吾人所以生之理，亦即是宇宙所以形成之理。就真理言，吾人生命与大自然即宇宙是互相融入而不能分开，同为此理之显现故。但真理虽现为万象，而不可执定万象以为真理即如其所显现之物事。真理虽非超越万象之外而别有物，但真理自身并不即是万象。真理毕竟无方所，无形体，所以不能用知识去推度，不能将真理当作外在的物事看待。哲学家为欲实证真理，只有返诸自家固有的明觉。即此明觉之自明自了，浑然内外一如，而无能所可分时，方是真理实现在前，方名实证。（即孔子所云"默识"，通常亦说"体认"。）

十一、录同前书卷二《再答张东荪书》中一段

儒者的然实证本体，而不务论议。专在人生日用间提撕人，令其身体力行，而自至于知性知天。故儒家之学，自表面

观之似只是伦理学，而不必谓之玄学。实则儒家伦理悉根据其玄学。非真实了解儒家之宇宙与本体论，则于儒家伦理观念必隔膜难通。

十二、录同前书卷二《复性书院开讲示诸生》之一段（有删节）

诸生能发心立志，而公一己于天地万物，与为一体，如此方是尽人道也。亦必如此，而后见得天下事皆己分内事，而任事之勇自生。

孔门教学者唯尚躬行。子路有闻未之能行，唯恐有闻。其刻励如是。后来学人便侈谈空理而轻视事为。学风所由替，民族所由衰也。诸生其念之哉！勿以空谈了一生也。天下事无大无小，量己才力所胜任者，以真实心担任做去。才做事，便是学。否则，只是浮泛见闻或空想，不足言学也。

十三、录同前书卷一《答韩生》《再答韩生》各一段（有删节）

孟子曰"先立乎其大者"原只在心上守定着用功，不许寄在小体上用。以耳目有不思而得之长技，一寄其思于彼，则未有不被其夺者。此段话（出王船山《四书大全》）精察入微，才分明显出思之所以为思了。须知思之发虽不能不借耳目官能为用，但心确是一心内敛，以主宰乎耳目官能，专一融摄义理，才叫作思。若心外驰而不得为主，即寄其思于耳目官能，便以小体役其心而夺心之用，乃唯食色安逸等等是殉焉。此殉于食色安逸等等之思，据实则本不是思，只是耳目夺心之用而自逞其技。所以成乎聋、盲、爽、发狂，如老氏所呵也。心不宰乎耳，故聋。心不宰乎目，故盲。心不宰乎口，故爽。心不宰乎四体，故发狂。试谛察一般人的生活几曾把握得他底心住，使不被夺于耳目官能外驰殉物，而能保任其心，以宰制耳目官能显发思底妙用，融摄万理而无滞邪？所以一般人大概没有思维作用，直不自察识耳。

只有明睿作用专一内敛，这才是心。否即无心。内敛者，谓不随耳目官能迷乱奔流故。唯然，故能主宰耳目官能而神其用。禽兽有知觉运动而不得谓之有心，以其精神作用不能内敛故也。人禽几希之异在此，其可忽哉！佛家《阿含》说系心正智正念住，守护根门，与孔子告颜子四勿之旨皆指示真切。《易系传》"仰观于天，俯察于地，近取诸身，远取诸物"，何尝废耳目官能而不用，只是神明为主于中，发之于耳目官能而交乎天地万物尽其观察之妙用，而复其性分上物我一体流通无碍之本然，此即"思不出其位"之义也。若下等欲望之思，便是思出其位而为耳目等官能所役，以从乎欲而殉没于物。曰"思出其位"，言其被役于小体而不是心之官也。

十四、录《十力语要》卷四《高赞非记语》之一段（有删节）

先生一日立于河梁，语同学云：吾人之生也必有感触（感触兴发）而后可以为人。感触大者，则为大人，感触小者，则为小人。绝无感触者则一禽兽而已。旷观千古，感触最大者其唯释迦乎。以其悲愿摄尽未来际无量众生而不舍，感则无涯矣！孔子亦犹是也。"鸟兽不可与同群，吾非斯人之徒与而谁与"，何其言之沉切也！"老者安之，朋友信之，少者怀之"，程子谓其量与天地相似，是知孔子者也。

十五、录同前书卷四与或人书（页五二）之一段（有删节）

以吾年来函牍提撕，而子之狭陋褊浅如故，毫未有感发兴起，然且以良民自许。良民者庶民也；庶民者禽兽也。饥则食，渴则饮，血气旺则思排泄，此外无感触，无蕴蓄，故与禽兽无别也。此岂大丈夫所愿为者乎？凡暴弃已甚之人，只有反而自觅其心。

十六、录《十力语要》卷四《高赞非记语》一段（有删节）

人生在社会呼吸于贪染、残酷、卑屑、颓丧、悠忽种种杂乱坏习气中，其生命不免为所缠绕、所盖覆。软弱者即为所侵蚀，浸假而其人形存、其神则死矣。

凡人当自家生命被侵蚀之候，总有一个创痕，利根人特别感觉得。一经感觉，自然奋起而与侵蚀我者相斗，终奏摧陷廓清之功。若是钝根软弱人，便麻木不仁，奋起不来，只有宛转就死于敌人之前而已。

十七、录同前书卷四《高赞非记语》之一段（有删节）

先儒云，发己自尽之谓忠。发字大有力。发己者发其所存也。本乎己所固有之良知良能与凡学之所得、知之所及、思之所通、心之所信当其不得不发（为草木之生发），沛然发之而无所馁。——极充实而无虚、无伪、无馁——是所以谓之忠也。忠之道德如有一息之绝于人，则人类灭矣。

一友问：曾子曰，为人谋而不忠乎？倘遇一细事亦矜矜求忠邪？先生曰：汝误矣！吾所谓忠者，只在自家生活力充实不已，而其著见于日用酬酢者，自然随其所感无巨无细而莫非充实不已之全体流行，绝无些子虚馁。这个体段已是内外融一。原来不曾立心在事上去较量。于事无较量，则既不以事为外来，而心亦自非内。这便是内外融一的本体，让它随在迸发，浑是个忠。若不到此境界，自然要在事上去较量巨细。才于事起较量，却已内外隔截，办不得忠来。即在他认为巨计，勉强做得济事，亦是依仿揣摹，貌似忠而实难语乎忠也。然初学且未要说到内外融一，最好学曾子的三省。

又问：曾子却以忠为三省之一，自与先生言忠不同。先生曰：义有广狭，尽可会通。交友之信，忠也。传习，亦忠也。乃至万善，皆忠也。

十八、录《读经示要》卷一《论治道》之一段（有删节）

总之，治道以均平为极则，而均平必由于恕道；恕道必出于诚。

恕本于诚。诚则同己于物，故能推。不诚，即物我对峙，未有能推者也。凡人在社会生活中常有类似推己及人之行为，而实由服习于社会无形之制约使然，或出于尊己而不肯自轻蔑则然，非真能推也。真能推者必出于诚。诚乃透悟本体，即自识真性。其推己及人本于一体之通感，自有不容己也。凡人亦非无此境，但有之而不能常耳。如齐宣王不忍牛之觳觫，正是己之欲生，推及于牛。此乃一体自然之推及，非有所为也。齐王不忍于一牛，而不能推此心以保四海者：其推及于牛，则其所得于天道之诚，未尝无自然之流露也；其不能更推者，则素乏诚之功夫，本体未得显露故也。(《中庸》云：诚者天道也，诚之者人道也。)

均平之治，非恕不可实行。恕者推己及人。即于己之所欲而知人之所欲亦如己，必须兼顾。己所不欲，勿施于人。所恶于左，毋以交于右；所恶于右，毋以交于左。人人能推此心，而天下之人乃各得其所，天地位，万物育。《曾子》曰：夫子之道忠恕而已矣。《孟子》曰：强恕而行，求仁莫近焉。《大学》言平天下，本之絜矩。絜矩，恕也。《大学》言恕，必以天下为量。今世号为文明强国者，其重公德，守秩序，似有近于恕。然其胸量所摄，至广不过一国家，一民族。过此则弗能推矣。恕道不能推之天下，而求人类有至治之休，是犹缘木求鱼也。至哉！《大学》之道！所以为天地立心，为生民立命，为万世开太平也。洋洋乎发育万物，峻极于天，无得而称矣！(中国人于小节或不甚措意，而物我无间之雅量则高于西洋人远矣。容当别论。)

十九、录《读经示要》卷一《论德治》一段（摘取原文联缀而成）

夫六经之言治，德治也。《论语》云"为政以德"，又云"道之以德，齐之以礼"是也。其异于西人言法治者，则不从欲上立基，而直从性上立基，此其判以天壤也。

西人言治，大抵因人之欲而为之法纪度制以调节之，将使人得各遂其所欲而已。然欲则向外追逐无厌，非可自外调节者也。惟见性则有主于中，斯欲无泛滥之患。性者，生之本然，通天地万物而一焉者也。欲与生（生机）俱。生（生机）则成形而有分。故欲每滞于分形，而昧其至一。纳之于法纪，齐之以度制，行之一国犹可苟安，要非至计。而人类全体决非法度可以维系之，此稍有识者所可知。

盖德礼之治，所与法治根本不同者：法治则从一人与他人或团体之关系上而为之法制约束，责之必从，使之习惯若自然，此乃自外制之者也。若夫道民以德者，则因人之自性所固有而导之，使其自知自觉者也。欲触人之善机，而使之复其性者，莫如用礼。礼便是德之形见处。"道之以德，齐之以礼"二语，原是一意。

德具乎性，本无差别；情则缘形感物而生，不能无差别。情不及乎性，然性终为情之帅，常救情之不及。如事父母之孝与养天下之老者，虽同出于性所固有之爱德。而爱己亲与爱人之亲，其间仍有差殊。则性之缘情而发，有不能过拂于情者在。但性毕竟不任情之偏私，而于人之亲要亦不弛其爱。"礼仪三百，威仪三千"则本性以称情而为之者也。（本性以称情五字吃紧，三千三百言其分殊耳，非有定数。）故《中庸》言礼治，是以其人所固有者还以治其人之身，非从外制之。盖从其性情而为仪则，即由仪则复引发其性情之贞，而生生不已，日新不用其故。非若尚法制者驱人以习成机械也。六经之旨，尽于"以人治人"四字，学者其深思而自得之。

若夫西人之治，奖欲尚斗，长此不变，人道其绝矣。非讲明经学何以挽物竞之横流哉！

二十、录《读经示要》卷一"万物同体，仁覆天下，而我无功名"下附说一则

天下皆吾同体，故不以我宰天下，亦不见有天下待吾之治。吾与天下休戚相关，若痛痒之在一身，百骸五脏无麻木不相喻者，仁恩遍注，而谁尸其功名。经旨所存，有道之世，其治若是。夫不见道，则张己以宰物，将仁天下，而天下早被其毒。功名之徒，所以为世祸也。（下略）

二十一、录《读经示要》卷一"七曰始乎以人治人"内一小段

《曲礼》开端之辞"毋不敬，俨若思，安定辞，安民哉！"可谓包括三礼大义，亦摄尽东土学术无遗。"毋不敬"三字，广大悉备，天德王道一以贯之。俨若者恪恭貌，无倒妄貌。俨若之思非世智虚妄分别，乃圣智证量境界。安定辞者，圣人无舍敬之时，即常在定中，思常俨若，故出辞常安定，无有躁妄。安民者，修己以敬，而天下化之。圣人自修而无宰物之心，物各畅其性，而兴于善。所谓"君子笃恭而天下平"也。不敬者，妄以法令钳束生民，驱策群众，将以逞其所欲，而天下之民无得安者。能敬者反是。

二十二、录《读经示要》卷一第十一页一段（有删节）

肯定有外在世界，佛氏呵为执有，而西洋思想则宁可执有者也。吾《易》言"大有"，有而不者，富有而日新。此与西洋

思想似同，而实不同。夫人之所茂者，神明也。神明独运，如日之升，光辉盛大，是谓生命创新。若夫资生之具人生不可或无，则备物致用尚焉。求丰于神，而不惜绝物，少数人孤修则可，率群众为之则贫于物者将累其神。吾《易》已知此，是以制器尚象，则物用不匮，而群生亦得有开通神智之余裕。《易》之言"大有"者，崇神而备物。物备则众人之神得申，故备物所以全神也。惜后儒未能衍其绪耳。

＊＊＊

愚来海拉尔只挈有熊著两种，选录止于右方。他日如更有所录，必待回京后就其他熊著审择而续成之。

来此避暑时间尚可有旬余日，而此纸亦复有余。往者愚尝有"勉仁斋读书录"，兹复为录于此。所读则《卓娅与舒拉的故事》及有关高尔基各书也。

八九年前得见《卓娅与舒拉的故事》一书深叹美之。且自觉于卓娅之为人有所认识，颇思以所认出者笔而出之，以实吾读书录。兹即乘便为之，偿其夙愿。书从当地图书馆借得，为中国青年出版社一九五五年版。

7 月 21 日漱记

读熊著各书书后

我与熊十力先生虽同一倾心东方古人之学，以此相交游共讲习者四十余年，然彼此所见固不尽同。先生生平著述甚富，晚年尤孜孜，屡有成书。每书出，必先以赠我，我读之多有不足于先生之处。今缕缕记之于此，将留待以就正后之学者。（无意出示当世人故云。）

与此同时，我正在写《东方学术概观》一书，此中论点盖多著见于其间，因即在此不多加申说，希望读者取而参看为幸！

一、先从一些琐碎疏忽错失处说起

熊先生所著各书中有不少琐碎疏忽错失之处，略举其例如次：

（一）试检《论六经》（1951年所著，在北京印行）一书中，其疏失易见者有如下各点：

1. 在谈到《周礼》地官小司徒之属有"载师"之官一条时，有这样的话"愚按载师因地计口授田法，郑注尚可略考；今日土改，犹当参稽"。下面加括弧注"土改为现时通行之新名词，即改革过去以土地为私有之制"。——见原书第25页。说古时因地计口授田法犹当为解放后的土改运动参考之资，已经见出对土改运动实欠了解，及至说出土改"即改革过去以土地为私有之制"的话，那错失乃更显明。（土改只分配田地，未废除私有。）

2. 在谈到《周官》草人（官名）掌土化之法一条时，括弧注云"地质不良者化之使美，可知古时地质学已精，否则，不能设想及此"。——见原书第27页。这里遽然说"古时地质学已精"的话固难以令人信服，而且显然是把地质学误认为研究土壤的学问，竟尔张冠李戴了。

3. 在谈到《周官》乡遂之制，说它"治起于下"所以成民主之治时，括弧注"近时言治者有以民主一词与民治、民亨二词，分别言之，吾以为不可。（中略）民主、民治二词，其义一也"。——见原书第42页。这显然没有知道"民有""民享""民治"三词是有名的外国典故，原从西文翻译过来，确是三义有分别的，而"民主"和"民治"亦未见得是同义语。

4. 在谈到《礼运》大同时，有这样的话，"从'大人世及以为礼'而后，上下贵贱之名分严，而社会始有阶级。阶级既判，则其趋势不至于'以功为己'而不得也。六君子固非为己者……则与霸者用心全是为己之私，纯从阶级意识出发者，其相去何止天渊"。——见原书第 96 页。"阶级""阶级意识"这类名词在解放后的今天自有其通常公认的一定讲法，若像这样不求甚解地随便说它、随便用它，显然要不得。

（二）再就《原儒》上下卷，这一解放后（1956 年）的巨著来看：

1. 其中许多说到阶级之处，都是这样不求甚解地滥用名词。例如有这样的话："中国古代社会有三层统治阶级，曰天子，曰诸侯，曰大夫。此皆孟子所谓治人者食于人，即立于剥削地位者也。而天下最大多数之小民，亦云下民，则三层统治之下，劳苦力田以奉其上，孟子所谓治于人者食人，是乃无产阶级也。"——见原书上卷第 61 页。须知无产阶级出现于近代资本主义大工业下。这样说岂不令有识者齿冷，我真为熊先生不胜惋惜。

2. 书中著者本其一向主张以"革命""民主""社会主义"之义，从《大易》《春秋》《周官》各经典阐明孔子的外王学，问题太大，本文且容后再讨论。这里只指出其所说"消灭私有制""荡平阶级""根本废除统治"和"联邦制""虚君共和""民主政治""社会主义"那种种的话，显然都是不求甚解地在高谈阔论，实难勉强不知以为知。本文于此势难一一列举原书文句为例证，请读者检看原书是幸。

（三）《读经示要》（解放前讲授于四川北碚，今有上海正中书局三卷本）其中类似上面那样的错失，亦复不少。

1. 在谈到人类社会发展时有这样的话："自茹毛饮血迄耕稼

陶渔，乃至工商大盛之世，随时更化不守故常。略言其概，如社会范围始自男子劫女，二人居室之事，其范围至狭。渐扩而为家族，又扩而为部落，以至为民族，为国家，为国际联系。将来更进而为世界大同，……社会范围代更而代扩。"——见原书卷一第16页。说社会范围代更而代扩固不错，但所述说却甚不科学。原始人就是群居生活，男女之间是群婚的，而这里却说"始自二人居室（夫妇）其范围至狭"，明明错了。而且一般是母权社会先于父权社会，所云"男子劫女"亦还是后来的事。

2. 在谈到农家许行思想时，先既说是"无政府主义"——见原书卷二第25页，后又说它"显然共产主义"——见原书卷二第50页，怎么许行的思想就可以说显然共产主义呢？难道无政府主义亦就是共产主义，二者异名同实吗？

3. 在谈到明朝张居正时有这样的话："江陵为有力之责任内阁，延明祚者数十年。"——见原书卷二第63页。责任内阁是从近代英国式的议会政治而来的一种制度。它指内阁受着议会的委托和监督，要对议会负责而言。明朝没有议会，怎能说到责任内阁？后来1951年熊先生又写《论张江陵》一书，称赞他的"尊主庇民"思想和政绩。书中说出了"尊主之义乃在宰相独裁"。——见原书第23页。却原来宰相独裁便算责任内阁，真是闻所未闻的笑话！

4. 熊先生《体用论》一书较为晚出。有1958年上海龙门书局印本。书中谈到生物进化有这样的话："植物进化到动物，其初还有动植几于难辨之物；此阶段大概甚短促，至此便是低等动物。"——见原书第 158 页。这又是闻所未闻的笑话！讲生物进化的科学家分明告诉我们植物动物乃是生物界中见出趋向不同的两大分支。上溯到源头则有趋向未分明的原始生物，那正所谓动植几于难辨者。就在分化途中，时而有某些植物流露点动物性，亦有某些动物流转近于植物。然而我们把动物看得高于植物，还是可以的。但不能说植物进化到动物，不能把原生物认作从植物到动物的中间过渡阶段。熊先生短于科学知识，原应当从嘿谢短；却不求甚解，逞臆妄谈，是其一贯作风。盖不止于社会科学方面为然，于自然科学又是这样。（最后出《乾坤衍》一书同有此误。）各书中疏忽错失之处固不止此数，本文势不能备举，且止于此。

二、为认清熊先生的思想路数再列举一些例证

上来所举那些疏忽错失，若单看其一处两处，似乎是小问题。一经罗列出许多，就使人不能不感觉到其治学的作风，其思想的路数，存在着很大问题了。然而为要使人更明切地认出熊先生的思想路数，还须得再列举一些其他例证来谈一谈。

近百年来中国人常遇到有两个大问题在面前，一个是：中国为什么没有近代的民主？又一个是：中国为什么没有近代的科学？从社会发展、文化演进来讲，我们开发之早既为世界所不多见，而民族文化几千年一直绵续下来不断，尤为他方所不

及，却为什么还待世界大交通后乃从西洋来输入它呢？近代的民主亦即资产阶级的民主；而近代的科学亦正是与资本主义的工业发达分不开的科学。所以这个问题亦就是为什么我们总淹留在封建社会而不得进于资本社会的问题。在熊先生各书中无可免的都要谈论到这些，而特如《读经示要》《论六经》《原儒》各书皆曾一而再地谈论了。现在，就试来看一看熊先生竟是怎样在谈论着：

（一）农家者流自《诗》出。三百篇讽刺社会与乱政之诗甚多，此农家革命思想所由兴。向来言晚周学术者鲜注意农家，其实农家极为重要。汉以后，如多得许行之徒，则帝制早革矣！——见《读经示要》卷二第26页。

（二）农家许行坠绪略可考之《孟子》。汉《艺文志》曰："农家者流盖出于农稷之官。（中略）及鄙者为之，以为无所事圣王欲使君臣并耕，悖上下之序。"详《志》所称"无所事圣王"云云，显然共产主义，虽书籍无传而其大旨可寻也。（中略）使农家思想得灌输群众，夷狄盗贼（按此指历代帝王）得宴然宰割天下哉？——见同前书第50页。

（三）余尝言，明季汉族力量甚盛，本不当亡于东胡（满洲）；然而竟亡者则忠君思想误之也。（中略）当时张江陵（居正）熊襄愍（廷弼）之雄才大略，如取（朱明）而代之，或民主，或君宪，（原注：襄愍、江陵皆有贤嗣可以继世。）则中国万不至亡，虽百东胡无能为。然而二公不敢革命者，忠君二字阻之也。江陵为一有力之责任内阁，延明祚者数十年，而天下犹恶其无君。（下略）——见同前书第64页。

（四）名分为封建社会思想之中坚，一切文为制度无一不与名分攸关。乃至心有所思，口有所议，罕有超于其时众所共守之名分者。……汉以来二千数百年社会之停滞不进，帝制之强固不摇，虽原因不一，而名分之束缚吾人未始非主因也。——见《论六经》第6页。

（五）（上略）于是孔子大毁于秦，而定一尊于汉，封建社会延长二千数百年。吾人恶吕政，恶其开祸端耳。刘季祖孙之罪，不下于吕政也。东汉光武、明、章并讲经学。《白虎通》一书诸儒集议，皇帝亲决，始盛张三纲五常。自此之后群儒释经皆奉为天经地义，二千余年未之有改，而帝制遂坚立不摇。——见同前书第107页。

（六）中国学术思想绝于秦汉，至可痛也。社会停滞于封建之局，帝制延数千年而不变，岂偶然乎。——见同前书第110页。

（七）自汉世张名教，皇帝专政之局垂二千数百年无有辨其非者。人类虽有智德，竟以束于名教而亡之矣。——见《原儒》卷上第30页。

（八）惜乎《春秋》亡，《礼运》《周官》二经被奴儒篡乱，历代知识分子无有以民主思想领导群众，故皇帝屡更代易姓而统治阶层卒不荡灭，此中国社会之惨史也。——见《原儒》卷下附录75页。

（九）天文、地理、博物、医药、工程诸学古代并精。指南针、舟舵、木鸢、机械（公输子以机械见称）、候风地震仪、音律种种制作皆在古代。吕政焚百家语……汉承其毒……科学亡绝，咎在专制。——见《论六经》第113页。

（十）民国八年孙颖川自海外归，……曾问余曰：游学时与西人相接，皆言中国向来无科学思想，无民主思想，其故安在？余曰，汉以来二千余年学术思想锢蔽，诚如西人所言。此专制之毒耳。抗日军兴，余与颖川俱入蜀。颖川访余北碚，喟然曰，吾国近四十年间提倡科学不为不力矣！然学术自有本原，今人不寻自己根芽，恐非自树之道欤！余曰，返求诸己，莫急于学《易》。——见《原儒》卷上第59页。

（十一）（上略）是故从帝尧人代天工之训，至孔子以逮荀卿，倡导科学之精神后先一贯。晚周科学名家……墨翟、黄缭、惠施、公输子之徒，其姓字犹未尽湮没，惜其书亡耳。若非吕秦灭学，中国科学发展何至后于西洋哉！——见同前书第58页。

（十二）孔子曰，"知周乎万物而道济天下"。老氏乃言"绝圣弃智，民利百倍"。一以济天下之道本于知，一以无知而民始利，其相反若此其甚也。（同前书第55页。）老氏反儒，其言群化期之以渐，故曰不敢为天下先（消极等待）。自汉以来，《老》之说行而《易》道晦。中国群俗政制乃至一切均凝滞不变。《易》学被夺于《老》乃中国之大不幸也！——见同前书第60页。

（十三）朱子《大学》"格物"补传，以"即物穷理"言

"格物"，本有走入科学路向之可能，而卒不能者则虑物之感人无穷，而以不见物则无欲为幸。汉人多采道家言以变乱孔子之旨，宋儒复杂老与禅，故有绝物或遗物之意。二千余年科学不发展，非无故也。——见《原儒》卷下第46页括弧内。

（十四）复杂为创进之征，简单乃衰竭之象。洪惟我晚周诸子百家……学不囿于一宗，虑各有其独至。业以分工而致其精，理以析观而究其博。……自暴秦夷六国而一统，汉代承之，易列强互竞之局为四海一王之天下。秦人已毁天下之文献，汉兴莫能复。郡县简陋不能如前世列国可以产文化。……故自秦之一统迄于清世二千余年间中国学术大抵安于简单，无甚发展。——见《读经示要》卷二第24页。

（十五）今西洋学术思想或文化，其根源实在希腊。……然希腊直启现代文明，吾晚周诸子百家则早绝于距今二千数百年前，一蹶不可复振。此岂有他谬巧哉？神州大陆既少海国交通之利，（中略）乃广漠散漫之郡县制度与专制政体所必有之结果也。——见《读经示要》卷二第29页。

以上这些话，虽非熊先生在认真研究了问题之后正式提出的答案，有些就好像是一时想到冲口而出的。然而你看他不惟在一书之中首尾一贯不移，而且先后各书亦论调一致，正是其筹思既熟，蓄积在胸的意见，不容轻忽。我们从这些话里面，正不难寻出其思想路数来。

从上所有例证来看，其论断事情，总是既把局面之所以落到如此，归咎于人们的主观思想或行动上——例四、例五、例六、例七、例八、例九、例十二；又且把局面之可能翻过来如彼，亦取决于主观方面——例一、例二、例三。至于例十、例十一、例十三的说话，则兼括有这两方面在内。似乎例十四、例十五稍有不同，指出了客观形势，或环境有不利于学术思想之变化发展。但秦并六国以为郡县，其事固仍不出今天所谓上层建筑的范围，则所见依然不够深入。像这种翻来覆去只看到人们主观作用的，或社会上层建筑之相互影响的，不正是今所谓唯心论、所谓主观主义吗？

如其说熊先生全然不理会社会的层层发展、文化的步步演进，但在他书中却又明明说到了这些话的。甚且像所谓物质基础、经济基础之理，你若留心看去，他书中亦曾略为点出过：

民群以需养为主，故生产资具之发明与改进，而群道之变动实系乎兹。——见《原儒》上卷第59页。

（上略）据此，则孔子演《易》，以生产资具之发明与改进为群道变动之所由。——见同前书同页。

夫私有制与统治阶级之形成，是固群变（社会发展）之所必经。——见同前书第60页。

（上略）虽然，许子劳心劳力不分之主张固是春秋太平世之极则。然必如《大易》所谓"立成器以为天下利"，而后可遂许子之期望。则未知农家对于格物之学与工业亦加意提倡否。惜乎其书悉亡，无从考矣。——见同前书第87页。

从其点出的这些话来看，何尝不明白。然而一切实按下去，又令人不能无疑。就假定许行"对于格物之学与工业"是"加意提倡"的，他岂能解决当时社会生产力水平低下的问题？不能解决，则他的主张和其所从事的社会运动还不是一种主观愿望，根本行不通的空想？何况他对此的识见如何，态度如何还不得而知，熊先生就斥责孟子之诘难陈相为"极无道理"（见同前书卷上第87页），而称美他（许行）"实得儒家外王学之真髓"（见同前书同页）。那么儒家外王学未免无甚价值，熊先生的思想路数不依然没有越出主观主义和唯心论吗？

许行所作的运动不闻在当时起到什么影响，其学派亦不见流传于后。这是由其根本行不通的空想本身所决定的。而熊先生居然希望汉以后多出几个许行，且希望其能以革除中国皇帝制度。此其思路之离奇，虽熟朋友如我也未曾料到。

其他如随便地从张、熊等个人身上幻想什么"或民主或君宪"之局出现，却绝不从社会形势发展和历史文化背景来考虑中国的民主或君宪制度能否形成、如何形成，这又是什么思想路数，可无烦更为评价了。

特别是（上列十五例证之外）在《原儒》一书中前后不断地把"消灭私有制""荡平阶级""根本废除统治"等等的话说得那样轻易，好像人们主观上要消灭它就消灭它，要荡平它就荡平它，要废除它就废除它，一切随心所欲。令人不能无疑于熊先生是否深切认识了"私有制和阶级为社会发展所必经过"

的那句话。

人们于一些理论或一些规律往往会讲，而临到实际上要用它来解决问题时却不会用；用出来的，仍不外其头脑中那些简单粗朴的想法。不料我们在熊先生身上又遇到这种事例。

又很显然，当熊先生轻易地谈论这些问题（上列十五例证在内）时，绝没有看近若干年有关中国社会史论战的那些文章，从而对于中国社会发展何以竟尔淹滞好长时期不进于资本社会的一大问题，至今在学术界尚难有很好的解答，亦未尝措意。却只顾自己说自己的话，自己肯定自己的话。

我所为不足于熊先生者，就在此等处。

我以为对于某一问题我们不发言则已，要发言必先看一看旁人在这问题上如何持论。特于那些意见不同于我者更须仔细审看，求其有助于我的思考，而免得我发出言来早在人家批判之列尚不自知。（我于此虽知所当勉，但怕做得还是不够。）

三、试论我所不敢苟同复不敢抹杀处

从上第一第二两段就可引入这第三段：试论我所不敢苟同复不敢抹杀处。

在第一段，指出熊书中较浅显的许多差错；在第二段，指出了熊先生作风上思路上一贯有其偏差缺欠。所有上面这些当然皆是我们拒绝予以任何同情同意的。到第三段就不然了。其中将指出熊先生在儒学中有其惊俗骇众的特殊见地，他的议论我虽不敢苟同，却又不敢抹杀。在这里，我是期望读者不轻易否定他的价值的。

这就是指熊著各书在谈到儒家外王学的那方面。熊先生根据《大易》《春秋》《礼运》《周官》各经，以"革命""民主""社会主义"之义阐明孔子的外王学，确有许多惊世骇俗的议论招致新旧各方一致的非笑。本文为要讨论它，所以必先之以第一第二两段，正为其中诚多失之疏忽轻率，不可不予指出。好比披沙拣金，先清出一些沙石后，再看是否还有金在其间。不然的话，若使金随沙去，则损失者固不在熊先生也。

这里应叙出熊先生的理论主张乃好加以研究讨论。但他的理论主张从繁征博引的基础上建立起来，本文只能简单介绍其要点，不能转录许多原文。这介绍是不容易做好的。假如有失原旨或眉目不清楚，咎责在我。好在原书俱在，读者若引起注意后，请检视原书为幸。

熊先生以"革命""民主""社会主义"之义来阐明孔子的外王学，所依据者不外古来传下的经书（这是主要的）、史书、子书和后人所作的一些研究，而正是从同样的这些资料上，一般都认孔子为封建之圣人，其书要皆封建思想，熊先生自非有说以打通这个难关不可。他怎样打通呢？其说约可分三层：

（一）六经皆原出孔子，是其"晚年定论"，而现存经书则非复其真。其革命、民主、社会主义之真义，大不便于当时的统治者，秦皇焚书坑儒即为镇压革命。汉高好侮辱儒生，即位后迄不肯解除挟书之禁，仍不外此意。在此大力摧残之下，六经自然丧失殆尽。其后之献书者多经过窜改变乱而后得出。甚至如《尚书》一经，伏生所传流行至今，而孔壁古文之书以汉廷秘藏不立学，终于废绝。此可见一由统治者之操其柄，真义不传，传者非真，无怪其然。

（二）然汉初儒者之窜乱，一面固在求合于时，一面亦非无所本。孔门"七十""三千"之徒流传下来自有不少变化分歧，而要可大别为小康学派和大道学派（或大同学派）。后者所传乃为孔子晚年之真，而前者非是。今谓其窜乱有所本者，即大抵本于小康之学也。

（三）孔子门下出现思想分殊之两派，盖亦有所从来。孔子早年（五十以前）祖述尧舜，宪章文武，述而不作，信而好古。其学只是《诗》《书》《执（艺）》《礼》四部之业（偏于实用），其治道则《礼运》一篇所称"三代之英""六君子"者之礼教，即于私有制的阶级社会得贤圣之君可致一时之小康者。从其后所谓"微言""大义"的分别上说，小康礼教即属于"大义"，其实即今日所云封建制度、封建思想也。自孔子"五十以学易"，"晚而好易"（偏乎哲理）而后，其思想别开一新天地，其治道即在"天下为公"之大道，于《易》为"群龙无首"，于《礼运》为"大同"，于《春秋》三世为进升平于太平之世，其云"贬天子、退诸侯、讨大夫"者正是要实行革命消灭统治阶级之"微言"也。

现存经书所传大都是小康派的大义，时论斥为封建未为全错。然而其中大道派的微言——孔子晚年真义总还是毁灭不尽的，有识者不难察识其毁改之迹。试取现存《礼运》一篇为例而剖解之：

1. 此篇以《礼运》名者，盖以小康之礼教当变易而进乎大道也。"运"之含义为变易转进，固白明白无疑。

2. 一篇宗旨既在此，则于小康大同二者之间应必有抑扬进退，不容模棱两可。

3. 从一些字面和语气上看，其抑扬进退未尝不明白。但看全篇文章倒看不出了。于大道颇欠申张，反而极意敷陈了小康礼教。非唯迹近模棱两可，实嫌轻重倒置。

4. 篇首"孔子曰，大道之行也，与三代之英，丘未之逮也，而有志焉"，从来读者未觉察此中字句有掺伪，皆以"大道之行"属大同，"三代之英"属小康，"丘未之逮而有志"则统承上大同小康两说。若此，则"天下为公"与"天下为家"乃两相夹杂；又如骑墙，可左可右。其于孔子屡以"吾道一以贯之"昭示门人者显不相应。其实若除去"与三代之英"五字，则其文云"大道之行也，丘未之逮也，而有志焉"，下接"大道之行也天下为公"，至"是谓大同"，则文理便极顺，义理亦显明。再接下去"今大道既隐"至"兵由此起"，正是孔子伤叹当时之乱制未能骤革者。而终不可不加变革，即所谓"丘未之逮而有志焉"是也。"与三代之英"五字为后来窜乱者增入，岂不明显。

5. 在"是谓小康"之下，有两个"言偃复问"以及孔子答语等文，大抵是窜乱者杂集古典，铺张小康礼教，而文不切题，理路不清。只其间"故天子有田以处其子孙，诸侯有国以处其子孙，大夫有采以处其子孙，是谓制度"几句话，却是为上文"是谓小康"内"以设制度，以立田里"作说明。此正是指出封建剥削有待革除的所在，当为原文所有而毁改之残迹。（请参看后文）

6. 其后又有"故圣人耐以天下为一家，中国为一人者，非意之也"，至"明于其利，达于其患，然后能为之"一段。其为阐述大同之义的原文甚显明，而下文乃以治七情、修十义为说，归结到"君仁臣忠"的小康义上，非毁改而何？其治情修义只不过从个人反身修德来讲，无破除阶级之可能，岂为明于其利，达于其患？天下一家、中国一人又如何可能？前后上下不相连属，若非窜乱毁改宁有此种文理乎？

诸经虽遭毁灭窜改而孔子晚年真义——革命、民主、社会主义——毕竟埋没不了，隐藏不住的。

孟子言民贵君轻，言武王诛一夫纣不为弑君；荀子言"上下易位然后贞"。此其民主思想、革命精神要皆有所传承而来。然止于易姓更王，不废除君主制度犹未为真革命。《礼运》言天下为公，选贤与（同举）能，而深嫉夫"大人世及以为礼"，乃见革命真义。然《礼运》只明其理，《春秋》则具革命方略。自来说《春秋》三世——据乱世、升平世、太平世——义者皆以为孔子远见世运推迁必有此三个时期，只是明示圣人因时以兴治而已。这是大错特错的。要知三世本为一事。一事者，"拨乱世，反之正"也，即革命也。孔子志在及身以行革命之事，故曰"我欲载之空言，不如见之行事"。见之行事正谓革命实践。若俗传只在《春秋》之作，据鲁史而笔削，则是载之空言了，何可云见之行事？董仲舒于《春秋繁露》不敢申其学说，而其所私语司马迁者"《春秋》：贬天子、退诸侯、讨大夫，以达王事而已"。却道出《春秋》真义。古训：王者，往义。王事谓天下人共同向往之事。东迁而后，周天子徒存虚号；及孔子时，诸侯之国政又已操在大夫。其曰"讨大夫"，为辞独重者，盖以人民起而革命，只须以干戈诛讨其大夫，则天下事易定矣。天子但贬去之，诸侯但黜退之已耳。《论语》记孔子于公山佛肸先后两次之召，皆欲往。此其意何居，汉宋群儒皆视为不可解。要知公山佛肸二子皆以大夫之家臣而叛其主者，当是其人为（费、中牟）农民起义之所推也。群儒不会于大道微言，固不能解此。

《春秋》明治道，而其根据则在《易》理。《易·革卦》云："汤武革命，顺乎天而应乎人。革之时大矣哉！""变动不居"是《易》之宇宙论也。凡物皆刹那变易，都不暂住。从一方面言，物皆相似续流；从又一方面言，凡物之变，时有突化。突化者有相续而无相似，是即革命之所本。《易·乾卦》云"先天而天弗违，后天而奉天时。天且弗违，而况于人乎"。天，谓自然之运；其实则亦众力（人力在内）过去世所造成之运会也。及其既成，若莫之为而为者，则曰自然之运耳。吾人当以自力开创新运，是曰先天；能使自然之运随吾人而转，故曰"天弗违"。"后天而奉天时者"，谓因自然之运而顺应之以图功，能不失其时。夫惟不失其时乃能造时——凡创造必从顺应中成其功——所以说"革之时大矣哉"！

一事何为而分三世？变革及其前若后，合计之则三也。此中主要在升平世。升者升进，据乱世由此而离，太平世由此而致，即过渡阶段，包有社会主义改造、社会主义建设在内。《周官》一经正为此而作，以为《春秋》羽翼。其书于政、教、经济，策划周详，巨细不遗，而要以二义贯全经：其一曰"均"，又其一曰"联"。盖其旨在均平，而所以达成之则在联合。于易散（个人）以为群（集体）之中，乃一切化私归公，而均平即寓乎其间矣。不谓之薪向乎社会主义不得也。

以上综合熊先生各书作极简单介绍，以吝惜篇幅，实未能尽揭其要。有如下列各点亦都相当重要，而未及介绍：

（一）《原儒》就《易传》《周官》《荀子》等书阐明儒家之"格物"思想，将以"范围天地之化而不过，曲成万物而不遗"，"立成器以为天下利"。——作为是社会发展到社会主义社会所不可少的物质条件来讲它的。

（二）《论六经》就所见于《周官》的许多设施上，指证其政治的民主化；并以此为改造与发展经济之主力。

（三）自两汉以迄近人治《春秋》者，皆不辨何休所说三世义与公羊寿、胡毋生、董仲舒所说的三世大有所不同，熊著特分辨之甚明。

（四）《原儒》指出《春秋繁露》"义"不在正人之非，指出太平世所赖于以义正我者独重，指出三世之说明示革命成功与社会发展实由斗争而归和同。

此外如说"《周官》建国之理想在成立社会主义之民主国，以农工为主体"（见《论六经》第75页）等等，皆资人非笑之所在，却不为其要点。

总起来说，熊先生根据《大易》《春秋》《礼运》《周官》参合其他经、史、子等书，发掘出孔子的"革命""民主""社会主义"颇有以自成其说。但我却不能站起来举手赞成，相反地，我将表示我不敢苟同于他。另一方面，我更不能全然否定它，相反地，我将反对那些全然否定它的人。因为像革命、民主、社会主义这些思想或精神，其见于儒书而为中国古人所曾有，固不少明征在，未容忽视，更不容抹杀。但我不同意像熊先生这样的作风和做法，只应当细心地指点出来，要人们加以深思，一时且不宜说得太远去，说得太死煞。

四、我与熊先生彼此所见有合有不合

我不同意熊先生的作风和做法，然而他说中国古人从其超凡的德慧不为时代所拘，很早有着后此人类文化发展才能出现的思想要求，则是与我夙昔所见有合的。

在四十年前——1921年出版的《东西文化及其哲学》中，我就曾指出古印度和古中国出现的学术文化（佛家、儒家其代表）是人类文化的一种早熟品。其后我又于《中国文化要义》一书（1949年出版，1987年再版——辑录者）更加详明地重申此说。对于旧著，自己今天看来，前一书可存者甚少，后一书可存者亦不多。但这一点见解固迄今不变。今谓彼此所见有合者即指此。

何谓早熟？好比一个年纪不大，身体发育未全的孩子而智慧早开，智虑心思拟于成人，这便是早熟。人类社会生命同其个体生命一样，亦有其发育成长以至成熟的几阶段，亦是心随身发展，身先而心后的。有什么样的经济基础才有什么样的上层建筑；先从自发地发展才转入自觉的历史创造。若在社会生产力很有限的情况中，却出现了较高的社会人生理想，蔚为一种学术风气，大大影响到全社会的各方面，那不得不说是文化的早熟了。

试取社会发展史中的阶级问题来讲，便不难明白。在旧著《中国文化要义》中我曾这样说：

无疑的，阶级不是理性之产物而宁为反乎理性的。因它一面以强力施于人，一面以美利私于己，当然不合理性。但它（阶级）虽不从理性来，而理性却要从它（阶级）来。何以理性却要从阶级来？人类虽为有理性的动物，但理性萌露最初只是在很小范围（本群）内的，对外人（外群）不异乎对外物，本能地以美利私于己，以强力施于人。奴隶阶级就由此继原始社会而出现。由奴隶社会而封建社会，由封建社会而资本社会，由资本社会而共产社会，阶级在一步一步地解消，以归于平等无阶级；人群范围在一步一步地扩大，以至天下一家，世界大同；其间每一步骤正都是人类理性的一步伸展，以至取得其最后胜利。社会既在阶级矛盾中而得发展，理性又在社会发展中逐步得伸，如何不是理性要从阶级来。

这里要注意三个字：一是强力之"力"；二是美利之"利"（生活资料、生产资料）；三是理性之"理"。三个字之中从来不是"理"字领先，以支配乎"利"与"力"。相反地，人世间过去漫长的历史普遍存在的事实皆从"利"与"力"上演出来；只在两"力"相对（力对力）时，"理"才被接受；只为"利"的赡足富余而"理"乃现行。为什么必待将来共产社会而后阶级（不合理的事情）乃彻底消灭呢？就为到那时"利"富余而"力"均衡了。所以说："不是人类理性演出来历史，倒是历史演出来人类理性。"（语见《中国文化要义》261页。）

然而从熊先生所讲述儒家的外王学来看，恰是要以"理"字领先而支配一切，恰是想要提前自觉地创造历史。这对于我曾反复申论的中国人"理性早启、文化早熟"（具见各旧著而《中国文化要义》特详）不是彼此所见有合吗？

彼此所见诚然有些相合，然而一经切实按下去却又不必然。

在熊先生，直以为古人自觉地要创造平等无阶级的社会可能有成的，所以他深惜古人理想遭到破坏，深怪后人未能发扬古学。好像如其不是这样，科学、民主、社会主义在中国早将先于西洋而有。却在我说它早熟，就意味着非真熟，而且论断它从此失去了真熟的可能。那即是说：像近代西洋的科学民主、社会主义这些均不可能成就在中国，因其历史既陷于盘旋往复了，除非有外力进门来打破它这圈圈。（说见旧著，这里不叙。）

五、假若今天我来写《原儒》

熊著《原儒》直从赞扬儒家发端，所谓"原学统"也，"原外王"也，"原内圣"也，无非站在儒家立场而说话。若使在我，则断断不出于此途。

说话非同诗歌之比。诗歌多从自家情怀出发，可以只顾我歌唱我的，不计其他。而说话或著书，原在以我所明了的某事某理晓谕于人，让他亦明白，必须未曾开腔先照顾到对方，为他设想。这里有一原则，就是：当从彼此共同承认的一些事理入手，慢慢讲到他初时不曾懂得的事理上来，引导他接受。反之，开腔就说出非他所能接受的话，其结果说到末了，不还是没有被接受？熊先生不顾当前思想界既为外来学术思想所统治而儒学早失其传统地位的情势，却只顾自己说自己的话，自己肯定自己的话，试问有何用？

应当不忙去赞扬儒家（这是既为外来的学术思想占统治地位的当前思想界所不能接受的），而先要人们从客观上认识得它。俗语"不怕不识货，只怕货比货"。一事一物必有其特征，而特征皆从比较对照中认识出来。今天写《原儒》正宜从世界各地不同文化和学术来作种种比较对照功夫。单直从其本身讲许多话也难得要领的，一经参考对比，其要领特征自见。而一旦要领特征在握，许多问题不难迎刃而解，其价值如何亦将有不待争论者。

凡作比较对照，要先从那些粗浅易见处来看，要从彼此共同承认的那些地方讲起。由此而建立起来的新认识，便既明显又确实。明确就好，不怕它粗浅。世间不少高深奥妙的学问都从这里筑起其基础来。不是吗？

具体来讲，儒家特征何在呢？从今世而望古代看，从中国而望西洋以及全世界看，古中国人显然有其翘异于他方者，是即其宗教、神权、幻想、迷信之比较独少。这在所有流传下来的许多典籍和各学派既具有明征；而其间最能代表中国古人的儒家，更见出是头脑开明而务实际。头脑开明而务实际应当说是古中国人的特色，而在所有中国人中相比较又莫如儒家。于是我们说：儒家的最大特征在其头脑开明而务实际。

在这里，请读者参看旧著《中国文化要义》暨新著《东方学术概观》，恕不更作说明。

说明虽不作，而有几点补充却是必要的：

（一）从其头脑开明而务实际乃最远于宗教，事实上它确也排斥了宗教。然须知其所以能排斥了宗教的，正为其在社会上能替代了其他伟大宗教所起的作用。如我在旧著《中国文化要义》所说的：

　　非有较高文化，不能形成一大民族；而此一大民族文化之统一，每有赖一大宗教。中国以偌大民族，偌大地域，各方风土人情之异，语音之多隔，交通之不便，所以树立其文化之统一者自必有为此一大民族社会所共信共喻共涵育生息之一精神中心在。唯以此中心而后文化推广得出，民族生命扩延得久，异族迭入而先后同化不为碍。此中心在别处每为一大宗教者，在这里却谁都知道是周孔教化（儒家）而非任何一宗教。

　　（二）何以它非宗教，却有宗教之用呢？此须知：我们说它头脑开明乃指其理性昭澈，却非只意味着理智发达。在我书中所云"理性"相当于熊先生书中所云"德慧"。理智只在人类生命中起工具作用，而理性则其主体。科学为理智所有事，而理性则人类道德所自出。理智发达尽有破斥宗教之势，却不能代替它。只有道德容或可以代替宗教，如我旧著所说，中国人一向正是如此。

　　理性、理智虽有区分，而自相关联。孔子以后的大儒家，如荀子显然理智较强，而孟子则着重发挥了理性。后来人叠称"孔孟"，正为孟子似更能代表这条脉络之故。

　　（三）更须指出的是：在近代西洋学术风气占统治地位的今天，来看儒家所讲求的学问，乃显得十分特殊。如孔子自述的话：

　　　　吾十有五而志于学，三十而立，四十而不惑，五十而知天命，六十而耳顺，七十而从心所欲不逾矩。

再有如称许颜渊的话：

哀公问弟子孰为好学。孔子对曰，有颜回者好学，不迁怒，不贰过。（下略。）

请问，他们师弟间所致力的究竟是一门什么学问？在今天学术发达，门类繁兴，却竟难有其适当归属。它固然不是自然科学、应用科学；亦不是什么社会科学、人文科学。乃至说是哲学吗？亦全然不适当。在这现代学术界所不加措意——不列学科的，而在儒家一方面乃为其毕生精力之所从事。两相对照，何其暌异！

这是在谈到中国文化学术特征、儒家特征的时候必不容忽略的。《东方学术概观》论之较详，这里从略。

假如这些特征能得公认不错的话，就可进而分析指点其涵义，论证其所曾发生的影响，乃至在人类文化发展前途上其价值地位将如何。——我若来写《原儒》大致就是这样。

试再来看熊先生呢，凡我这里所提出中国古人和儒家的特点，在熊先生书中亦未尝不都曾提及。例如《原儒》下卷第10页、第20页、第24页等处不分明地再三地讲出了头脑开明而务实际及其违远于宗教吗？然而熊书总是自己站在儒家立场讲话，而我则宁愿先从旁面来观察它。彼此的思路是不相同的；

彼此立言的态度是不同的。

至如儒家身心性命之学不可等同于今人之所谓"哲学"，在熊先生何尝不晓得，却竟随俗漫然亦以哲学称之。这便有意无意地模糊了儒家特征，没有尽到原儒任务。他不从根本上把学术内涵分类清理一番，彻底纠正近代以来西洋学术风气之浅隘阙失，确当地指出东方古人之学在学术上应有的位置（如我在《东方学术概观》之所为），而只不过有时强调说"哲学应该如何如何"。这是非常不够的。试看熊书原文：

（上略）然若以为弄成一套理论便是哲学，则余所不能许可。须知哲学不当以真理为身外物而但求了解。正须透悟真理非身外物而努力实现之。圣学归本尽性至命，此是圣学与世间哲学根本区别处。（见《原儒》上卷第 13 页。）

哲学不是空想的学问，不是徒逞理论的学问，而是生活的学问。（见《十力语要》卷二第 50 页。）

此方经学（儒家）由实践而嘿识本原，易言之，即体神化不测之妙于人伦日用之间，乃哲学最高之境。西学必归宿于是，乃无支离之病。（见《读经示要》卷一第 34 页。）

既已漫然随俗以儒学归之于西人所谓哲学，完全失掉了自家立场，却又硬要治哲学者舍其一般通行的理论研究来从着我作自修功夫，岂有是处？

六、熊先生缘何有种种失败

如上述熊先生的"先混进去，再拖过来"这一妙算，未免太主观，自不会得到人们的赞助。友人中如张东荪，如林宰平先生等都表示不同意：

> 此信（熊写给张的信）以东方之学为哲学，自时贤观之或不必然。但弟素主哲学只有本体论为其本分内事。……时贤鄙弃本体论……非智者所安也。见体，则莫切于东方之学，斯不佞所以皈心。
>
> 昨宰平过此，谓西人哲学一词为知识的。而弟以中国学问为哲学，却主张知识与修养一致，此恐为治西洋哲学者所不许。盍若不用哲学之名词为得。（见《十力语要》卷一与张东荪往复信。）

这样只有自己失败，夫何待言。

熊先生缘何有此失败？这就为他癖好哲学这把戏。类如晚年著《体用论》临末自己说的话"余平生酷好哲学，独居深念……"，在前后各书中何止一见再见。

对于哲学，熊先生固自强调其有超知识不尚理论之一面，力斥知见卜度、臆想构画、一切向外寻求之非；——这代表东方说话。但同时又肯定其有恃乎思辨，而且据说是极贵玄想（见《体用论》第151页并亦见于他书）。这意在吸收西方哲学之长，以建立其本体论、宇宙论等等。口口声声以"内证离言""体神化不测于人伦日用之间"为哲学旨归，而实则自己不事修证实践，而癖好着思想把戏。其势要把不尚理论者引向理论去，而后乃有把戏可玩，从《新唯识论》以至《原儒》《体用论》《明心篇》《乾坤衍》种种著作乃始有其归着处。不然的话，英雄将无用武之地。

哲学——爱智之学——原倡自古希腊人，而后来西洋人发达了它。东方古人的趣尚却不同。它没有单自成功一门学问来讲求。假如说他们亦有其哲学的话，那在印度只不过是其宗教生活（瑜伽功夫）中无意而有的一种副产物，在中国则只是其道德生活（人生实践）中无意而有的一种副产物。如此而已。当西洋近代学术风气传过来时，乃有人从古书中拣取一些来讲它。在学术发达、门类繁兴的今日，这样做亦未始不可吧。但有一个前提必不可忽。

这个前提就是：从来空想空谈不成学问；真学问总是产生在那些为了解决实际问题而有的实践中，而又来指导其实践的。在东方古书中被看作是哲学的那些说话，正是古人们从其反躬向内的一种实践活动而来，要皆有其所指说的事实在，不是空话，不是捏造。你只对着古书望文生义去讲，并不能确知其所说究是些什么。局外人不曾有此实践，更没有发言权，不要插入乱讲话。它本不像西洋哲学那样在搞什么思想，却倒像西洋科学家在那里搞某种事实。科学家只能在实验室或其他现场实地去较量，切忌逞臆猜想，亦不能徒以口舌争。在这里，你要插入讲话，就得亦经一番修养实践功夫再来讲。

不过科学对象存于客观外界，而此内证独知者不得与人以共见，自难免有一些模糊影响之谈，以至冒认非真之事，不唯旁人不易鉴别，苟非上智亦自己分不清楚。上面这必不可忽的前提，自来未得人们足够的注意，实为可惜。熊先生以哲学玄想自雄，就更难谨守范围，甚且完全蔑视它了。

例如前引孔子自言其学问随着年纪而进境不同的一段话，其中一层一层自皆有事实情况在，即孔子本人当其三十、四十之年亦不能遽知其五十、六十、七十之事，何况其他天资学力不够之人。然而自来儒者于此，尽多不自揣量妄加解说，自然都是出于臆想猜测的了。朱晦翁既有其解说于前，熊先生就指摘其非于后，而别抒己见如何云云。——见《原儒》下卷原内圣第四。虽然在我看去熊说似有胜朱说，但核实论来彼此各未曾到达其境，又何从得确知其是非长短？治学而缺乏正确可靠的方法途径，这算什么治学态度？

然而熊先生于儒学自是有所窥的；可惜止于有所窥而未曾登堂入室，却自恃聪明仿佛能知堂奥事。顾其失败者尚不止此。

东方各家之学原非一事，大有所不同。从其同为反躬向内于宇宙人生有所认识，当然彼此易于互相了解。但由于各有其所解决的具体问题，各有其所实践，岂是有窥于儒学者就可随便妄谈佛学。其果真一门深入者，容或亦不难得其会通；但岂是初有窥于此，便可轻议乎彼。熊先生严重的失败在其癖好哲学，不谨于方法，凭借其一得而要平章各家之学，自建其理论体系。

大约熊先生胸中确有灼然的然见到处（参看后文），又素多颖悟。其谈学著书时见有直摅胸臆，对于一些问题断言如何如何，出语精辟令人折服者正非无故。假如他不以此自喜，走入了思想家、理论家一途——这便不免向外去了——而踏踏实实反身用功，循着儒家路子萃力于践形尽性之学，可能成就得大不同于今天。其人格面貌将不同，其给中国社会的以至世界人类的影响将不同，即其在思想理论上也将远较今日为成功。

为什么？首先，其精神自会很完聚，其思路必然很踏实稳切，像那些著作上的许多疏忽错失和思路上的偏差倾向便不致有。更且因为东方古人之学都是在其人格上生命上有一定深造绝诣之余，乃始从其方便善巧说出给人们的。在这里，唯不以思想理论为事，乃有思想理论成功之本；反之，若以思想理论为事而疏怠乎实践，不解决实际问题，那在思想理论上非失败不可。似乎过去类如儒家的朱晦翁、印度佛家的诸大论师（各宗均有，唯识法相为甚），均不免有些失。而严重的例子则是今天的熊先生，特别是在其晚出之《体用论》《明心篇》《乾坤衍》各书。

我在上面所说的这点道理——东方各家之学莫不有其反己之真实功夫为学说所自出，离开此等真实功夫而谈其思想理论，便成空谈乱谈，万万要不得——原甚平常，岂有熊先生而不晓得的（读者试一翻检其书便可见）。无奈他明知故犯何。先是明知故犯，入后则此知渐渐模糊遗忘，晚年乃益走上歧途。几乎可以说，人们犯错误都是明知故犯的。人类之深可怜悯正在此！

七、严重的失败是其本体论、宇宙论

熊先生菲薄宗教而酷好哲学，其所谓哲学尤在乎本体论，此皆其书中屡屡明白言之者。然而他不晓得本体论早绝了路，除非它结合着宗教，待从宗教而得救。——这层且留待后面谈。

熊先生对于宗教，除下面一段话之外，翻遍所有熊著各书缺乏任何说明。这一段话的全文录如下：

问宗教。先生曰，人类思想由浑之画。宗教在上世只是哲学科学文学艺术等等的浑合物。后来这些学术发达，各自独立，宗教完全没有领域了。如今还有一部分人保存着它的形式。只是迷信神与灵魂和原人的心理一般。这也无足怪。天地间有进化的现象，亦有保持原状的现象。如生物进化到人类，却还有原生物存在。问宗教何以是哲学等等的浑合物？曰宗教的神与灵魂便属本体论上的一种说法。后来哲学进步则谈本体论者始有唯心或唯物或非心非物等说法，故哲学实自宗教出来。宗教的解释事物大抵归于神的创造，这个即果求因的观念便是科学思想的发端。宗教有事神的种种仪文，如祭器等庄严具及音乐舞蹈，即艺术的起源。宗教有赞颂祷祝之词则文学自

此始。如上所说，宗教是哲学科学等等的浑合物，明白无疑。（见《十力语要》卷四第 35 页）

这是一般所习闻的说法，直谓宗教无前途而已。其于宗教无认识，很明白。

我们总以为熊先生在学问上所以思路大启，既得力于佛家（此层熊先生屡屡自白之），《新唯识论》之作虽修词立义不尽同乎旧师，而基本准据固自离不得。且从其著书最初计划来看：

本书拟为二部：部甲曰《境论》。所量名境，隐目自性（本体）。自性离言，假兴诠辨，故有《境论》。部乙曰《量论》。量境证实或不证实，应更推详量为何等，故次《量论》。（见《新唯识论》文言本绪言）

其《量论》之"量"即从佛家所云"现量""比量"而求，则尊重佛家瑜伽功夫为佛学方法所在，又甚明白。像这样，要将佛法从本体论、认识论两面来阐明，其做法何等高超而谨严。——其实我们一切误会了！

我们误以为熊先生在搞佛学，因而对他后来（特别是晚年）的一切怀疑否认，不免诧讶其入而复出，其实他乃是既不曾入也不曾出。看了下面一段话，你就明白：

佛法本为宗教，但极富于高深之哲学思想，此非深参博究

者不能知。余平生于宗教颇难起信，而亦不肯遮拨，存而不论
而已。世或以余著《新唯识论》，于佛家学说多所弹正，遂疑余
反对佛教。此实大误。须知佛教发展由小而大，哲学思想日渐
丰富。其理论亦日益完密。余于佛家夙怀耽玩者，本在其哲学
方面。潜思默究积以岁年，终觉余之所自得者，与印度佛家之
说，颇有根本不能相融处，而与儒学反有默契。故造《新论》
自申己意，兼弹佛氏之失，亦复融摄其长，固非完全排斥之
也。（《读经示要》卷二第45页）

他乃是始终站在佛法的外面，来玩弄那些理论而已。——
此中"理论完密""夙怀耽玩"等字样最宜注意。

这在一个对宗教无认识而菲薄宗教的人自不足怪。始则他
有所欣赏，转而又修改它，末后卒于弃绝了它。熊先生把弄佛
典数十年就是如此。然而其于佛法这真实的学问之全不相干亦
就明白了。

现在迫得要我来讲明一下宗教及其与本体论的关系。

一说到宗教，人们总联想到迷信。当然不可否认的，宗教
之吸收了广大群众在此。熊先生菲薄宗教殆亦由此。那么要
问：宗教好像总离不开迷信，其故安在？我的回答是：宗教是
应乎人类社会（古今以至未来）中总有着或盛或衰或真或假的
那种出世倾向而来的东西。而迷信呢，则是人们为了其情志方
面这一倾向要求一时得所安慰，而理智方面甘受屈抑的那类事
情。就为真的出世要求本不多见，而其圆满解决（于理智无违

碍）之道乃更少到唯有一条路，自然恒若宗教不离乎迷信了。
而其实则宗教非定与迷信相联的。

宗教的核心要素唯在出世，而熊先生所以于宗教无认识，
正因其不明出世之理。何谓出世？有世间即必有出世间，有此
即有彼，道理固如是，何须怪得。如何是世间？一切众生无
始以来失其清净本然圆满自足之体，妄尔向外取足，沉陷于我
执、法执之二执，能取所取之二取，循此发展去，辗转总不得
出，是为世间。出世者出此二执二取，以复于其自性圆满无所
不足之一体也。一体云者谓其非二，超相对而入绝对。真正的
宗教在此，其他都不相干。（以上均请参看我各旧著。）

其次再说本体论。

本体论盖盛于从来知识欲强盛的西洋人。这是对一事一物
勤于求知的更进一步，冒昧以求知万物内在相通的本体而作的
种种设想。却不悟向外求知既陷乎能（主）所（客）对待之
间，早与本体无涉。然在西洋人终于以其知识欲强盛而从知识
的自反批判上打断了本体论，不更以此唐劳无益的设想为学
问。从来重视人生实践的中国人，在其思想上纵或涉及形而上
学，如《易经》《老子》等大致只是宇宙论，殊少什么本体论，
当然亦不曾觉察到本体论之无从谈。唯独宗教盛行的古印度
人由于要求出世而亲证本体，其结果竟为本体论无意中开出了
路；然而其本体论却为"非知识的"，即所谓"言语道断，心行
路绝"。

何言乎本体论之路被认识论打断了，却被宗教接通呢？因

为真正的宗教就是真正的出世。真正的出世既是消掉了二执二取而圆复乎一体，本体乃不再是一句空话，不是在什么设想之中。而说到本体，随说随扫，有破无立，或破即是立。虽有言说，而意在言外。譬如要你从指以望月，不可只顾看此指。其本身是实实落落能以解决实际问题的学问，而在其方法上曾受不到一般认识论的批判。从其亲证本体，便可说其路已通；从其不立言说，不在知识范畴，似乎通又等于未通，但终究是活泼泼的非复死物了。

但熊先生却于此全然未加理会。这一面自是因他不达出世之理，另一面殆亦因其对于本体论之陷入绝境尚欠分晓。

西洋过去所有本体论之无当，既为熊先生所不取，顾又深惜近代以来其研究之中断。对于其因认识论之批判而受人轻视，熊先生屡示不平，顾既不能为它解围，甚且为它解围之企图亦不见。前后各书中只是一片不平和惋惜之声而已。《十力语要》有这样一段话：

独至哲学谈本体则与科学迥异。本体无形相可见，即无实物可测。大抵各逞所见而为一家之言。人见其纷然无定也，乃退而探究人类之知识是否足以探讨本体。于是暂置本体论而从事于认识论之研究。此哲学界之一大转变也。夫知识论固为探求本体者所必资。然而后人却专在知识论上玩弄，遂至讳谈本体。西人有警语云，磨刀所以宰羊，今磨刀霍霍而无羊可宰，岂非怪事。今之喜玩弄知识论而不承认有本体论者，其迷谬正

如磨刀之喻。（见《十力语要》卷三第 65 页王準记语）

从这些说话看来，熊先生盖于其间问题所在似乎知道，又不甚清楚。"夫认识论固为探求本体者所必资"一句，直是不知所云。从认识论之研究只是明确了吾人认识作用不及于本体，假如果有所谓本体的话。借喻磨刀，斥近代而后之不事本体论为迷谬，那只见出斥人者自己之迷糊不清而已。（这段学生记录之语亦可能记得不好，然固经熊先生审阅选入书中的。）

熊先生著书最初计划（见前）后因思想转变而有所更改，见《新唯识论》语体文本上中卷初稿印存记。其《量论》似犹未放弃，据云当别出，却终于未见着笔。因此，熊先生在认识论上的那些问题持何见解，遂无明文可据。然其缺乏别择，我们却不难从其哲学著作本身和其怎样地从事此学之自述而看出来了。

试举其晚年著作以为例证：

不生不灭法何可说为生灭法之实相？而佛氏不悟者，因出世法自当要求不生不灭的实相，虽理论上不可通而彼亦不计也。（见《体用论》第 105 页）

生灭法之实相为不生不灭，这是佛家所云"正智缘如"之所实证，不是一句空话。理论上好像说不通，然而事实上正是这样。这里正见出熊先生在求理论，而非求事实。我们要问：

本体是事实呢？抑只不过推论中的一个空观念呢？如其是事实，定要从实证上解决，熊先生离开实证而推论它如何如何，岂有是处。假如它只存在于推论中，那么熊先生的本体论还不是过去西洋未经批判的老把戏！

本体的性质是单纯抑是复杂，此一大疑问不可不解答。唯心一元论执定本体是精神的。唯物一元论执定本体是物质的。两说虽有异，而其以本体为单纯性则一也。然试问唯心宗，单纯的精神性何以忽然产生物质？试问唯物宗，何以忽然产生心灵？两宗毕竟无可说明其故。余敢断言本体是具有生命、物质种种复杂性，不可任意想而轻断定其为单纯性。万化万变之大源倘若是单纯性，则其内部本无分化的可能，云何成变化，云何有发展。（《明心篇》第15页）

熊先生这里断言本体如何如何者，果从何来？无他，推论而已，想象而已。

熊先生以己度人，自己在想象上做功夫，亦认为佛家就这样。为什么自己想得对，而佛家却想得不对呢？那便为佛家先有出世的感情要求之故。

余以为佛氏之道，以思议为方便法门而卒归于不可思议，（原注：不可非不必之谓，亦非不能之谓，硬是不可也。不可思维，不可论议，此是什么处所，此中不欲谈。）佛氏之所短

者，在其入手用思议时，已先有宗教的感情在，故好逞空想或幻想。（《明心篇》第140页）

这话就是说佛家的本体——"真如"或"涅槃"——只从其宗教的感情而幻想出来的。（关于出世思想的是非问题本文将在后面谈到。）

熊先生极想象之能事的大文章殆在《体用论》之成物一章，恰亦是老式的本体论、宇宙论之典范，这里不具引。

我们再看熊先生之自述其怎样地从事此学。

余初致力宇宙论，对于实体之探穷，经过甚多变迁。举要而言，略说三变。至第三变，始成定论。一者，姑假设有造物主。古籍言天、言帝，少而习之，未能遽舍。但不敢轻信。吾远取诸物，近取诸身，触处穷理，卒无可证成造物主。余遂放弃此一假设，是为第一变。二者，造物主既不容成立，吾姑假设万物无原。以为万物从泰始来，各各以形相生，而亦各各以类相从。任万物之不齐而齐，付之自然而得矣。是时余之思想在董理万物之类而归纳于一大类。吾不欲索原于玄冥之乡，宁舍弃而不问，是为无原之论。未几，余自度析别万物求其统类，只是博物之业，殆将放舍宇宙论，不堪致广大尽精微也。索原于玄冥之乡固不可（原注：凡思想喜蹈空而不可明征者则以玄冥讥之）。若以轻心而妄断万物无原，弃而弗求，是欲自绝而不惜远离真理也，恶乎可。余乃复为穷原之学，近取诸身，远取诸物，深悟深信万有之实体即是万有自身。实体决不是潜隐于万有背后，或超乎万有之上，亦决不是恒常不变离物独存。参透及此，形形色色皆是真理遍现，屎尿瓦砾无非清净本然。……余学至此为第三变。（见《体用论》第149—150页）

或有难曰：……任玄想而不根事实，公得免于过乎？答曰：过实在汝，……人之为学而不征于物，必逞空想，甚至幻想，此当痛戒也。然玄想决不可无。玄想者灵机乍动，缘物而不滞于物。（原注：缘者攀缘一切物而起思虑之谓。不滞二字吃紧。此意难言。）至普遍之大理，至幽微之端绪，恒于玄想中得之。若玄想可轻诋，将无学术可言也。但能玄想者必具二条件：一、平居游心高明，不坠尘俗；二、玄想虽忽然乍现，实由积学得来。（下略）（同前书第151页）

张横渠自言其学从血汗中来。余闻修养家用功，有文火武火之说。横渠血汗自是武火。余则文武火并用，而有悟常在文火中也。（原注：强探力索是武火；恰恰无心用，恰恰用心时，此文火也。）（《明心篇》第182页）

余年六十左右，时有疑问发生，自觉从前好为强探力索，往往悖于正理，忽体会到老子"冲而用之"之旨。自此以后，每遇难决之疑问，则游心于虚，未尝以疑问滞胸际，多方索解，也未尝舍弃疑问。惟纵心所之，不系于一方。古德云：恰恰无心用，恰恰用心时，正与老子冲而用之者相合。吾每于此有新得也。（《明心篇》第60页）

熊先生所依持的"玄想"可谓含混之极。真不知他将如何把它建立在他的认识论中（假如他写出他的《量论》的话）。我不惜篇幅转录这许多原文，读者便可晓得熊先生的学问方法如是如是。假如他非在谈宇宙本体，不妄论佛法，只在一般事物范围内亦还无足计较。却当他以此而谈本体，以此而议论佛法，我说其缺乏别择，应不是诬他。

八、在一个最根本问题上疏了神

熊先生在一个最根本的问题上疏了神，这就是"我执"的问题。

我执问题何以要说是最根本的问题？因为世间出世间的根本关键在此。同时它亦就是染或净的关键所在，乃至亦是善或恶的关键所在。——看下文自详。

从何见出熊先生疏忽于此？佛法彻始彻终只在解决这一个问题，熊先生把弄佛典数十年，我执问题在其眼中、耳中、脑中、口中，来去应不止千次万次，何能疏忽得？然而常言说得好："熟视无睹。"他却真真地熟视而竟然无睹。——容我慢慢来指点给读者看。

好像下列的话，熊先生各书中屡屡见之：

自释迦倡说人生始于迷暗，小乘以至大乘皆一脉相承。(《明心篇》第186页）

佛氏出世法以一大迷暗势力为宇宙人生所由始，是其根本错误。（《乾坤衍》第二卷第64页）

余于佛氏日损之学，确信其于人生黑暗的方面发见到极幽深、极细密处。（中略）但痴惑从何处起，此一问题释迦氏及其后学始终不曾提出。（下略）（《明心篇》40—41页）

此所云迷阇势力，盖指佛家常说的无明、烦恼、痴、惑等；名色不同，大致皆一事。让我们就这类屡见的许多话来综计其要点，则有三：

（一）佛家以迷阇说人生，是不能同意的。

（二）然人生有其黑暗面，固不可否认。

（三）此迷阇（或黑暗面）者，佛家始终未曾道出其所从来。——言下之意：我却能道得出。

例如《明心篇》第43页末有云：

然则痴惑从何处起，此一问题未堪忽视。余且俟篇下再作解答。

再则《乾坤衍》第二卷第64页亦同样说到：

然其（指佛家）迷暗之说亦有由来，余欲续成《明心篇》下再详论之。

似此，熊先生既能道出佛家之所不能道，我们迫切欲闻。但可惜《明心篇》下迄未续出，而且似乎续出无望。因为《明心篇》上出书后，熊先生不曾写《明心篇》下而写《乾坤衍》；《乾坤衍》出书后，闻将不再写书了。

虽然在这里又使得我们无明文可据，却你从他书中细寻去，卒亦不难得其大旨之所在。

例如《明心篇》第 157 页先见有"善恶矛盾之故将于何处寻求"句，循文向下寻去，至 159 页又见有"善恶之矛盾何在，今不得不一言"句，似乎要说了，却终未说出什么。直到 162 页乃有：

人皆有是心，而不幸甚易为形气的独立体所锢蔽；独立体既成，便自有权能，故其锢蔽仁心也甚易，而仁心之发露颇难。

这话似乎透露了一点意思。再往下看到第 169 页：

（上略）综上所说，善恶矛盾之所在本不难寻。本体不能只有阳明的性质而无阴暗的性质，故本体法亦有内在的矛盾，否则无可变动成用。

再向下看到第 177 页：

善恶互相违，本乎乾之阳明与坤之阴暗两相反也。

前后印证，其大旨岂不可睹。再从《乾坤衍》一书寻去，第二卷第 89 页有：

乾道大明终始，无迷暗性。(中略)《坤》卦言坤，先迷失道，与佛氏无明之论可相通。

到第 94 页和第 114 页便更明白：

余以为人生丧失乾道，至于下坠，或陷于滔天罪恶，而寻其恶根，无非随顺躯壳起念而已。躯壳坤也，随顺躯壳即随顺坤阴。……人之惑也，皆以身躯为小己，惟顺承坤阴，逞其迷乱耳。

人皆执此坤阴之身躯以为自我，所谓小己是也。人之有私欲、私意、私见，造无量罪恶而不自觉，试求其故，无非阳明先生所云"随顺躯壳起念"而已。

我们综合两书前后之所见，互相印证下来，岂必待《明心篇》下之写出而后乃知熊先生的创获是什么呢？

熊先生自矜创获，其实并不是高明，曾不出乎"心为形役"那句老话。甚且毋宁说是个失败。何言乎失败？熊先生以乾阳坤阴说明人生善恶之所从来，虽自称非二元论，却明明说本体性质复杂非一，岂不坐实了人生之有其恶的一面？恶非实有，你坐实了它，宁非失败？

熊先生的失败，早在其讥笑佛家道不出迷闇所从来之时，早在其好以迷闇势力代替佛家原来的"无明"一词，而视之为实有非虚。如《新唯识论》（壬辰删定本）卷下第 30 页有云：

> 夫"无明"一词不可作虚词解（原注：如谓由明无故名"无明"，便作虚词解，即大误。），实有此迷暗习气无始传来，导诸惑而居首，负有情以长躯。其势用之猛，虽转岳旋岚犹未足喻也。

《新唯识论》多袭用佛家名词术语而颇变其意义。像这样说法，全出熊先生自家意思，殊非佛家本旨。若无明是实，则一切世法无往而非实，出世云何可能？

熊先生把无明、迷闇坐实在其所谓坤阴上（"坤阴是迷闇性"见《乾坤衍》第 119 页），而"躯壳坤也，随顺躯壳即随顺坤阴"（见《乾坤衍》第 94 页），对于王阳明"随顺躯壳起念"那句话在其前后各书作了无数次称引。然而他却横斥"佛老对于身躯只作坏东西看，是大错误"（见《明心篇》第 76 页）。其实我们看他自己又何能免于此嫌？读者不妨取其全部理论来审量看看。

事实上，人们饥而食，渴而饮，劳倦而睡眠，从昼到夜哪件事不是随顺着躯壳的？除了真正的出世法代表着反躯壳倾向

而外，人生世间一切动作云为总不过为了身躯而起。至多在其
为直接为间接，或较近或较远，有些区分不同罢了。这其间
善、恶、无记皆有之。恶行固出于随顺躯壳，而随顺躯壳却不
必为恶。是恶或非恶与随顺躯壳——随顺坤阴何关。（以上论证
熊先生未尝有创获，倒是个失败。）

然则恶或非恶，究于何取决？我们回答是：恶起于人之自
为局限，有所隔阂不通。明白言之，这就是常常说的那个自
私——这就接触到我执的问题了。大约自私而无碍于人，其恶
小；自私而损害于人（特别是损害公众），其恶大。不问你是私
于一身，或私于所亲，或私于一家，或私于一集体，或私于一
国，总之，才自私便是恶。并不因所私在一身，抑或所私非止
于一身，而决定其是恶非恶。我们不以随顺躯壳言恶，而必从
人之自为局限有所隔阂不通言之，理由在此。

情分内外是为局，情同一体是为通。局之兆始在执有我，
而反之，无我则通。人我（物我）之分，不同乎彼此之云。说
个彼，说个此，只在有所区指，非必定有若何情味在其间。而
说个"我"，则亲昵藏获之意深隐无穷；有所偏爱，而其外非爱
所及，是其特征。"我"——非现量中有，尤非比量所得立，唯
是妄情，曾无理据。此之谓痴，此之谓惑，亦曰无明。以其扰
乱心智，亦名烦恼。人生一切烦恼厄胥由此而来，试一省思，
不难见也。

佛氏之教，岂有他哉，唯在破除我执妄情而已。然而有我
无我，其间深浅层次甚多甚多。先应知道"分别我执"而外，

更有"俱生我执"在。我执与生俱来，曾无间断之时。非独人醒时意识中有我，就在闷绝位中亡失知觉，我执犹自隐隐恒转不舍。又非独于人有之，一切有生之物可以说都有我执在。众生设无我执，亦就没有众生了。我执是其生活，生命之本。请回看上文讲世间出世间说过的话：

一切众生无始以来失其清净本然圆满自足之体，妄尔向外取足，沉陷于我执法执之二执，能取所取之二取，循此发展去，展转总不得出，是为世间。出世者出此二执二取，以复于其自性圆满无所不足之一体也。

正不知道为什么忽尔失其圆满自足，而向外取足，内外于是而分；我执就发生在这里。我执、法执、能取、所取是俱时而有的。盖于内执我而向外贪取原为不可分先后之一事。说"无明"，说"惑妄"，亦即总指此一事而说。

无明非实有物，只是说一时失其明而已。惑妄宁有所据，只是一时迷惑而已。熊先生却坐实了它，要根究其所从来，且自矜创获，焉得不失败。设若他于佛家所谈我执问题有所领会，当不致有此失。他总怪佛家以迷闇说人生，深不谓然，就为他在我执问题上疏了神，熟视而无睹，岂不显然。

这里有一段话，亦足为熊先生未懂得我执问题之明征：

夫滞寂则不悟生生之盛，耽空则不识化化之妙。……尝试思之，佛家或非不悟生化，只是欲遏逆生化，以实现其出世理想。推迹佛氏本意，原欲断除与生俱始之附赘物，所谓染污习气是也。佛氏欲断除此种附赘，乃不期而逆遏生化。（见《新唯识论》卷中第 49 页，同见于《体用论》第 56 页。）

佛家目为染污而要断除者，即在众生之于内执我而向外贪取。但众生的生活、生命亦就在其执我贪取上才得有；即熊先生所赞之生生化化亦岂能外此而有之？似此分不开的事情，诚不解"附赘物"的话从何来？难道在执我贪取之外，还别有所谓染污不成？

尤其错谬可笑的是熊先生把佛家出世之教只当一种乖僻感情看待。认为佛家先有此感情要求在，从而其一切思想理论均不得正确。这正坐不知世间出世间的关键问题只在一个我执妄情上。你思想上苟有任何感情成分在，便不离倒妄，便说不上出世。因为人的任何感情罔非围绕着我执而有的。出世之最初动念虽起于厌离之凡情，然却必自反识破我执之妄，而在静极无私之高慧上乃得建立出世之教。没有正确知见，徒依感情，那一切是站不住脚的。

我们发现，倒是熊先生先在其肯定世间的那种感情上建立着自己的思想理论。例如他论说佛氏以贪为惑之首，实则贪应不算是惑。因为自体贪（于自体爱护备至）、后有贪（求续生不断）、嗣续贪（求传种不绝）、男女贪、资具贪（聚敛资财）等等为有生命之物的通性，倘若没有这些贪，则生物将绝其类，是故不可云惑。语详《明心篇》第54—57页，此不具引。又同书第121页，语逐物、执物及分别物皆是不可缺少的；因为不如是，又何可穷得万物之理。如是种种，此不备举。

熊先生蔽于感情，不达出世之理，菲薄宗教，反对佛法，总缘他于佛家所说我执问题缺乏注意和了解而来，我的话暂止于此。

九、我对熊先生的评价及其他

上文批判熊先生以坤阴迷暗说明人生恶行的由来之无当，因而接触到我执问题，但话没有说完。同时于熊先生学问价值之所在，至今亦还没有指出。这些均将在这一段中完结了。

前曾云"恶起于人之自为局限，有所隔阂不通"；这是说的：人们在其"俱生我执"上又妄起"分别我执"。"俱生我执"可以从俗说为"先天"性的，只不过是染污，尚不成其为恶。"分别我执"起于后天，往往局限于一身或接近其身者，则是自私为恶之肇端了。一般动物只从其俱生我执依靠本能生活，行乎其所不得不行，止乎其所不得不止，所以说不上什么善恶问题。而善恶问题唯在人类有之者，盖唯独人类在生物进化过程中发达了理智，乃不因循本能生活之路，却以后天意识分别为主。意识既可以作这样分别，又可以作那样的分别，亦且可以少所分别，或不作分别，甚或反转来破除自己的种种分别。人之自为局限，情分内外，视乎其如何分别而局量大小不同。局量愈大者，其自私为恶愈以差降而接近乎善。假如他少所分别（局限），或不作分别（局限），以至破除自己的种种分别（局限），便可能达于情同一体，通而不隔之境，那便进于善而没有恶了。

总结一句话，恶起于局，善本乎通。人之有恶为后天之事，人之有善，却本乎先天。

盖人之自为局限者固出于意识分别，而情同一体之通却非因后天分别乃有之。——后天分别是产生不出通来的。通的可能性先天存在，只须你不妄起分别，其性自显。关于此问题，须请看我《人心与人生》各书，这里只能简略说明两句。

要知道，从最基本的俱生我执那里，就是妄起内外分别，从而失去其一体性的（失去通而陷于局）。本能不外是向外取足的方法或工具；本能生活即是向外取足的过程。众生就这样沉重地有着自己的局限性。但此局限性既不曾当真隔断了生物及其环境（虚妄分别岂能当真隔断出内外），而生物和环境本为一体的本性不安于这分隔，更从而时时力反此局限性。这就成为生物进化的演变进程，而终于出现了人类。人类之出现可算一奇迹：从一面看，他不能免于俱生我执的局限性，而从另一面看，他（对一般动物而说）又大大超脱了此局限性。这就是说：他不像其他动物那样被局限住，而在他躯壳上竟寓有着超躯壳、反躯壳的倾向。此一结果缘何取得的呢？这就为他发达了理智。理智非它，恰便是一种反本能的倾向；就在本能大大冲淡削弱中，而使人类生命得到解放，大大透了一口气，通了风。换言之，其一体性相当地有所恢复。

我们所以说"通的可能性先天存在，只须你不妄起分别，其性自显"，正为人类是在其与生俱来的局限性上打开了缺口，相当地恢复了一体性的。

说到此处，可以顺便指点出儒佛两家的异同。

儒家常说"仁者，人也"，正不妨作转注而说"人者，仁也"。仁即通之意，通是人类在动物界中突出的一大特征所在。"情同一体是为通"这句话（见前），也可换云"情同一体是为仁"。昔人不是有"仁者浑然与物同体"一句话吗？那正是此意。儒家只是讲做人之道，即所谓"践形尽性"之学。孔门弟子总在问仁。孔子从不轻以仁许人，也不敢以自居。因为造次必于是，颠沛必于是，无终食之间之有违，恒期造乎其充实、透达、圆满境地，自必有无穷尽功夫要作。——这圆满，是圆满了人所具有的可能性，始终都在情同一体上而止。假若最后亦进而圆复乎一体性，那便所谓成佛了，应当不属儒家所有事。

情同一体与当真圆复乎一体，依通常逻辑理路而言，自属两回事。情同一体是人性情之所可能的，应当要实践，所以儒者致力于践形尽性。当真圆复乎一体，却是出世了，必二执二取彻底消掉才行，而那亦就是成佛。一为世间，一为出世间，此言两家之异。然而事实上两家从初入手到最后又非常接近：

第一，儒家在解决善恶问题，佛家在解决染净问题，虽层次不同，而恶起于局，染同样起于局，所以其反局求通则一。从初入手就必确定其致力的方向，两家同趋向乎一体，要无二致。浅显易见的，两家同为反躬向内作求通的功夫。

第二，两家功夫非止同趋向乎一体而已，抑且同以见体为其必要条件。不过佛家"根本智证真如"是其行持修证之果，而儒家为学却恒必造端乎"默而识之"乃得，是其异也。

第三，儒家下学而上达，念念在尽伦，其所谓修、齐、治、平概属世间事，自不待言。而佛家则弃绝人伦，志在出世，似乎相反之极。然菩萨不住涅槃，不舍众生，仍必回到世间来，践其大悲宏愿。盖不如是又何有所谓一体者。所以事实上两家最后还是非常接近。

若问，为什么彼此相反的两家又会这样接近呢？我们回答：此无他，一体是真，执取皆妄而已。一体是真，你总离它不得，所以虽取径不同，终不难会归一处。执取皆妄，则一切分别歧异就不会是最后的。

世间出世间，说隔则其隔何止如万重山；说不隔，则一层纸也不隔。问题关键只在迷悟上。熊先生晚年辄以"抗拒造化消灭宇宙之强勇大愿"（见《体用论》）"反人生、毁宇宙、求趣不生不灭的寂灭法界"（见《乾坤衍》）等词句排斥佛家，皆从其疏忽于我执妄起而坐实了无明一脉络下来，只是他自己欠通，与佛家无涉也。

然而在其早先所出各书中，熊先生于此两家共同处，却未尝不言之正确。例如他说"见体则莫切于东方之学，斯不佞所以皈心"（《十力语要》卷一与张东荪书）。又说：

> 须知儒佛二家之学，推其根极，要归于见性而已。诚能见
> 自本性，则日用间恒有主宰，不随境转；此则儒佛所大同，不
> 能或异者也。（《十力语要》卷二韩裕文记语）

这话何等明白而切实。

我在上文曾承认熊先生于儒学自是有所窥的。昔人有"睹
体承当"一语，正可引来说熊先生。这既没有说得过高，却亦
没有低估他的价值。读者莫从上面"儒家为学恒必造端乎'默
而识之'乃得"那句话，就以为这只是其粗浅阶段。关于此问
题，还必待说明两句。

见体之体，在儒在佛自不容有二。然依佛法而谈，儒者犹
在凡夫位上，生活于二执二取，怎得见体？设非提出极有力的
新见地、新论据，在理论上将无论如何不可通。熊先生和我同
样以见体许儒家，但他只笼统表示他不同意佛家旧说：

> 今云证会者，谓本体之自明自了是也。佛氏谓之证量，亦
> 云现量。阳明咏良知诗"无声无臭独知时"，此无声无臭而独
> 知者正是吾人之本体即本心，炯然自知也。斯即证会之谓。（中
> 略）但佛氏视此为神圣之极，非凡夫所能有。果尔，则是谓凡
> 夫无圣种矣。实则（中略）人人皆有自明自了之体，一念息
> 染，当下便是也。然佛氏不许凡夫有证量者，盖以为凡夫只是

妄识，而其真体不曾呈现。其说亦自谨严。（中略）今如灵曜当空，云翳悉尽，此可以喻真体发见。然阴雨之天仍不无照物之明者，云翳虽起太阳固在，只未完全显现耳。若以其未曾尽显，即视为全不得显，则失之远矣。言凡夫绝无真体呈露，纯是妄识者，何异谓阴雨中绝无阳光耶？无着世亲唯识之学根本错误。（见《十力语要》卷三第 71 页）

原文经删略后犹存如许颇嫌空洞的话，而且在他先后所出各书中检寻，亦不能于此外见任何新鲜道理说出来。

虽然如此，他却持之历久弥坚，正为他有其自信自肯者在。明白地说，他自己确曾见体也。就在以上引录的一段话之后，有这样的话：

夫证会者，一切放下，不杂记忆，不起分别；此时无能所，无内外，唯是真体现前，默然自喻。（下略）（同见前书第71 页处）

这话非曾见体者不能道得。更取一事例以为佐证：

余少时读严又陵《天演论》。又陵按语，解释佛家不可思议一词，有云：智者则知由无常以入长存，断烦而趣极乐，正如渴马奔泉，久客思返。真人之慕诚非凡夫所及知也。当时不知何谓长存。岂谓修养功深，庶几灵魂永存欤？然殊难置信。

又陵长存一词究作何解，想彼只是作文章也。后读阳明咏良知诗（无声无臭独知时，此是乾坤万有基云云），始憬然有省，却不管又陵意如何，佛氏本旨如何，而吾自悟当下便是长存。此意极不易言，系乎见性与否。凡夫迷执躯壳，只堕溺无常之生死海中；至于超越形气，直得本体，则时空内外等见，无自而起。夫无常乃相对也。见性则即于相对而见绝对，固非于相对之外，别求绝对。（下略）（见《十力语要》卷三第69页）

这里"吾自悟当下便是长存"一语，正是说的见体。此事只可亲证，讲解是讲不出的。曾亲证者自然相喻无言；否则，无从相喻，无从相信。

可以证明熊先生于儒学自是有所窥的，尚不止此。但不一一备举于此，将别为《熊著选粹》，录存之。

现在可以说明我所有的认识：为何儒家在凡夫位上能以见体。简捷地说，此其理早透露在上文了。上文不是说过吗，人类由于发达了理智，大大冲淡削弱了本能，就在其与生俱来的局限性上打开了缺口，相当地恢复了一体性。现在要指明：一体性之从本能掩蔽下透露出来的，就是人心。人心就在那缺口上，就在局限所不及处。在上文曾从俗把人与生俱来的局限性（俱生我执及本能）说为"先天"性的染污。打开局限即脱掉染污。染污本不应说什么先天。脱掉染污而透出的一体性方真的是先天，亦就是净。人心是净的。人之所以能不顾生死利害而公正无私者在此。孟子说："仁，人心也。"人之仁，仁在此心；人之通，通在此心。熊先生总告诫人，宇宙本体不可外求，要在自反，而直以此心炯然自明，默然自喻为见体，那都是不错的。只惜他没有指出这其中道理而已。

儒者在凡夫位上见体，是可能的，却不是容易的。因为此心自生物进化过程中发展出来，原不为旁的，只为了营生活。那还不是本乎俱生我执不断地向外取足那一套？则唯是染而已矣，何有乎净？纵然在生活过程中，有时显发情同一体，大公无私种种美德，亦只是从体发用，不为证体，是所谓善，而非所谓净。从来儒者躬行实践，品德无失，而毕生不见性体者多矣！见体夫岂易言。

儒家见体既非粗浅阶段，何以我却说儒家为学恒必造端乎见体乃得？这个话今不及谈。我将写《礼记大学篇伍氏学说综述》一文，其入手即先谈此问题。请参看便得。

见体之难，就难在必须能见所见非二。因为有脱离能所，何有所谓一体者。然而有生物从乎俱生我执向外取足，以至对外防卫应付一切环境，总是面向外看的。又如何离得了内外能所？人虽说能自反而内省，却总没有脱掉能所，那仍不外一种变相隐晦了的面向外。人一生下来本能地只会向外看，加以后天总是习惯于此，今要你一旦忽尔无内外，无能所，如何不难？你尽可不相信有此事，却不能说为一容易事。这是事实问题，谁都可试验试验。

假如你不能到得此一境，不能如熊先生所云"吾自悟当下便是长存"者，那就知道熊先生自有其价值，不容低估。

独可惜熊先生一度——或不止一度——见体，而未加——或缺乏——保任，又失误在耽求思想理论而追摹想象中。熊先生方自谓这于修养无背，且将有所助益；而不知这个自谓无背有助，恰是自欺自昧，竟尔走入歧途，终于不救。其间偶有自悔之悟："平生枉费推求力，到老方知此事难。"——见《十力语要》卷二答敖均生书。然悔而不改，盖积重难返矣。

我说他"终于不救"者，意指其临到末了在学术上之自毁自杀，故交至近如我，几于不忍睹，更不忍言其事。然而及今不言，后之人何由知所鉴戒？

右所云熊先生在学术上之自毁自杀，略言之：

有如其先时在学问上所见正自不差者，临末却自己尽行毁弃。我所为《熊著选粹》，选录其所谈儒学十数则，皆甚正确，时或有胜前贤（朱子），盖无不根于其亲睹性体而来。据熊著自述其睹体缘由，实受阳明咏良知诗句——无声无臭独知时，此是乾坤万有基——之启发。十数则语意一贯，略无出入之差。乃不料其晚年所著《明心篇》第114页却竟说出：

但阳明有时将良知说为本体，此乃大谬。

这怎能不令人骇怪！恰巧我于其书中检出他自己说过的话：

良知即本体，不用更为他觅源头。若更觅，却是头上安头。此话要说便长，明翁咏良知诗"此是乾坤万有基"甚可玩。（见《十力语要》卷一第57页，系答友人书"弟屡说兄只是未见本体"一句下的注语，此友人实即伍庸伯先生。）

两相对照，又令人失笑不已。寻其转变，殆由"无声无臭"云云与他后来"余敢断言本体是具有生命、物质、种种复杂性"（见《明心篇》第15页）不能相容，不得不改口。自己要改变，尽你去改。最好把思想转变之由委婉说出。胡乃直斥阳明以大谬，一若自己从未如此想过，如此说过。对于自己曾受到启发的前贤，略无逊谨婉和之意。盖以理论自雄，习于俯视一切，随便说话惯了，全无所谓。

同样情形亦还有之：

（上略）谈至此，有不容不辨者，宋明儒以仁为本体，甚失孔子之旨。仁是用，究不即是体。谓于用而识体可也，谓仁即是本体则不可。（见《明心篇》第162页）

然而"仁即本体"这话恰好就是熊先生自己说的。其原文如次：

仁即本体。佛老于虚寂显体。《新（唯识）论》则于虚寂而有生生不息之健处认识体。生生，仁也。故说仁即本体。此是儒家一脉相承。仁守即体认之候。（见《十力语要》卷一内《印

行十力丛书记》第9页）

　　然则又是一个不认旧账。只责宋明儒甚失孔子之旨，而于自己原曾附和宋明儒却一字不提。何为如是，窃所不解。

　　其实这些都不过是小问题。这些小问题皆原从一大问题而来。真可痛惜的大问题，乃是熊先生睹体承当之不终。他不循着既得端倪勉励此学，舍正路而不由，偏好搞什么本体论、宇宙论，自逞其才。由是而良知非本体，仁亦非本体——大约心亦非本体，因心包不得物，不够复杂，不能成变化——过去自己会得的竟尔抛弃不顾，还斥之曰"大谬"，曰"甚失孔子之旨"……呜呼！岂不痛哉！

　　他明明走入歧途，犹自为文饰曰：

　　《新（唯识）论》根本精神在由思辨趣入体认，即从智入而极于仁守。（见《十力语要》卷一内《印行十力丛书记》第9页）

　　古训"力行近乎仁"。此学贵力行，而不尚思辨；思辨乃为力行而用，舍力行而用思辨，曾未之前闻。明明是文过饰非，自欺欺人。

　　当其为此文饰之词之时，尚未放弃仁即本体之说。上面引证"仁即本体"云云一段话，即系在此处的注语。盖其时为1947年（原署民国三十六年字样），在距今十四年前，其思辨尚未发展到"余敢断言本体是具有生命、物质、种种复杂性"

的地步。后此则歧途以愈陷而愈深，脑力以愈老而愈昏，其晚年写出之《体用论》《明心篇》《乾坤衍》各书乃全属自毁自杀之作。《体用论》作于1957年，其自序（原标题《赘语》）有云："此书依据旧撰《新唯识论》而改作。……此书既成，《新论》两本（文言文、语体本）俱毁弃，无保存之必要。"固自标出了其思想发展到另一阶段也。——此一阶段实在就是最堕落的阶段。

堕落，或云自毁自杀，是早已开始的。上文我曾说熊先生"明知故犯"，那便是开始。大约一个人不向着他所认识到的应行自勉之路而勉趋之，却任从自己情趣走，有背乎那正路而不惜，便是堕落。熊先生情趣在好玩弄思想理论把戏，他亦完全明白东方古人之学莫不有其反己之真实功夫为其学说所自出，不应该离开此等真实功夫而谈什么思想理论。然而他却任从情趣去搞他的哲学理论，而怠于反己之实功。这便开始堕落。距今三十年四十年前，其迹不显；近二三十年来渐渐显著。这表现在他耽于著述，自得自满，高自位置上。前曾指出他"悔而不改"，已是积重难返时候。比及晚年乃大暴露：浑忘理论必出乎实证乃有其价值，而特高视理论；傲然以理论自雄，恣意呵斥古人，略无所谓；然其谈理则愈以泥执，一反其早年所实悟者。

例如他在晚年著书所说的话：

佛教之成为哲学，自龙树开基，其功不可朽也。（见《明心

篇》第50页）

　　龙树创辟大空学派于释迦没后六百年，其在学术思想方面之开展固已超过释迦甚远。然犹奉释迦为大祖者，盖其人生思想尚秉释迦出世主旨，师承有自，弗忘其朔耳。龙树毕竟是出世思想，此须认定。（《体用论》第104页）

　　请看他这里说的哲学，岂复是他过去（回看上文）所强调的那种哲学？盖已经是通俗说的哲学了。而佛教呢，却好像成为这样的哲学才有价值！在我们看，龙树不过多作一些发挥阐扬释迦教旨的功夫；而他则赞称"其在学术思想方面之开展固已超过释迦甚远"！在我们看，龙树的学问和他的修证实践分不开，而其修证当然本于出世思想，夫何待言。而从熊先生的语气，却好像龙树可能为出世思想，亦还有非出世思想的可能，要待他加以"毕竟如何"的一番指明和认定！又好像龙树可能宗奉释迦，亦还有不宗奉释迦的可能；龙树之宗奉释迦，不过是"弗忘其朔"！种种怪话，直是不堪入目。

　　其恣意呵斥古人，盖由于大我慢。熊先生自来我慢特重，愚往昔曾进箴规，《十力语要》中尚存有答我之语：

　　（上略）然我慢之重，亦积习太深。黄河万里拖泥带水而行，本素所自喻。然今且将老矣，又病矣。病益为拖带之缘。（《语要》卷四第47页）

是未尝不自知，顾又自己宽假自己。三十余年来勤于著述之业，而怠于反己之实功，其势只有助长，所不待言。其书中恣意呵斥古人，对佛家且不说，对于先儒除孔子外孟、荀、程、朱、阳明无一得免。这在晚年三部书尤见辞气粗暴，其例不可胜举。而所据以否定古人者，鲜不为揣度构想之意见，直是罪过！

最可惜者，其早年未尝不有实悟，如前所举"却不管又陵意如何，佛氏本旨如何，而吾自悟当下便是长存"者，固已见到性体之非生灭。何意晚年乃于佛说之生灭法之实相为不生不灭，竟斥为理论上不可通？（见前）似此忘其实悟而转凭意见，可不谓之大堕落乎！

同此事例：必从其本体是复杂性之说，而拒斥阳明之说良知，拒斥宋明儒之说仁，（均见前）只凭后来意见推度，竟自背弃当初实悟之真。

更有如《明心篇》《乾坤衍》以"坤阴是迷闇性""与佛氏无明之说相通"坐实了痴惑所从来，连篇累牍往复讨论善恶问题，犹不能毕申其说，（回看前文）使吾人不能不诧讶天资过人的熊先生，胡为笨拙至此。顾检出其昔年著作谈此问题，竟有大为不然者。《十力语要》卷一第63页答德国人李华德氏一书，其中有云：

先生（称李氏）意谓烦恼从何而来，佛家于此问题，从不解答。此中意义深微，难以言显。烦恼本不实在，（原注：经论说为客尘，无所依据，故名为客。）如何可追问来由？须知追问来由，便已是执着之心，即是烦恼发现也。此意，不知先生能契否？来书谓吾说烦恼由吾人自离失其清净本然之性，故有。易言之，即由人类之堕落故有。力前次说过此话否，今亦不能全忆。姑承认是如此说，则此说亦无过失。却亦只与烦恼一词展转相训，终未曾说及烦恼来由。盖所谓离失清净本然，正是烦恼现行故。所谓堕落，亦是烦恼现行故，仍未曾说烦恼从何处来也。

此不过寥寥数语，却能言之剀切明白，而义无不尽。前后对照，判若天渊。谁复料想其同出一人手笔！借使有人以同出一手相告，又谁能相信？吾人不能不感慨叹息当年的熊先生于今已不得而见之矣！呜呼，岂不哀哉！

一个人何以竟然出现这样大倒退的变化？此无他，不进则退，不争取主动便要落于被动。儒者为学，原期以见性而变化气质，庶几于日用间恒有主宰，不随境转（见前引熊先生语）。乃熊先生一度见性，却不自勉于学，任从情趣亦即任从其气质之偏，误用心思，一往不返，随年力之衰，而习气愈张，德慧不见也。其用思辨理愈以泥执成碍，不过表现之一端，试看其命笔属文不既已冗复累赘，杂乱无章，败征满纸乎！

吾文即此结束，掷笔兴叹，不胜惨恻于心。时为 1961 年 11 月 19 日。

1961 年 1 月《人类创造力的大发挥大表现》一稿写完，将写《东方学术概观》一书，特先写此文以资启导。我与熊先后多年来踪迹至密，顾以国家多难，愚不得安居读书，熊著先后多种，或未之见，时或见之，亦甚草草，不得竟读。今手中所有者特其解放后所出各书，不足以见其全。3月间，向熊仲光、王星贤、李渊庭各处索借凑集，逐一阅读。4月初旬着笔，中间毁稿改写多次，至7月初得其大半。又以避暑去海拉尔而搁笔。在海拉尔开始为《熊著选粹》，得若干则。8月中回京续写后半，又有多次写出而复毁改或删掉，至11月中旬乃得卒成。稿纸零碎粘补，字迹殊不一致，不审何时乃得空闲为之重抄一遍也。

11 月 20 日漱溟记

补注

恩格斯《社会主义由空想发展到科学》一文中有云：

他们（圣西门、傅立叶和欧文三人）和启蒙学派一样，想立即解放全人类，而不是首先解放社会某一个阶级。他们和启蒙学派一样，想建立一个理性和永恒正义的王国（中略）。真理和正义至今未能统治世界，只是因为它们尚未被人们所正确理解。所缺少的只是天才人物，而现在这种人物已经出现，并且已经认识了真理。至于这人物的现在出现和真理正是现在被认识揭明出来，并非由于一般历史发展进程必然的结果，不可避免的事情。这种天才人物在五百年前亦可能同样顺利诞生出来，并且在那时他就能使人类免去五世纪的迷误、斗争和痛苦的。(见《马恩文选》，第二卷第119页，1955年莫斯科版。)

试看熊先生所讲的儒家外王学，非此一（一个理性和永恒正义的王国）类乎？思想浅薄而犹自矜夸，吾人难为贤者讳也。

熊先生盛称《周官》（《周礼》）：远瞩前世以造端，其大无遗，其细悉备，纲举目张，宏通可久。而其实在学术思想上并无多大价值。此在恩格斯前书曾予指出云：

这些新的社会体系是预先注定要成为空想的。它们愈是制订得详尽细密，就愈是堕入纯粹幻想的境域。(同前书版第二卷第122页)

这正是点明了这类思想家的幼稚。（理想是伟大的，思想家是幼稚的，二者应分开。）

附说：康有为著的《大同书》正同此一例。假如先自承认是一种思想游戏，倒还不必加以菲薄；却是自己矜夸其伟大，那便令人齿冷。

1965年1月重阅恩格斯书，作此补注。

漱溟

阅《道德自我之建立》[*]摘录

道德的问题永远是人格内部的问题，道德生活永远是人的内在的生活。

道德价值表现于现实自我解放之际（意涵形上的自我之实现）。

一念陷溺通于一切之恶，自觉有陷溺则能不陷溺，而一念不陷溺即通于一切之善。

烦恼苦闷只是你的心态，但它们不是你心之本身。它们只是你心之所，不是你心之能。你心之"能"，能感觉烦恼苦闷之"所"是不错的。然而你心之"能"是并莫有烦恼苦闷的。你觉烦恼苦闷之束缚是不错的。然而你对束缚之觉本身并不被束缚。你可说"能"不离"所"是不错的。然而"能"到底不是

*　此书为唐君毅（1909—1978）所著。先生四川宜宾人，被认为是现代新儒家代表之一。——辑录者

"所"。当你知道能不是所，而反观你的能时，原来的能、所便开始分离，因为原来的"能"成为你之"所"更高的"能"开始呈现了。新的能、所代替旧的能、所。你原来的烦恼苦闷束缚之感过去了，你的自由恢复了。

你应当以你当下能自觉的心所自定自主的活动之完成为人生之目的。你不能越此雷池一步去找人生目的。（所谓当下自觉的心所自定自主的活动，即是由你自己感到应该做而做的活动。）

人生之目的唯在做你所认为该做者，这是指导你生活之最高原理。

什么是有限之原？是身体。什么是求无限者？是心之本体。（心与身结合，却是心并不全陷于身之限制中）原来有限与无限是不可分的结。无限之所以要无限，即在它之破除有限。它必有限可破，然后成其无限。正必有反可反，而后成其为正，所以正不离反。反与正必同时存在，它们是相对。然正又反反，所以相对者永归向绝对，只有正是绝对。

当我们知苦为苦时，苦未必即去，但我们如能将知苦之"知"本身提起而宁静地观照我们之苦，则苦可灭去一半。如果我们此时复真能反而观照我们之观照，则我们几乎可以忘了苦。而且我相信如果我们这一种去观照我们之观照之能力发达至极点，使我们之心力全用于如是之自照，我们可以全忘去当前之苦。

（心之本体是超时空的，是恒常真实的）所以人之有死一事，根本便不能成立。人死只是其身体之销毁。然而身体这东西，我已说明它自始即一销毁中之存在，而于销毁过程中表现心理活动。所以人之身体自生至死只是心之本体之心理活动之一段过程表现。所以人之有死后的生活或第二代的身体来继续他心理活动之表现是不成问题。

什么人最易犯罪最易纵欲？那即是潜藏精神力最丰富的人。精神力丰富而寻不出其正当的表现之路便必然会犯罪。他最内在之自我要求成为一无限的人格而无一直的上升轨道，可以翻转而表现为无限的现实对象之逐取。

超越的精神实在与此现实世界自始是相连。只是不能由它们相连而说它们是一。它们是二，而后才有所谓连。它们之连又不是有连之的第三者，而是即在现实世界之向上超越的关键上便连起来。但又不能就此连处说它是二。它们不是二，是二而不二。精神实在即现实世界之本体，现实世界即精神实在之表现或妙用。离开精神实在之表现则无现实世界，离开现实世界亦无精神实在，成则俱成，破则俱破，所以现实世界根本不能离脱的。

任何活动当我们对之加以反省时，都可把它固定化符号化成一现实的对象，再加以把握而隶属于我，执着之为我所有的，而生一种有所占获的意思。而实则此时我即隶属于对象，为对象所占获，而我之精神为对象所限制所拘縶而陷溺其中。

然而我们常有陷溺之念，可自我们之常不免粘滞见之。一切粘滞即陷溺，而一切游思杂念我们明知不必生而不免于生，皆由我们之粘滞于我们昔之所习。一切忽遽迫不及待，皆由我们之粘滞于未来之所求。一切疏忽、蔽塞、痴迷皆由我们粘滞于现在之所务。我们不能物来顺应，意念纯一，都由于我们有所粘滞。我们不能做事秩然有序，不免颠倒混乱，都由于有所粘滞。凡我们明知不当如此而竟不能免于如此者，均由我们之有所粘滞。粘滞即是心为物役，即是陷溺——然而我们明知不当如此而竟不免如此之时是何等的多。

心常清明笼照于身体与外物之间，而忘物我之对峙，但顺乎理以活动，即不生陷溺之念，又名：天理流行，依乎天机而动。

按语：君毅头脑清明，思想锐入，其言值得思存。

1981 年（梁漱溟印）

唐君毅哲学著作摘句

　　心之本体是超时空的，是恒常真实的。人之有死亡，非即断灭了。人死只是其身体之销毁。然而身体这东西，我已说明它自始即一销毁中之存在，而于销毁中表现心理活动。所以人之身体自生至死只是心之本体之心理活动之一段过程表现。所以人之有死后的生活，或第二代的身体来继续他心理活动之表现自是不成问题。

　　心与身结合，却是心并不全陷于身之限制中。身有限而心无限。有限与无限原来是不可分的结。无限之所以要无限，即在它之破除有限。它必有限可破而后成其无限。正必有反可反，而后成其为正。所以正不离反，反与正必同时存在；它们是相对而立。然正又反反，所以相对者永归向绝对，只有正是绝对。

　　漱按：凡此所明之义与我在《人心与人生》书中所说者不期而相合，又互相发明。

《儒学中兴论》读后 *

读后批语：

著者王思洋字化中，原在北京大学为旁听生，经我介绍入南京支那内学院，从欧阳大师治唯识法相之学；后生可畏，学识大进，吾深敬之。然从此书看来，仍不免一间未达，盖犹执着一个尺度以衡量各家思想学术长短得失，而不知各有其所从产生之时空条件，实有各自在其社会环境上的作用价值，固未可以一个尺度笼统绳检之也。

一九八〇年一月漱溟识（印）

---

* 王思洋（1897—1964），四川南充人。梁漱溟于北大任教时（1917—1924），王先生为北大旁听生。《儒学中兴论》一书中，王曾对儒佛与西方民主与科学一一加以论列比较，"批语"中"衡量各家思想学术"一语即指此。——辑录者

认识马克思主义

马、恩著作摘句 *

人类可以自由地选择他们的社会形式吗？不能。人类的生产力发展到一定的程度，就会有某种相应的交换和消费形式。在生产、交换、消费的一定发展阶段上，就会有一种相应的社会结构形式，就会有一定的家族组织、阶级状况，一句话，就会有一种相应的市民社会。在这样的市民社会的基础上，就会有一种相应的政治情况，而这种政治情况正是市民社会之公务的表现。(《马克思致安能科夫》，1848年)

倘若有人把它这样曲解，说经济的因素是唯一决定的东西，他就会把这命题转变成没有意义的、抽象的、不合理的空话。青年们之所以常常会对于经济方面给予过分的重视，这在马克思和我也要负一部分的责任。（没有使其余的许多参预在

相互作用中的因素获得它们适当的地位。)（《恩格斯致布洛赫》，1890 年）

国家权力对于经济发展的反作用可以有三种情形：它会循着同一方向而走在前头，这样发展就会更快；它会走上相反的方向，这样在今天的任何一个大民族里，国家权力都会走向破灭；或者它会把经济发展的一定方向切断而规定出另外的方向——这一场合，结局又会还原成前面两种场合之一。很明白的，在第二和第三两种场合里，政治权力对于经济发展会给予很大损害，会造成多量的力和物的浪费。

以同等的家族发展阶段为前提的继承权，其基础是经济的。可是如像美国的绝对的遗嘱自由、法国对于这自由的严格的限制，就很难说它们是在一切细节上都是只有经济的原因。然而两者都以极显著的方式反作用经济，因为它们影响了财富的分配。（《恩格斯致史密特》，1890 年）

并不能说，经济状况就是原因，是唯一能动的，其他一切都只有被动作用。……因此，像人们在许多地方任意想象着的那一种经济状态的自动作用是没有的。有着的只是人类在自己创造自己的历史。不过这创造是在一种现成的有限制的环境之内，是在已经存在的事实关系的基础之上；在这些关系里，经济关系虽然要从其他政治的和意识形态的关系方面受到多么大的影响，但在最后它总是决定的东西，并且形成为一贯的唯有依赖它才能使人获得理解的红线。

我们当前所研究的领域离开经济益远，并益更接近于纯粹抽象的意识形态时，那我们就更会看出在它的发展中呈现着偶然性，而这发展所循的曲线也就更是锯齿形的。如果你在这曲线里描画出它的中心轴线，你就会看出：所观察的时期益更长久，所处理的领域益更广大，那么，这条轴线就益更会和经济发展的轴线接近地平行着。(《恩格斯致斯他尔根堡》，1894 年)

像康德在自然科学中得出了地球未来的灭亡的思想一样，傅立叶在其历史观中包含了人类未来的灭亡的思想。(《反杜林论》，272 页)

社会的力量正好似自然的力量一样，在被我们认识和算计到时发生着可怕的强制的破坏作用，但一经认识到之后就可以控制而利用之。(《反杜林论》，293 页)

从动物界分离出来的最初人类，在一切本质方面和动物本身一样不自由的；文化的每一进步，都是向着自由的进步。(《反杜林论》，117 页)

但是，一切宗教不是别的，正是在人们日常生活中支配着人们的那种外界力量在人们头脑中的幻想反映；在这反映中，人间的力量采取了非人间力量的形式。在历史初期，这样被反映的首先是自然的力量，……(《反杜林论》，333 页)

无论印度的政治变化是多么大，它的社会状况却自遥远的古代直到十九世纪最初十年一直没有改变。(《不列颠在印度的统治》)

英国的蒸汽机和美国的自由贸易影响的结果，因为它消灭了这些公社的经济基础，结果就造成了亚洲极大的并且老实说

从所未曾有过的唯一社会革命。(《不列颠在印度的统治》)

的确,英国在印度造成的社会革命,完全是为极卑鄙的利益所驱使(中略)。但是问题不在这里。问题是在于:如果亚洲社会状况没有根本的革命,人类能不能完成自己的使命。如果不能,那么,英国不管是干出了多大罪行,毕竟还是在实现这革命时充当了历史的不自觉的工具。(《不列颠在印度的统治》)

相继征服过印度的阿拉伯人、土耳其人、鞑靼人和莫卧儿人,不久就被当地居民同化了。野蛮的征服者总是被好些他们所征服的民族的较高文明所征服,这是一条永恒的历史规律。(《不列颠在印度的统治的未来结果》)

资产阶级和地球上所有其他民族之间的共同点,比起它和它身边的工人之间的共同点来,都要多得多。工人比起资产阶级来,说的是另一种习惯语,有另一套思想和观念,另一套习俗和道德原则,另一种宗教和政治。这是两种完全不同的人,他们彼此是这样地不相同,就好像他们属于不同的种族一样。(恩格斯:《英国工人阶级状况》)

从人类立场到无产阶级立场 *

——读马恩早期著作的一点心得

上次曾因为我发言说了"人类立场"的话，某同志说他只晓得阶级立场，不晓得什么人类立场，提出问题来质问我。我简单地答复他：我当初的发言中，早就说出了无产阶级是阶级历史最末后一个阶级，他就要求永远消除阶级，所以无产阶级立场就是人类立场。所谓"无产阶级只有解放全人类，才是解放他自己"的世界革命，其意义是很明白的。我又告诉他，马克思本人就说了许多人类立场的话，例如在其《黑格尔法哲学批判导言》文章内就说得最明白。我可以检出马克思本人的许多话给他看，他不要以为说"人类立场"就不是马列主义。今天我就是检出来马克思本人的说话为根据把道理和事实说明白。事实是马克思、恩格斯原都不是无产阶级。他们为什么抛开自己出身和生存的那个阶级而立志站到无产阶级立场上来

---

* 政协学习小组上的一次发言稿，约写成于20世纪70年代。——辑录者

呢？那正是从他们的人类立场感情来的。这是事实。以下我根据马恩的著作原文来讲明白这个事实道理。

可以引证的话是很多的；不过不必引证很多，亦就够明白了。我自不妨多抄下一些给大家看，但我只讲马克思《黑格尔法哲学批判导言》一篇里的话，和恩格斯《英国工人阶级状况》一篇里的话，亦就够明白的了。现在讲到这两篇，先要说些介绍其事实背景的话。所谓事实背景，首先就是这两篇文章都是马恩早期作品，亦就是他们二十多岁写的。再则是要说明当时的欧洲社会情况背景。早期作品在思想上还不成熟。专搞马克思研究的学者都很分别其早期后期之不同。在形迹方面的不同，由于他们都曾爱好和崇信过黑格尔和费尔巴哈，不久又都转过来批判黑格尔批判费尔巴哈，所以早期的说话行文名词术语之间多所习染，后来多有改变或废弃不用。在精神方面的不同则是到后来辩证唯物主义历史唯物主义愈以成熟确立，愈以强调发挥；而在早期作品其唯心色彩，主观论调尚未尽免。这就下面举的两篇说话来看，便可看得出来。（《神圣的家族》《德意志意识形态》均属早期 1845 年著作，但思想已进入成熟期。）

我们可以看得出来这两篇早期作品，强烈地反对资本社会而主张共产制度，都从感情出发，与欧文、傅立叶、圣西门几乎没有什么两样。而人的感情不是主观的吗？

以恩格斯《英国工人阶级状况》一书为例。全书根据亲身考察和种种调查报告痛切指陈工人饮食起居生活陷于怎样无人道的悲惨境地且不说，单说工人工作的惨况，原著有如下的话："工人工作被局限在琐碎的纯机械的操作上，一分钟又一分钟重复着，日日如此，年年如此。如果一个人从童年起就每天有十二小时甚或十二小时以上从事于制针头或锉齿轮，再加上像英国无产者这样的生活条件，那么，当他活到三十岁的时候，也就很难保留下多少人的感情和能力了。"这是指责资本社会对人的摧残毁灭，到了不能容忍的地步。

从这里正好帮助我们了解马克思那篇文章里的如下话："对宗教的批判最后归结为'人是人的最高本质'这样一个学说，从而也归结为这样一条绝对命令：必须推翻那些使人成为受屈辱、被奴役，被遗弃和被蔑视的东西的一切关系。一个法国人对草拟中'养犬税法案'发出的呼声再恰当不过地刻画了这种关系，他说：可怜的狗啊！现在人家把你们当人看哪！"

恩格斯所亲自目睹的距今约 130 年前的英国社会内工人阶级的惨状是使我们了解马克思说这话的一种帮助。更须讲明欧洲社会人生所受基督教的影响。130 年前去中世纪未远。中世纪曾有黑暗时代之称，宗教贬低人生的气氛弥漫笼罩着社会。宗教是使人脱离自身，脱离自然界，脱离社会人群的一种逃避，把人输送到虚构的神的天堂里去。宗教告诉人说，神（上帝）是超绝至上，而人则微末，有罪，不洁。一切价值意义和幸福均必假借于神而不在人自身。这是拿人不当人的来源根本。在我们所引的话的上文，马克思就先说"对宗教的批判乃是一切批判的前提"正为此。试参看下面这些话将有助于我们的了解："说解放就从宣布人本身是人的最高本质这个理论出发的解放。""总之，是这样一个领域，它本身表现了人的完全丧失，并因而只有通过人的完全恢复，才能恢复自己。""人怎样才能恢复其为人呢？""人就是人的最高存在物。""被资本主义制度置于'非人'地位的无产阶级只有通过暴力才能拯救他们的人性。""这个解放的头脑是哲学，它的心脏是无产阶级。哲学不消灭无产阶级就不能成为现实；无产阶级不把哲学变成现实，就不能消灭自己。"（此处所引各文句，均引自《马恩全集》第一卷1956年版，第443、452、460、472各页。）

风俗人情古厚今薄
——读《家庭、私有制和国家的起源》注释 一则

论知识积累、智力开发，在往古虽不逮后世，而论心地感情则古人诚实笃厚又大非后世人所及。世界各方各族情况不可一概而论，但于此则大抵不相远。此亦犹之个体生命，人当幼小时天真无欺乎？风俗人情古厚今薄，万方同概。

兹录取恩格斯《家庭、私有制和国家的起源》中一注释以资参考：

在爱尔兰住了几天，我重新生动地意识到该地乡村居民还是如何深刻地在氏族时代的观念中过着生活。农民向土地所有者租地耕种，土地占有者在农民眼目中还俨然是一种为一般人利益而管理土地的氏族长；农民以租金方式向他纳贡，但在困难时应得到他的帮助。该地并认为，一切殷实的人，当他的比较贫苦的邻人有急需时，须给予帮助。这种帮助，并不是施舍，而是较富有的同族人或氏族人理应给予较贫苦的同族人

的。经济学家和法学家抱怨爱尔兰农民不能接受现代资产阶级财产观念，是可以理解的；只有权利而无义务的财产概念，简直不能灌输到爱尔兰人的头脑中去。当具有这样天真的氏族制度观念的爱尔兰人突然投身到英国或美国的大城市里，落在一个道德观念和法律观念都全然不同的环境中，他们便在道德和法律问题上完全迷惑失措，失去任何立足点……（见《马克思恩格斯文选》[两卷集]第二卷，第284页小注2）

这段话是同《共产党宣言》指出资本社会"使人与人之间除了赤条条利害关系之外，除了冷酷无情的现金交易之外，再也找不出什么别的联系了"恰相印证的。从而见得：（1）世界各方各族风俗人情的厚薄总是有今不如古之叹；（2）同在十九世纪同在欧美而各地之间，城市与乡村之间风俗人情竟然大不相同，不容漫然不加分判。至于在东方，在中国，更有当别论者。

读《实践论》摘录

毛著《实践论》中如下的话是完全对的：

马克思主义不是教条而是行动的指南。

马克思主义并没有结束真理，而是在实践中不断地开辟认识真理的道路。

说改造世界包括改造客观世界，也改造自己的主观世界——改造自己的认识能力，改造主观世界同客观世界的关系。

世界到了全人类都自觉地改造自己和改造世界的时候，那就是世界的共产主义的时代。

漱按： 人或谓百多年前马克思说的话，现在过时了；殊属不然。明乎马克思主义不是教条，就永远无所谓过时也。

我 怎 样 理 解 辩 证 唯 物 论

——读《辩证唯物论提纲》(艾思奇报告)

我不承认一般的唯物论，但我可以无条件地承认辩证唯物论。我是怎样理解辩证唯物论的呢？这要说出来以待高明的马列主义者予以指正或认可。

我之所以不承认一般的唯物论，是因为他们把物质看成简单的死东西。而在辩证唯物论则不然，他们说世间没有简单的东西，一切事物都是有内在矛盾的，又是彼此互相关系而存在着的；就在内有矛盾而外有关联上，不断地发展变化，日新又日新，那亦就是活的而不是死的了。辩证唯物论之所谓物质应即指自宇宙一切事物为一体不可分离的总在发展变化不已中的那个东西。宇宙间虽然森罗万象，而其实乃是一个东西；这东西我们叫它"物质"。这是哲学上的"物质"，不是自然科学上的那个"物质"(注：看提纲第二章第五段)。前者可以包括后者，但后者却不能替代前者。我们可以说：世界即物质，物质即世界；但这都是从哲学来说的，不能把哲学和自然科学混为一谈；从自然科学上是得不出这个结论的。作这个结论不属于自然科学的事。

艾思奇的报告中有几句话：

马克思主义唯物论的特点就是在唯物论里加上实践的观点；以实践的观点作为根本的观点。其他任何一种唯物论都不讲实践，都跟实践脱离，都是离开实践讲唯物主义。离开实践讲唯物主义就不是辩证唯物主义。（见第 26 页）

这话非常好。我愿再加分析说明之：何谓实践？说实践，是说人类生活中的各种活动。这里须注意两点：（一）说活动，就外静观，除非你懂得静观亦是一种活动；（二）人类的活动都具有社会性，没有独自一个人的事情，除非你忘记任何个人都是社会中人。

唯物主义是从实践中认识得到的，还在我们实践上而应用它，以争取主动。时时争取主动，是人生之所必要的。而只有你时时留心客观环境，不忽不忘，才有主动地活动之可言。不然的话，早就落于被动去了。人类是具有主观能动性的，但自己不去争取主动，主观能动性却发挥不出来，而只有时时在被动中。哲学不是空谈，哲学中的唯物主义尤其是人生最紧切有用的指点。——指点我们要时刻留心客观环境而掌握之。可惜人们一言一动总容易出以主观，而忽于其环境事实耳。

我对于时下人之讲唯物主义的话，是不是全部同意呢？这又不然。

例如常听人说："物质是第一性的，精神是第二性的。"我觉得这样的说法容易引起误解，好像物质精神是可以离开来说的两种东西。而实则精神即存于物质之中，不在其外。物质不是有着内在矛盾吗？精神早就存那里了。我们不如说，要把社会存在看作第一性，社会意识看作第二性；这样比较妥当。因为说意识，是指人类的意识，人类从生物进化来，生物从物质发展来，物质自是先于意识的。先有社会存在，才有社会意识；意识，就是意识那个存的。又例如常听人说："物质世界是客观存在的，它不依赖于人们意识而独立存在着。"这话我觉得亦有毛病。其实自有人类意识以来，客观世界总在人类意识所摄取中，而没有离开间断过，——离开断绝是不可想象的。怎样说"独立存在"这话呢？你若说人类出现时，它先存在了，不就是独立存在吗？其实这种推断的话，还从我们意识来的，总之都离开我们意识不得。我以为彼此离不开，一离开即不合辩证法。

我对于辩证唯物论的理解，暂时只说这些。

关于经济基础及其上层建筑问题

——读书笔记

这里的问题约有三层：

（一）所谓经济基础究竟指什么而说？

（二）哪许多东西是所谓上层建筑？其间又有些什么不同？

（三）在经济基础与其上层建筑之间有着何等样的关系？

兹就尤金博士的《斯大林关于语言学问题的著作对于社会科学发展的意义》一文（1951年10月17、18日《人民日报》），摘录其对以上三层所说的话，分别列后，并寻绎其意试作结语。

（一）所谓经济基础究竟指什么而说？

从尤金博士原文摘录如次：

1. 在斯大林同志关于语言学问题的著作发表以前，有时候人们竟把生产力、技术列在社会的经济基础以内。（下略）

2.（上略）而在语言学问题的著作中，斯大林同志……把注意力集中在生产关系构成社会的经济根基，即经济基础一点上。

3.对于社会经济基础这一问题的看法存在着两种极端，两种危险。第一种极端是企图把经济基础这一概念归结为生产，归结为技术。这种观点是不科学的，非马克思主义的；因为它使得我们对于社会的发展规律得出庸俗的机械的理解。（中略）另一种极端是把经济基础与生产力、与生产分离开来加以考察。这就使得社会中的阶级关系、人的关系被看成某种抽象的东西，被看成为与物质生产过程无关的东西。（中略）斯大林同志……扫清了对经济基础的庸俗的机械的理解，也扫清了对经济基础的唯心论的理解。（下略）

4.大家知道，生产关系所回答的是生产资料归谁所有的问题。所有制形式是这一种或那一种生产关系的基础。

5.斯大林同志使我们对于什么是基础与上层建筑这一问题得到了极其确切的理解："基础是社会发展到某一阶段上的社会经济制度。"（下略）

6.资本主义各国现有的生产力水平早已完全准备成熟，以致在这些国家中可以开始过渡到社会主义了。然而，纵然在生产这方面准备了这一点，但是生产资料却掌握在资产阶级手里；这里的经济制度、经济基础是资本主义的而不是社会主义的。因此，要不消灭资本主义的经济制度，就不可能过渡到社会主义，虽然生产力已经成熟到可以实现这种过渡了。

7.（上略）统治阶级依靠国家，以强力迫使劳动者服从剥削者，以强力力求保存其对生产资料所有权之不受侵犯，保存他们的经济基础。

8.在我们的哲学、经济学、历史学及其他书籍中，时常见到把生产方式与经济制度混淆起来与同一看待的现象，结果得出错误和有害的结论。

依据以上这些话，还有未及摘列的话，我们可以试作以下的结语：

1.生产力、技术等不在所谓经济基础以内。

2.生产关系——它回答生产资料归谁所有问题——构成社会的经济基础。"所有制形式"，大概便是：奴隶主所有制、封建地主所有制、资本家所有制、社会公共所有制那些；因此所以说："基础就是社会发展到某一阶段的社会经济制度。"

3.经济制度主要就是所有制，就是生产关系而已，不包含生产力在内；而生产方式却是生产力与生产关系的统一，故此不可把生产方式与经济制度混同起来。

（二）哪许多东西是所谓上层建筑？其间又有些什么不同？

以尤金博士原文摘录如次：

1.斯大林同志使我们对于什么是基础与上层建筑这一点得

到了极其确切的理解："基础是社会发展到某一阶段上的社会经济制度；上层建筑是社会对于政治、法律、宗教、艺术、哲学的观点，以及适合于这些观点的政治、法律等制度。"

2.斯大林同志指出："基础之所以创立自己的上层建筑，也就是为了要使上层建筑替它服务，要使上层建筑积极帮助它形成起来和巩固起来，要使上层建筑积极为消灭已经过时的旧基础及其旧上层建筑而斗争，只要上层建筑拒绝履行它替基础服务的作用，只要上层建筑从积极保卫自己基础的立场走到对自己基础漠不关心的立场，走到对各个阶级同等看待立场，它就会丧失自己的本质，并终止其为上层建筑。"

3.关于这一问题（社会意识形态的哪些领域应归入上层建筑之列的问题），近来在我国杂志上曾发表了许多文章，而在许多作者中间却存在着极不相同的观点。（中略）要正确回答这些已被提出的问题，首先必须以一切社会意识形态都是社会物质存在反映，这一无可争辩的马克思主义原理为出发点。（下略）

4.但是大家知道：思想、理论、观点，当它们发生以后，就具有积极的力量，并且反转过来影响物质生活条件。其次，社会意识的一切形态都具有相对的独立性，并有自己的发展历史。所以在这里最重要的，就是每一种社会意识形态都有自己的特点、自己的特殊性和自己发生与发展的规律。

5.例如拿科学来说，这里就很显然，决不能把自然科学和社会科学混为一谈。（中略）社会科学和理论，都是为各个阶段经济利益而斗争的一种直接的和积极的形态，都是反映社会政

治观点的阶级性的科学；所以它们包括在上层建筑之内。（下略）

6. 至于以自然为研究对象的自然科学，则有若干不同。（中略）自然科学就其本质说来，能够发现而且正在发现自然发展的客观规律——能够发现而且正在发现那种不仅不依赖于人们的意识而且不依赖于每一时代社会制度性质的客观真理。

7. 研究自然的科学，还有另外一个特点。它们照例是和生产直接联系着、直接为生产服务。（中略）并一视同仁地替资本主义社会和社会主义社会服务的。

8. 自然科学这一切特点，使我们不能不得出一个结论，即自然科学按其本来直接的面目，并不适合于那些使它具有上层建筑特性的条件。斯大林同志指出了上层建筑的一个显著特点，就是它不是与生产直接联系的。他说："上层建筑与生产及人的生产行为没有直接联系。上层建筑只是经过经济基础和中介与生产发生间接的联系。"

9. 同时毫无疑问，自然科学虽不完全是上层建筑，但它本身却包含有若干上层建筑的现象，并和上层建筑相联系的。（中略）恩格斯早就指出过，不管自然科学家愿意与否，他们必然地以哲学为指导。（中略）自然科学中的世界观因素，已经把自然科学和上层建筑联系起来。（下略）

10. 斯大林……以语言为例，指出并非所有一切社会现象都必定或者是属于基础，或者是属于上层建筑。在社会生活中，有一些现象是在许多历史时代、许多生产方式中创立的，替许多经济基础服务的；而在每一特定时代，亦是替各不同的社会阶级服务的。

11. 由于每一历史时代有着彼此进行斗争的各个不同的对立的阶级，所以每一历史时代所产生的思想、观点、制度远比统治阶级利益所需要者为多。（中略）因此，文学和艺术在社会生活中的作用，也是可以理解的。文学和艺术本身表现社会的最充分的艺术的与美学的观点，因而为它们反映着各个不同社会阶级的利益，所以它们是有阶级性的；因而它们亦包括在上层建筑之内。（中略）每一时代的文学和艺术都反映出该经济制度的全部深刻的矛盾，并且它们本身就是经过斗争、经过矛盾而发展起来的。（下略）

12. 但是将艺术和文学归属于上层建筑，便认为因为由经济基础所产生的上层建筑是随着基础而一起灭亡、更替的缘故，所以过去各个历史时代所创造出来的宝贵的和伟大的东西都会死亡，那是很大的错误。

13. 至于其他社会观点和理论，也都是一样。哲学、政治经济学和历史学都反映社会各阶级利益。但是随着旧基础和旧上层建筑的死亡，一切在旧社会中是进步的东西却保存下来。

依据以上这些话，还有未及摘列的话，我们可以试作以下的结语：

1. "一切社会意识形态都是社会物质存在的反映"，这是唯物论的基本见解，是普泛的说法，还不是"经济基础与其上层建筑"之说。这里所谓经济基础如前已明，是专指种种形式的生产资料所有制；对于经济基础而说的上层建筑，其范围于此亦正有所限定。所谓上层建筑就是社会意识形态（宗教、哲学、科学、文学、艺术、政治、法律制度等）里，产生于某一经济基础之上，特为此一经济基础而服务的那许多东西。

2. 除像语言这种东西，是在许多历史时代替许多经济基础服务，在每一时代只是替各不同的社会阶级服务，可不说外；一时的社会意识形态大体说来都难免于为它那一时的经济基础服务的。但其中亦有许多不同。有如自然科学的绝大部分学理，既有其客观真实性，无问于任何历史时代、经济基础而皆然，又同样为不同社会的生产而服务，当然就不在上层建筑之列。又有如文学、艺术以及其他等等，虽或依于主观而立，恒具有其阶级性，不能通于一切；但它们因为阶级不一却不一定都为此一时的统治阶级服务，亦即不一定都为此一经济基础服务，那么，亦就不一定全都在上层建筑之列了。大约密切结合于经济制度——经济基础而为之服务的，莫过于那一时的政治、法律、宗教及其相关的那些社会科学；它们大约可以算作上层建筑之中坚部分。

（三）在经济基础与其上层建筑之间有着何等样的关系？

从尤金博士原文摘录如次：

1. "社会的生产方式怎样，社会本身在基本上亦就会怎样，社会的思想和理论、政治观点和政治制度也就会怎样。"生产方式归根到底本身决定着全部社会现象：政治制度、法律、思想和理论。

2.无疑地，社会物质生活条件，生活物质资料的生产，产生并归根到底决定着一切社会现象的作用，其中包含各形式的社会政治制度，各种不同的意识形态（包括自然科学与社会科学）。但这可以说是一般的，好像代数的公式。这一公式所谈的，是社会生活的各个方面到底是由什么决定的，而不是某一类型的政治制度与整个上层建筑是由什么直接决定的。

3.斯大林同志确切地指出：生产、生产力并不直接决定社会的政治制度、社会的思想、理论，而是经过经济基础的中介。同样地，上层建筑亦不是直接反映生产中的各种变更，而是通过基础的各种变更来反映的。"……上层建筑反映生产力发展水平的改变，不是直接发生、不是立刻发生的，而是在基础改变以后，通过在生产中的各种改变的折光，通过在基础上的各种改变来反映的。"

4.例如国家、法律这样一些上层建筑的重要组成部分，乃是某一社会中占统治地位的生产关系及其基础——所有制形式的直接表现。（中略）由此可见社会的政治制度与法律制度和社会思想并不是由生产力、生产和技术本身自动决定的，而是由社会生产过程中所形成的人们之间的关系来决定的。

5.经济基础是第一性的现象，而上层建筑是第二性的现象，从经济基础派生的现象。

6.斯大林同志说："上层建筑是由基础产生的，这并不是说上层建筑只是反映基础，只是消极的、中立的、对自己的基础的命运、对阶级的命运、对制度的性质漠不关心的。相反地，上层建筑一出现后，就要成为极大的积极力量；积极帮助自己的基础的形成和巩固，采取一切办法帮助新制度来根除和消灭旧基础与旧阶级。"

7. 恩格斯早就解释过，意识形态的上层建筑不是由新的经济、新的基础完全重新创造出来的。因为不论是文学、艺术或是哲学等等，都不能够在光秃的地面上发生的。它们是在旧社会范围内所已达到的思想材料和观念的基础上产生出来的。起而代替旧基础之新的经济基础，只是规定适合于这一基础的利益与需要之意识形态的新的发展方向。

8. 起来代替反动旧阶级的新的先进阶级仍然继续着和发展着旧遗产中最宝贵的东西……无产阶级乃是最先进最革命的阶级，它是迄今世界文化所创造出来的一切优良成就的当然继承者。

依据以上这些话，还有未及摘列的话，我们可以试作以下的结语：

1. 经济基础对于它的上层建筑有着直接的关系。即：经济基础直接决定着它的上层建筑。

2. 然每一经济基础与树立在经济基础之上的上层建筑毕竟都是由一定的生产力发展水平、一定的生产发展水平所产生的。所以说到这里就要明白，除经济基础直接决定着其上层建筑之外，生产力与生产还是决定着全部社会现象，一切社会意识形态的。不过这就不是直接决定，更不是自动决定，而是所谓归根到底的决定。换言之，它必须通过经济基础中介；假如经济基础不变更，不论生产力发展水平怎样，还是没有用。虽然我们亦可料知不进步的经济制度总不能始终障碍着生产力的发展，但它却没有那样直接地决定性的关系。过去有些人误把经济基础归到生产方式，归到生产力，甚至归到生产技术；于是从生产技术、生产力到上层建筑之间，节节都好像是直接决定，自动决定，那么，便陷于庸俗的机械论，那是不可以的。

3. 经济基础固然决定着上层建筑，但上层建筑却亦转而对于此基础的形成和巩固，起着很大积极作用；并且通过基础的中介，而有很大积极作用于社会生产力的发展。不过它是促进其发展，抑或阻碍其发展，则要视乎当时基础（经济制度）是有助于生产力的发展呢，抑或是有碍而定了。

4. 特别像是政治、法律等思想和制度所形成的国家这一机构，所起的作用是最显著、最强大。今天资本主义制度在美英等国内所赖以维持而未变，并阻碍着其社会生产力不得更进一步发展的，就是在此；而同时社会主义制度在苏联，新民主主义在东欧和我国所赖以形成和巩固，并从而大大推进了社会生产力的发展者，正在此。同时不难知道：政治，法律等思想和制度原只是整个上层建筑的一部分，还有其他各部分，或为其根源支柱，或与之相配合，亦同样起着很大作用。

5. 掉转来看，经济基础对于其上层建筑所起的作用倒并不显得那样强大。（此据上文引尤金的话第 7 条而来）它只是规定出一新方向来，替代旧方向，反对旧方向，要社会意识形态都从这一新方向发展，而对旧的一切作斗争。

6. 当旧的上层建筑失其基础并遭到反对的时候，无疑地是会消灭的（斯大林说它们的寿命短暂正为此）。但这并不等于说，旧时的一切社会意识形态当这时候便全都会消灭，因为旧时的一切东西原非都在旧的上层建筑之列的。有的可不受这种经济基础更迭的影响，有的且从这种更迭而得到发扬光大，（此据上文引尤金的话第 8 条而来）都说不定。而且要知道：新时代的一切意识形态往往是从旧时所有中引申转变而来。

1951 年 12 月 1 日

此件写出后，函送陈伯达，请问我对斯大林和尤金的话是否了解得正确。陈不答，却送毛主席阅看。——此于次年 8 月 7 日由毛主席见告。又曾向沈志远、《人民日报》编辑部、政协学习会以及《学习》杂志先后分别请教，均无是或否的明白答复。

右为 1951 年 12 月写稿，应留存纪念。

1977 年 1 月批阅（梁漱溟印）

附录：

1952 年 5 月 9 日《学习》杂志编辑部复函谓："该文涉及许多理论问题尚须继续研究"云云。著者于此信末曾写有如下批语：

看此复信，盖未能了解我求教之意。作为一个初学，其第一步自于尤金之能否代表斯大林，斯大林之能否代表马列主义真理，不能有所置疑。而唯信他们，要从他们的话里去学习马列主义。此时所担心的，在自己理解他们的话是否无误。所求教于人者唯在此耳。凡我原文在摘取斯、尤原有文句之后，所云"试作结语"者，即是我对他们的话的理解。假如我没有解错，就希望答复我：没错。如其我错会了他们的原意，就希望答复我：错了，他们的原意乃是如何如何。此外都不需要的。此复信指出我文某处某处应作具体分析和说明者，其责任实不在我。我的责任只是说出我的文某处根本于斯、尤某些文句而已。质言之，我不自出意见，故不负理论上的责任；我的责任略等于一种翻译上的责任。

1953 年漱溟追记

读罗译《马克思传》*摘句

　　马克思一直到死都保持着一种特性：他的无厌的求知欲使他敏捷地处理着困难问题，同时他的无情的自我批评却阻碍他同样敏捷地结束问题。（28页）

　　以马克思看来，生活就是工作，而工作就是战斗①，所以使马克思反对德谟克里特的是因后者缺乏一种"能动的原理"。就是如他后来所说，"一切前代唯物论的主要弱点"只在客体及观念的形式之中领悟事物、本体、觉官，而不从主观的、实践的人类活动的形式中加以领悟。（33页）

　　马克思：一个作家因为要生存和写作确是必须赚钱的，但是他不该为赚钱而生存和写作。……报纸的第一种自由必须是从商业里解放出来。马克思终身奉行这种原理以及他所要求别

＊　《马克思传》，F.梅林著，罗稷南译，三联书店，1956年。
①　此篇中加着重号处原为作者阅读时所画红线处。——辑录者

人的同一标准：人的写作必须以作品自身为目的，对于他自己和别人都不是一种工具。倘若必要，他就必须为他的作品而牺牲他自己的生存。（43 页）

……到了十分严重的时候他（马）曾经说过，失去工作能力，对于不纯然是一只动物的任何人类乃是一种死刑宣告。（231 页）

致力于人道的远大目的的人们所犯的愚行莫过于结婚了，因为他们由此使他们自己陷溺在私生活的猥琐烦扰之中。（234 页）

他是一个不断的思想者，思想对于他乃是最高娱乐。（237 页）

马克思写道：贝根说，真正伟大的人们对于自然和人间有着那么多兴味，有着那么多事情占住他们的注意，所以任何损失对于他们都不会很重。（254 页）

你必须控制住它，以免它控制住你。（254 页）

他们（马、恩）的真正伟大性并不在于他们决不会错误，而在于一旦认出错误，就绝不想维持这错误。（下，214 页）

读《加里宁*论共产主义教育》摘句

无论哪一时代青年的特点总是怀抱着各种理想和幻想，这并不是什么毛病，而是一种宝贵品质。凡是一个意志热烈和思想健全的人决不能没有幻想。而这种品质在青年中比上年纪人发展得更厉害。(121 页)

当我写文章的时候，在行文上本来要写"应该做到"几字，这时我自己就好像觉得讨厌，所以我就力求换掉这样的措词。要是你用商议或分析的办法，用事实证明须要采取某种措施，这样来表达你的意思，号召和呼吁就完全是另一回事了。(151 页)

在我看来教育是对受教育者心理上所施行的一种不正确的有目的的有系统的感化作用，以便在受教育者的心身上养成教

---

* 加里宁（1875—1946），苏联政治家。自十月革命后直到去世，一直担任苏俄和苏联名义上的国家元首。

育者所希望的品质。……如培养一定的世界观、道德和人类公共生活规范，造就一定的性格和意志、习惯和兴趣，发展一定体力上的本质等等。（88页）

所以说有思想的生活即充满了公共利益因而抱有高尚目的的生活，（不是过一种只打算保证个人福利，保证纯粹小市民福利的狭隘庸俗生活）便是世界上最优美最有趣味的生活。（120页）

一个活人倾吐他的心肠时，照常是用自己的普通话而不借用现成的公式，……只有矫揉造作没有内在的自然生气。热烈的话说得很多……但你这番话却不能使人信服，因为这不是你心坎里的话，而是抄袭现成语句。（60页）

第五章

评说西方学者思想

康 德 思 想 要 点 [*]

　　履行个人一切义务的人具有一种尊严与伟大。虽则就他服从道德律这一点说，他并不见得伟大，但是因为他对于这个道德律，他就是立法者，并以此之故他才服从它，那么，他就是伟大与尊严了。——在上文我们已经指明，也不是恐惧，也不是爱好，只有尊重定律才使行为在道德上可贵。

　　人的尊严就在于这个能够作普遍律的立法者的资格，而自己就服从这个定律。

　　形式的哲学叫做逻辑。实质的哲学关于某些一定的对象而这些对象所依从的定律者又有两种：一是关于自然界 nature 的

---

* 康德（1724—1804），德国大哲学家。此文内的康德著作摘句共十二条，据查均出自康德所著《道德形而上学原理》一书。此书有唐钺译本，名《道德形上学探本》（商务版）。因此，此处所说"康德思想要点"，实为就康德的道德学说而言。又，这些摘句与唐译对照，似为作者参照了唐译而自己又重译的。——辑录者

定律，二是关于自由 freedom 的定律。研讨自然律的叫做自然学或自然哲学；研讨自由律的叫做伦理学，或道德哲学。

逻辑不能有什么经验的 empirical 部分（中略）；反之，自然哲学和道德哲学却各有其经验的部分。因为前者是要把自然界认为一种经验对象而决定它的定律，后者是要在人类意志受自然界势力左右的范围之内决定人类意志的定律。可是前一定律是一切事物实际怎样出现的定律；而后者则是一切事情理应怎样出现的定律。至于伦理学呢，那么它一定要兼顾到理应发生的事情常常不发生的情形。

道德律是人人得要承认的责务 obligation，其根据一定不要从人性或是从人所处的世间环境去寻求，一定要超乎经验地单单求之于纯粹理性的概念。例如"你不应说谎"或任何其他训诫根据纯乎经验的原理的，也许在某些方面是普遍性的，可是只要这个训诫有一点点依于经验的根据，即令是极少一点点，也许只是关于其动机，那么，此一训诫或许是个实用上的规则，却总不可以称为道德律。

这样行为无论多么正当，多么可爱，总没有真正道德的价值，只不过是与其他爱好居于同等地位——这类爱好例如好荣誉，假如恰巧目的在于有益公众并合乎义务因而是荣誉的事情，是值得赞美鼓励，但不值得敬重。因道德的意义就在于这种行为应该出于义务心，不是出于爱好，所以它便没有道德价值。

虽然敬重或尊重是情感，但它不是受自外来影响的情感，乃是由个纯理的概念自己养成的，所以与前类可以归于爱好或恐怖的一切情感性质不同。

我们要考究的不是我们能看见的行为，而是我们看不见的那些发生行为的内心原则。

好意志像宝珠似的，会自己发光，其自身具有金粒的价值。它有用，或是无结果，对于这个价值既不能增加分毫，也不能减少分毫。

人自身实在有个使他与万物有别，并且与他受外物影响那方面有别的能力；这个能力就是理性。理性是纯粹自动，所以比悟性都还高，为的是：悟性虽然也是自动，不像感官那样只含着我们被动地受外物影响而后起的感觉，但是悟性只能产生那些把感觉规则化并把它联合在一个意识之内的概念，此外不能产生什么；并且倘若没有这样利用感官，悟性就绝不能有思想作用。反之，理性在所谓理念 ideas（即理想的概念）这方面那么纯乎自动，弄到它高于一切感官所能贡献的东西；并且理性最重要的功能，就在把感觉世界与悟性世界分别开，因而规定悟性的限界。

要知道，到了自然律的决定终止的地方，一切解释（explanation）也要终止。

我们虽不了解道德令式在实践上的绝对必然性，但是我们却了解了它的不可了解的性质。

漱按：康德哲学之特征，即在其与英国人之功利主义，美国人之实用主义正好相反处。人们的思想意识由于时间（古今）空间（中外）种种条件之不同，可能有种种数说不尽的相反。此数说不尽的互相背反，可以构成一个大圆轮。凡怪讶于某一思想主张者皆少见多怪之人也。

爱因斯坦的宇宙观 [*]

　　牛顿的宇宙观是粗浅的，或云初步的，而爱因斯坦的宇宙观则深进一层，大有所矫正其失。其学说基于物理学，表现于天文学，而我于数学等自然科学知识凤所缺乏，愧不能晓了，以致茫然不解其所谓。然我亦自有其会悟的宇宙观，对于爱因斯坦之学说颇若有领会欣赏者在。兹值北京学术界举行爱因斯坦诞辰百年纪念，顺便购取纪念文集及爱氏文集各一册，涉猎之，复录取时人纪念之文于后。

　　新出版爱因斯坦文集有周培源写的序文，文长不录。中华书局旧出之《辞海》内有叙述爱因斯坦相对论一则，兹亦省略不录。最后有上海辞书出版社新出之《辞海》理科部分，对于旧宇宙观（以牛顿为代表）有如下之述文：

---

[*]　作于1979年。爱因斯坦（1879—1955），德裔美国物理学家，创立相对论。——辑录者

他们认为时间和空间都与物质的存在及其运动状况没有联系；时间与空间也是互不相干的。不论在什么条件下，时间均匀地流逝着，这就是"绝对时间"。空间可以容纳物质，也可以脱离物质而存在，并且是永远不动的，这就是"绝对空间"。物质在绝对时间和绝对空间中的运动就是所谓"绝对运动"。这种时空观把时间和空间与物质运动割裂开来，是形而上学的。

爱因斯坦是自然科学家，但其思想意识却深入哲学领域而与我的宇宙观若相契合。此即指空间时间原非两事，宇宙只是事物迁流不驻耳。其以四方上下谓之宇，往古来今之谓宙，而事物位处乎其中者，世俗之见，昧于真象。真象恰是天地万物变易无常，浑然一体，大化流行也。《论语》特著云，子在川上曰："逝者如斯夫，不舍昼夜！"孔子所谓为喟然兴叹者，学人读来宜有会心。

行其所知乃人之天职

——费希特思想要点 *

世界万有从内部看，是浑一的，精神的，从外表看是殊多的，物质的。内在对外表获得胜利就是道德。

道德就是脱离外界而获得自由。

你说物件是红是蓝的，是甜的或苦的，实际上是你受了这些东西某种方面的影响。（谓非外物所本有者）

不单只是要知道，而且要按照你所知道的去作（实践），这就是人类的使命（天职）。

正是这个内在的呼声，才对我心灵的视野展示了通往了大世界的远景。

漱按： 右摘取的这些话都很好很好。

---

* 主标题为辑录者所加。

费希特（1762—1814），德国古典唯心主义哲学家。他批判康德哲学中的唯物主义因素，否定"自在之物"的存在。主要著作有《知识学基础》《人的天职》等。——辑录者据《辞海》

论中国的科学

——怀惕海《科学与近代世界》摘句 *

　　我们愈认识中国的艺术、中国的文学、中国的人生哲学，我们愈叹赏那个文明所达到的高度。数千年来，中国有敏慧淹博的人孜孜献身于学。就时间的悠久和人口的广大而言，中国形成世界所曾见的最丰富的文明。中国人之追求科学的内在禀赋能力是无可置疑的。可是讲到中国的科学，实际上却微薄得不足注意。若说中国永远闭关自守也会在科学上产生什么进步，那就没有可信的理由。对于印度亦可如此说。（见原书第一章《近代科学的原始》）

　　漱按：右方摘取的这些话，无疑都是正确的。

---

*　主标题为辑录者所加。怀惕海（1861—1947），现译作怀特海，英国数学家、哲学家。——辑录者

杜威教育哲学之根本观念
——读《民本主义与教育》*

一、《民本主义与教育》的读法

杜威的学问很通！把宇宙人生种种现象用一个道理贯串起来，翻来覆去只是说一个道理，此之谓通，此之谓真学问。他在本书（《民本主义与教育》）的"序"上说："这书所述的哲学是把民本主义之演进，与科学上'实验方法'的发展，生物学上'进化的观念'，及'工业改造'，彼此互相联各贯串起来……"由这一段话可以看出，他用一个道理说通了。他把社会上视为两件不同的事，一为"民本主义"，一为"教育"，并为一谈。认"民本主义"与"教育"两者是一回事，是一个

---

* 1934年在山东乡村建设研究院研究部的讲演词，原讲题为《杜威〈民本主义与教育〉的读法及其根本观念》；由公竹川、张虎鸣笔记。杜威（1859—1952），美国哲学家。——辑录者

道理。哲学家之所以为哲学家，是在于他能把宇宙人生看成一理。

先说杜威学问的来历。杜威与我有互相发明处；因杜威的学问是由生物学来，而我则受柏格森影响。柏格森是生物学家。杜威说话时，说来说去离不开"生命"。"生命"是无所不贯串的；闭眼一想是生命，开口说话是生命，一切一切都归于生命，都归于生物进化。生物学进化观念是其学说的根本。

杜威学问的来历，虽是生物学，但它不是从研究生物学开出来的学问。他所研究的，的确是教育，的确是心理。可是当时是生物学的道理开了他的窍。他研究教育太好了！教育顶可以贯串一切的东西，教育恰好贯串了人类个体生命与社会生命。这本书一开头就是讲这个，第一、二、三章完全是从人类个体生命与社会生命的贯串当中讲出了教育。教育即传递；没有人，便没有教育，单是一个人也没有教育。人类个体生命与社会生命贯串起来就产生教育。

第四章，多抓住个体生命来说。读此书时顶好先读第四章，对个体生命先有了一番了解，这是教育的根本。教育是怎样来的？教育是怎样一回事？可以完全明白。

第七章多就社会生命来说话。最好先读第四章，再读一、二、三各章，然后再看第七章，这样《民本主义与教育》之意可以明白。其余几章的话都是帮衬着发挥道理、说明方法，教你更加明白。本书的读法即是如此。

二、杜威的主要观念——生命观念

再说杜威的学问。宇宙是一大生命，了解生命就了解宇宙。虽然到处是生命之所表著，可是有一个地方是宇宙大生命的核心，这个地方就是"人"。生命是活的，宇宙最活的就是人心，果能体认人心，就可体认出宇宙的生命来了。要体会人心，便要研究心理学。其实却不然。你要找它，它倒反不在，从旁边路口等待，倒能看出来。旁边路口是教育。教育就是看人心的重要路口，从教育上追求便摸着根。教育是人类个体生命与社会生命的贯串。从个体生命向上追，入了自然科学界（如心理学、生理学、生物学等）；从社会生命向下追，入了社会科学界。宇宙现象无非此二者而已，教育正抓着了二者的中心；故能将各方面贯串一气，上下追求，四面皆通。杜威的学问得力于此。杜威说，"教育即生活""教育即生长"，是指个体生命而言。又说，"教育即社会"，换言之，反教育就是反社会，反社会就是反教育，合乎社会即合乎教育，这是就社会生命而言。杜威所用的许多名词，都是说明一回事。比如他常说"习惯"；习惯是个体和社会两者的交点，习惯就是教育。其他如讲经验、道德、知识，也都是讲教育。讲的也都是一回事。随便他讲任何一个名词，都是讲教育。他是这样的说，所不同的只是在不同的题目之下变化一个说法；说来说去无非是一个东西。杜威讲"思想"时即是讲生活、讲生长、讲教育。杜威的论理学叫"思维术"（How We Think），完全是讲活的人，在生活中，怎样用思想法。这是特别的论理学；他最反对形式论理学。他的心理学是机能派心理学，反对构造派心理学。他无论讲什么都以生命为主要观念。到处应用，到处改变，到处是一个东西。由此可以看出来，他讲道理时，处处着眼"主动""自发"，老是说一个活的生命。反对"被动"，排斥"机械观"；要"变化"，反对呆板；要"创新"，反对守旧。生长是不断的自新、创新。要一个"可能"，不要一个"现成"；现成是死的。要"将要怎样的""可以怎样的"，这是活的。他老是反对消极，主张积极、前进。没有别的，说来说去是"活"。他看透宇宙是活的，活就好。这一个意思是从渗透生命之理反复推演而来的。结束一句来说，给他学问作根本的是"生命观念"。可是这个观念，照现在世界的风气来说，是一个不时行的东西。所以杜威的学问在现代是不时行的学问。现在人类正在迷闷中，就是因为现在学术界的新风气有否认生命的趋向，不承认生命自动这回事。现代学术界是排斥生命，但于生命说也无可奈何，也不能完全抹杀。本来自达尔文学说发明以来，生命说是时行的，到处都讲，现在又不时行了。单就美国来说，杜威亦不算时髦。在我看来，要人类的迷闷得以解除，须再翻一个身，打破眼前这一难关，打破反生命的风气，才能开悟出来。我是袒护杜威的；这个难关，杜威自己打不破，这并不是因他没有战斗力，而是因他被困于西洋思想界，杀不出重围来。须东方来一支援兵才能杀出重围。我的精力要是够的话，我可以帮他杀一阵。

三、论无能与智慧

以上是总论杜威的学问，使大家得一概念。以下再分开讲。在前面曾经说过看这本书（指《民本主义与教育》一书，后仿此），最好先看第四章，再看一、二、三各章，然后看第七章。第四章就个体生命来立论，抓着了人类特殊点（与其他动物不同之处），人之所以为人者即在这一点。其他的动物都是"有什么"，而人类殆好像一张白纸。虽无"专能"，但有"什么都能的能"。其他动物均靠本能生活，人类较其他动物不是添了些什么，倒反是减去了些什么。人的长处不是在比其他动物添了许多本领，其长处乃在一无所能。因其一无所能，故无所不能。人先天一无所能，后天才找补上去；教育之所以可能全在乎此。其他动物的生活方法是先天规定的；若先天即有所能，则固定而不能有所学矣。在第四章中，他抓住人类生下一无所能一点发挥。从一无所能到种种都能，到能力很高、本事顶大，此之谓生长。其次本章要紧的观念有二：一是智慧，一是习惯。此两者是相反的。人类之所以一无所能，就是因为他的智慧发达，预备走上抽象的路。所谓抽象的路，就是离开具体事物而有生命的活动。此乃人类种种观念、概念之所由发生。人类之所以能想，即因能离开种种具体事物而能活动。其他动物遇着与其生命有关系的马上发生活动，即是无思想。思想是接触了具体事物尚未发生活动时之心的活动。这心的活动，谓之思想。此思想非对着具体事物的活动，而是把具体事物抽象化；人的长处就在会弄这套把戏。人能离开直接感觉的具体事物而抽象的化了它，放在心中反复摆弄，这便是智慧作用。人发达了智慧是预备走抽象的路，从抽象的路上，从心中的反复摆弄，而有新的发明。从抽象作用，安排出一个新的方法，此即人类生活方法的由来。先把具体事物抽象地化成了观念，放在脑中摆弄，此之谓想象力；最大的聪明天才就是有最大想象力的人。智慧之意，粗浅言之，即是如此。

四、论生长与习惯

再说习惯。因为人走上智慧的路，预备走抽象的路，接触了具体的事情不会马上应付。马上应付是本能作用。人因为走抽象的路，不会马上应付，所以要靠从后天养成的应付能力；这应付能力便是习惯。原来不会的，慢慢可以学会；不能应付的，慢慢可以应付。人类完全靠习惯，因为人类本能太弱，故不能不靠习惯。习惯有广义、狭义两种解释。杜威把习惯讲得很广、很活；因为说得广、说得活，习惯与教育是异名同实。在杜威看来，广义的习惯就是教育，教育就是养成习惯。第四章中之"生长"，就是从一无所能到无所不能的渐渐生长。举凡习惯、经验、知识、能力，是一个东西。习惯是活的，继续改造的，不是固定不移的。为什么说智慧与习惯相反呢？智慧是指自觉的说；习惯是指渐渐地入于不自觉的说，越是习惯越离智慧远，越近智慧越不是习惯（本书78页）。习惯之意义，包含不自觉的机械性。杜威的教育就是把握住人的整个生命，不让偏于两极端。若偏于智慧则缺乏应付当前的能力；应付当前的能力就是习惯，无习惯则不熟练。若偏乎习惯，则流于机械，流于不自觉，流于呆板。机械了，便不会应付新的环境；是因生命被习惯压着，发不出新的应付方法来。顶好的是养成能力，并且养成随时发生新能力的那个能力；要养成习惯，并且养成随时可以改造习惯的习惯。杜威书中此种说法很多。他说习惯必须注意自新，不要养成呆板的习惯。又说教育就是学习，不但要学习，还要学习怎样随时会学习的一个能力。本章有一个意思，用他的话说出来就是"我们应当学习种种，但我们更应当学习如何去学习"（本书 80 页）。人类长处，在乎时刻刻创新，找出新方法来。光会找出来的，不会再找仍不行。必须学习如何学习，此之谓生长。长成便固定了；杜威生长之意就是叫人老是长，长……万不可长成。这个眼光很对！因为他是从头说起，书中所谓"可塑性""受型性"即是指此。人富于"可塑性"，人最活软，有种种可能；要紧的是在保留可塑性，时时学习，时时创新。本书有一名词用得很好，这名词即"饶有变化的主宰能力"（上面以白纸作譬，是消极的；积极的，应以此话形容）。此即人的生命，可以变化许多样，且其本身是主动。若失此能力，失此自新的机会，就失其所以为人。如《大学》所谓"苟日新，日日新"即是此意。亦即环境不变，而能自新才行。世界其他动物均不能发挥生命之本性，惟人尚能发挥生命之本性。生命的本性就是常常创新。这一点精神只保留在人类当中。人类很应当注意。教育不是教育你成功个什么，是教你更会受教育，教你学习更会学习；这就是杜威的真意思，他反对达到固定的目标。在此章里面，他说生活即生长，又反对以开展作用来解释教育，好像是矛盾；其实他是反对有目标的开展说。他说的开展是无目标的开展，只许长，不许成。以上是说个体生命，以下再点出社会生命来，引到社会上去说。

五、教育与社会

刚才说人从无能力到有能力，谓之发展，谓之教育。如何会有教育？若单是一个人，不会有教育，不会有学习；单是一个人，是不可想象的事，人的生活天然就是社会的。所谓教育，所谓学习，就是经验的传递。人原来无能力，这与人是社会性的动物，完全相连。人生下来无能力，就是说自己不能生活，必须要有所依赖，要依赖而后能活。杜威在这一点上讲得妙！你不要把小孩依赖看成无能力，人的依赖不是缺短，正是长处；因依赖正足以表现人的社会性。不但小孩依赖，我们大人也要依赖。社会就是互相依赖。人的依赖性就是能力，就是长处；人之所以为社会性的动物就在此。我们大家分离开都不能生活。人类的生活走智慧的路，走后天找生活方法的路，和人类生活必须组织社会，这些都是完全相连的。所以我们此刻可以从个体生命看到社会生命，因为人类个体生命是靠后天的，是和社会生命不能分离的。教育若单从个体去看是找不着的，教育须从个体生命与社会生命

贯串处去看，才可以见。从个体生命来看教育时，必须看出他
受社会的影响，从社会里面学习，接受他人传给的经验，离开
这个无所谓教育；从社会生命来看教育时，离开了个人经验之
彼此交通、传递、继续、发挥、扩大，亦无所谓教育；社会生
命从个体来，个体生命从社会来。本书第一、二、三各章，就
是从教育即生长慢慢就说到社会，从个体生命说到社会生命。
至此，大家可以知道杜威的主要观念是生命。原书开头就说生
命，先教你认识生命与非生命之不同。生命是主动地、不息
地、无穷地向前变化、活动，非生命不会如此。第三章说到社
会生命，从这里点出构造社会生命的分子有死亡，而生命的连
续传递靠教育，这样社会生命才能继续改造，创新发展。

六、广义的教育——社会生活之自然的参与

这本书大概不容易看，好多的道理，如果原来没有根底
便不容易看懂。单看一句话不容易明白，闭眼一想，回味一
下，或许能懂。句句要想，所以不易读、不易记。这书的确
是好书，研究教育者不可不读。无论谈什么须有大勇气与志
愿；所谓勇气者即是从头说起，说到最末了，上穷其源，下竟
其尾，"打破砂锅问到底"。非有此精神不能研究学问。杜威的
学问就是这样；任何种种学问皆是这样，不许讨巧省事，半途
而止。人的见解不莹澈不算，莹澈就是上穷下追；此书很有这
好处。教育从生活而来；从社会自然的作用，使人类在生活上

直接参与，这是原来的教育。如中国农业教育，仍是社会自然的作用，由直接参与而发生。越是野蛮无特殊学校的民族的教育，越由直接参与而来；参加生活，不知不觉自然学会。从此再发生特设的正式教育，即学校教育。文化未进步的社会，无特设的学校，全靠直接自然参与。本书第一章讲自然教育也曾提到学校教育。第三章32、33、35各页正式解释学校教育。第一章之所以特别提出自然教育来，是有两种必要的功用。第一种功用是生活方法技能之传递与改进。譬如农业，中国数千年的农业，并未设学堂，全靠父子世世相传；由此证明社会自然教育所做的工夫。此是属于生活技能、生活方法的，若无自然教育那就不能传递了。生活技能、生活方法能常常有进步地向下传递，全靠社会自然教育；社会自然教育的功用是教人类的生活方法继续传递与改造。第二种功用是生活目的的交通与传达。生活目的是指一个社会里头的公共信仰、理想、价值的评判，如是非、善恶等均是。生活技能问题往下传达的教育，比要经过空间上往广里传达的教育还要紧。因为空间上可以互相影响而进步，往下传就是保留不断；进步与保留相比，当然保留要紧。生活目的经过空间上往宽广里传达交流，比经过时间上的向下传达要紧。因为生活目的含有方向在内，所有风尚道德礼俗都在这里头；若不互相传达使其一致，则彼此冲突矛盾不成一个社会了。目前中国之所以乱，都是由于公共信仰、理想和价值的评判等太不一致了，社会破裂，闹得大家彼此都不能生活；生活目的之传达在空间上是较重于时间上。风俗好尚之一致与生活方法之传递，全靠自然教育之力；后来特殊教育仍为这两件事（生活目的解释看本书第6、7、8各页）。本书第7页第二行"公共东西"，即指公共目的而言。第7页上说："譬如机器虽有一个公共目的，但各部分彼此都不了解这公共的目的，所以不能成为社会。"第8页底下一段很好，是说社会秩序之建立，靠武力与理性两种力量来维持。我们推论将来的社会是一定靠理性，由理性求组织。杜威说现在社会虽是在进步，但还有很多弊病，人与人之间的关系有许多是很机械地在一块，不一定彼此愿意；如工人和资本家无公共目的，不相了解，此之谓缺乏社会精神。虽在一社会中仍是非社会的，反社会的。大家有共同了解，由理性求组织，乃为人类最高的社会、最有社会性质的社会、最圆满的社会。目前社会之所以不合理，即因公共目的不发达；无公共目的就要分裂，所以不分裂者，乃是靠武力统治强制，故为非理性的。社会自然教育互相影响，便可教学相长；本书之所谓"经验整理"，即是此意（本书第9、10各页）。将自己的经验综合整理，教给人家；经验整理更使自己进步，一切学问书籍之成皆由于要教人明白，才整理发现出来的。

七、狭义的教育——特设的学校教育

今再讲学校教育。本书讲学校教育有三个作用。第一是简易作用；第二是鉴别作用；第三是开通作用（看本书第35页）。

兹分述之：（一）简易作用。简易的意思是求经济，经济即最有效用、最不费事之意。直接参与太不经济。从前中国农业社会，发现不出经济办法来，是因中国产业不进步，其间已成分子和幼稚分子技能之分界距离不大；文化渐高，其距离渐远，非有学校简易作用，缩短学习时间不可。因为学校能将直接参加的很费事的学习，使之很省事地学会。书即代表简易作用，书上道理如各须亲身经验，则甚为费事。学校亦即想把很多的东西（指亲身经验具体事实）很简括收起来传下去。文化复杂了，不得不简易之、条理之，以便传递。如此，小孩入社会方能以简御繁；否则，将如杜威所说的，如不简易，则新的分子，心思耳目不知从哪里用。（二）鉴别作用。教人学好，对社会须加选择，因社会上有许多不好的东西，不愿让新分子习染上，乃设一环境——学校——把他隔开，让新分子专学好。（三）开通作用。似乎第一作用是缩的，而此则是开的意思，让人明了通达，知道外边还有一个更大的世界。人不开眼是不行的，如单是社会自然教育，则不开通，因新分子不了然有个更大的世界；如农家子弟则只知有农家，工业只知有工业，南方不知有北方，本国不知有外国。故必须有特设的教育，让人由狭隘而开通。我们可以说，自然教育教人狭隘，学校教育教人开通。根本上教育要人有能力，有能力就是效率加高，简易作用能使效率加高；教育要人好，鉴别作用能教人好；教育要人明白，开通作用能教人明白。社会自然教育虽亦有这三个作用，但比起学校教育来差得很远，学校教育格外着重这三个作用。

八、学校教育与社会自然教育之比较

照此说来，学校教育较社会自然教育好些；但天下事利弊相因，学校教育多又发生与社会隔绝的毛病。社会自然教育较为亲切，直接参与事实才亲切有味，才是活的，才有生气。亲身经验的皆真知识，学校则是许多假知识、死知识，每不能适应社会生活，故学校须力求社会化。当人类社会文化不进步时，有机会受教育的人太少（此与生产方法之进步与否有关）；且常常垄断在一阶级里头。在野蛮社会，教育就是宗教，政治也是宗教，宗教师就是政治领袖。进步的社会也不免垄断在一阶级的人手中。中国在春秋战国时孔子把教育知识的垄断打破，其功不小。学校与社会隔绝，此与知识垄断有关系；当知识被垄断时，学校中所学的东西常是很狭隘，——生产的事由另一部分来作，学校中人不管生产的事。后来社会变化，垄断不成，工商子弟也来入学，可是学校仍教授与社会不相干的功课。

学校教育与社会自然教育各有长短利弊。社会自然教育使人知识亲切，不离社会；缺点在无简易、鉴别、开通三作用。社会自然教育的长处，即学校教育的短处。谋二者之平衡，在教育上最为重要；是即谋学校内部社会化，生活实际化，减少矫揉造作特异的生活。特异的生活去实际的生活愈远，其弊愈大；要救此弊，首在使学校安排的生活很像社会生活，但又须较社会生活更有意义，使学生在学校仍能从亲切经验中得到知识学问。以有意义的设备，形成有意义的环境，使其由这环境中的生活而受到教育。如此，不会有死板无用的知识学问，举凡所学得的知识都是社会所需要的。若出而入社会，不但能应付，且格外有能力。杜威的意义即是指这种教育。所谓学校教育社会化即谋二者之平衡也。

九、指导作用

教育有指导作用。本章（本书第三章）标题如此，而实在所讲的则为社会有指导作用。一个人在社会里逃不出社会的指导。未长成之社会分子（小孩）不知不觉被大社会指导而跟大社会走，大社会亦非指导他不可。英国社会心理学家麦独孤谓小孩生下来有种种倾向，杜威谓之自然的天赋的冲动（本书第三章71页）。麦氏认为这些乱七八糟的倾向（本能）要是顺着他，会妨碍社会、妨碍自己，是冲突矛盾的。在杜威看来，则认为这冲动与社会不合。麦氏等于说人性恶，故他主张钳制、陶炼。杜威虽不如此显明，他又认为一个分子应受修正，亦即受社会的指导、熏陶的意思，但他说你不要把指导当作指挥的意思，指挥裁制虽在眼前有效，却是不够，达不到指导熏陶的作用。必须靠参与生活，引其兴趣，生其了解，才能引申其正当的倾向。正当的倾向既经引申，则其不正当的自然退减。在实际参与中才有"心"的作用，"心"的作用即了解与愿意。了解一点，愿意一点，有愿意、有了解就生出倾向了。此"心"

的作用非实作不能启发，此即引诱作用，此之谓真实的社会指导作用。在这一章里，杜威常借社会的本有的指导作用来说明教育。他又在本书第32页末后两三行说："凡是我们不经思考而即认为不错的东西，正是使我们决定'自觉的思想'和'论断'的东西。而这种不经思考的习惯，恰是我们与别人日常交际有所授受而养成的。"这几句话，他指出让大家认识社会指导力量之大。无所指导作用，社会不能一日相安，有指导作用社会才能顺遂进行。且让我们回来再看第三章撮要。在杜威的意思是：受指导不是受压迫，这个指导，即我所说的引发其兴趣的意思。总之，教育贵在间接的指导，不在直接的干预。

十、民本主义与教育

本书说社会就是说教育，说教育就是说社会，社会作用即是教育作用，反社会即反教育，反教育即反社会。教育即帮助人从不社会往社会里去，社会即教人往好里去。什么叫做好？合乎社会的，合乎教育的就是好。民本主义的社会，即是最社会的社会。可以说教育是让人格外的社会，社会是让人格外的教育。要明白民本主义须先明白社会。本书144页说："社会这个名词含有好的标准的意义，也含有纪实的意义，在社会哲学里面最注重好的标准的意义。"这样看来，社会这名词，一面含有好的标准的意思，一面即含有纪实的意思。他说在社会哲学上大概着重头一个意思；如前面说的"富于社会性""合于社会""缺乏社会精神"，都是这个意思。本书第147、第149、第151各页，都是说后一个意思。从现在纪实的社会，找出标准的社会，也就是指点出民本主义来。其指点法先说现实社会。任何一个群或一小社会，总有两面：一是在小社会内有其公共利益，为此小社会中各分子所共同参与的（即公共兴趣、目的、利益），如此才成一个社会。同时此小社会亦必与其他群或其他社会有许多交涉，有其合作的关系。要判断这社会的好坏，不必另外定好的标准，拿现社会事实一比较就可知道。凡合乎社会的、富于社会性的就是"好"。一个社会公共利益少的，即是不好的社会；公共利益越多，则越是好的社会。好的社会与其他团体的交涉亦必是好的，不好的社会与其他社会的交涉亦必是不好的。"好"就是社会的在内部的各分子从参与公共目的得到好处很多，很富有公共观念。对内富于社会性，对外亦必富于社会性。反社会的谓之"坏"，合乎社会的就是"好"。民本主义就是最合社会的。公共观念最开展，对外自由往还交涉最多，此之谓民本主义。公共的好处越多，大家越能共同享受好处，此即平等之社会。越社会越普遍化，越普遍化越平等化，这就是民本。"民本"就是多数人的意思、民治平等的意思。对内平等，对外不隔阂、不敌对，很开通。总而言之，民本主义就是一个"公"字；对内"公平"，对外"公开"。

　　社会之所以为社会在其彼此往来相通。物质的进化可增进人类的交通（很显明的如轮船、火车）。不过所谓交通不但往来而已，且增进人类的关系。虽然如此，它里面若缺乏理智作用，缺乏关系上的了解，纵你往来仍是不知不觉的关系，没有意义的乃是被动的，片面的，不是共同的。这缺乏理智，缺乏情感的往来，简直不成一个社会，不算在一个社会里头。在一个国家内有阶级，阶级对立的形势，即是如此。或在一个国家与一个国家之间，亦是如此。有往还之关系而无理智与感情之相通，则不能成为一个社会。民本主义社会正与此相反。反民本主义的社会就是只有物的往来、空间的接近，而无心的相通。民本主义就是很社会的意思。民国八年新思潮正盛的时候，有一个杂志名《解放与改造》，这句话很能代表民本主义的倾向；当解放时就是改造，解放更给改造留下一个机会再改造。杜威民本主义就是除去一切隔膜，使人类更相通，更容易改造，更能自新，更有进步。这也就是教育的意义，生命的意义。教育就是生长，求生长，求进步。教育越进步越合社会（参看本书第七章174页）。

教育是历程，是社会的历程；世界上有很多种类的社会，都有它的教育。这时如何来批评教育、如何来建设教育呢？那我们必须含着一定的社会理想。要有一定的理想，那么我们就选出两点来度量：一为其社会各分子共同所参与的利益多少；一须看此社会与彼社会相通到如何程度。换言之，即任何一个社会在内在外又都有其障碍，阻挡其经验的交换。倘有一个社会反此而为，打破障碍，此即民本主义的社会。这个社会的教育，让此社会各个人，对于社会关系社会制裁与公共目的，有其自己的兴趣。民本主义的社会分子（真够称为社会分子的），是能参与公共趋向的。民本主义社会的好处，即在时时能够改进，且免去革命。此书 152 页说民本主义的理想，是在透出教育来。教育即指导，指导人往公共那里去；以公共利益作为制裁的要素，即指导人往公共里去。

十一、论道德

看他归结的话，即明白全书的意思。650 页"教育上所愿有的一切目的，与价值自身（即可贵点），就是道德"这种要点，有人不懂。因其把道德看做狭隘的。653 页"一切教育如能发展'对于社会生活能作有效率的参与的能力'，都是道德的教育"。在杜威的意思，一切教育都是道德教育。因为一切教育都不出乎"发展对于社会生活能作有效率的参与的能力"。换言之，教育即教人会作社会生活。凡教育都是如此，此即道德教育，故一切教育都是道德教育。这种教育所养成的品行，不但能作社会的特殊的事情，并能有兴趣继续不断地生长。此即说不但能做某种事情，并且能学习一种能学习的学习。生命是时时进步的，社会也是时时进步的；一个人能在这个社会生活，并且他个人也有进步，也能自新，此即杜威的要求。

十二、杜威的缺欠

我们想说一点他（杜威）和我们的不同。不过不好说，并且他的缺欠很大。大体上我对杜威不反对。为什么又说他缺欠很大？因他只明白两面中的一面。他全书所讲即是一个"活"字，他把生命的变化看得很透，生命即活，人生即活。他主张的道理，并非他格外的主张，都因原来是这样一回事。他是说人生原来如此，你只把他做得到家便对。此和儒家正同，他对生命有理会，可是他只对无穷而又变化不息的生命理会了解，他于不变的一面没有看见。不变是根本是体，变是不变的用。他所悟纯是用之一面，他没有悟到体。除开事尚有人生，他凡事都理会了，而除开事没理会到。或说人生的外面他很能理会得，他讲来讲去是讲人生外面的事和用。杜威没有发现人生的真价值。如他说生命进步，故我们求进步。如问他何为生命进步？他说即效率高。再问效率高为何？效率高即是进步。他所说的差不多是循环的。他的所有主张中没有不合乎道德的地方，但他没有发现道德。他与儒家相近而缺其一面。为什么缺一面？即他学问从哲学来，他只看见相对，没看见绝对，只见用没见体，只见变未见不变。此三者都是玄学上的名词，讲时稍为费事。或待另外讲一次。今天只点出问题所在。

丹麦的教育与我们的教育

——读《丹麦的民众学校与农村》*

　　我因忖思中国经济问题的解决，而注意到农业与农民合作；因留心农业与农民合作的事，而注意到丹麦这个国家，并听得丹麦农业之发达、合作之隆盛，皆以其教育为原动力。所谓丹麦教育，——就是它的民众高等学校，真是久已闻名不胜景仰的。至于其之所以对农业对合作具有如是推进力，则模糊想象着必是学校中极讲究这项学科，而灌输于农民了。然而翻检他们的课程，似乎看去又甚平常，不外是些国文、历史、音乐、体操之类，不免有些狐疑于衷。

　　最近，看到孟宪承先生新译《丹麦的民众学校与农村》（商务印书馆出版）才恍然大悟，丹麦教育原来是这么一回事，以前猜想全是错的。此书作者原是主持这教育的人，所以原本确

---

*　此文作于1931年。《丹麦的民众学校与农村》，贝格特鲁普等著，孟宪承译，商务印书馆，1931年。——辑录者

乎是很好的书；可惜孟先生既译了此书，而于译序中徒说些不要紧的话——人人可以想到的两点意见，竟不能指点读者向深处领悟追求，未免有负原书之美，亦且辜负自家译笔的一番勤劳。我既以得读此书而有悟，感想颇深，禁不住要说几句介绍的话，并对中国教育前途一贡其所见。

一、丹麦教育的根本精神

事实上丹麦教育，竟恰是与我们想象相反。当初的民众高等学校并没有农业或合作一类之功课。例如这本书——《丹麦的民众学校与农村》——41 页明白地说：

特别是在乡村社会里，民众学校有很大的力量。它和人民实际生活，虽有这般密切的相关，但它的教学却始终着力于文化的传播，以觉醒一般人的精神生活，而培养他们的友爱，并没有施行过职业的训练。

其他明白指证处甚多，无烦一一备举。既非职业性的教育，然而其必为文化教育了。但同时我们又见作者自述他们学校近些年的变化，却言：

但旧日的好精神，决没有消失；今日的民众学校决没有退化为读书的场所。

呜呼！伟矣！教育而在职业技能与书册学问两者之外，这是什么教育？有人问柯尔德——丹麦教育创始人物——问民众学校的原理与方法是什么？他答道：

我们没有什么原理与方法。我在十八岁时，学着爱人爱神的道理，自己十分快乐；就立志用我的时间和精力，去帮助别人得到这个快乐。民众学校的目的，只是教人爱上帝、爱邻人、爱丹麦。（18页）

柯尔德请了位新教师，初到校来，恳切地请问他，应该教授些什么学科。他答道：

我每天早晨和学生作一小时的讲话，晚上和他们讲些史事或我自己的生平。这中间的时光请您监导着他们的做事和纪律。至于教些什么，您自己决定就是了。（22页）

这宜乎为人所不识，而宜乎其足以振起一世之衰敝而复活丹麦也。还是那英国人序文一句话道破：

歌德（Goethe）说，"品性感应品性"；丹麦小小的一个爱国者团体，凭教育的力量，便转移了一国农民的品性了。

这就是说，人感人；由少数人的精神感召起多数人的精神。所以英序结语又说：

　　农村的青年男女在学校里，精神给觉醒了，思想给开展了，努力的热忱给鼓动了；丹麦农业的挽救，便是这种教育与文化运动的实效。

　　本书处处都能表达他们这教育里面的根本精神；下面所引，是其更明豁而又精彩的：

　　民众高等学校目的，是以历史和诗歌为媒介，而唤起民族精神的觉醒，刺激能力的发展。精神的觉醒，能促进社会和经济的进步，这不是丹麦民众高等学校独有的经验。在法国新教徒（Hugenots）是全国最敏慧最勤勉的市民；当"南德法令"取消之后，他们遍布全欧，而足迹所至，经济的丰厚也随着俱来。在挪威十九世纪初叶受海格底耶教复活运动感化的人民是全国最优秀的分子，……他们作了开辟城乡农、工、商业和教育的前锋。（116页）

　　我信这种进步是民众高等学校的活动所造成的。……最重要的还不是学生所获得的知识的多少，而是青年的心理和情绪的激发。离开学校以后，他们或许把所学的忘了一部分；但是他们已成了能听、能看、能想、能运用他们能力的人。（105页）

　　他们（指学生）从农田、工场、商店来；他们应回到农田、工场、商店里去，带着更勇迈的精神更莹澈的理解。我们是乐于他们有爱读书的习惯的，但我们尤盼望他们能增进生活的能力。民众学校要成为真的"生活的学校"才好。

二、丹麦教育的创始人物

丹麦教育即是一个人格感应的教育；则创始人物自为这教育的根本，不可不述。那便要推格龙维（Gruntvig）和他的弟子柯尔德（Kold）、施洛特（Schröder）三人为最要。

这本书一开卷，就先点明这教育和其创造人物的性质：

丹麦民众高等学校不是任何科学的教育理论的产物，亦不与任何严密的教育制度相关。它只是丹麦园地里生长出来的花果。它为着民众存在，给民众服务；其目的与方法全依着民众的生活而决定的。创造它的理想者，不是什么大学教授，而是一个思想的先觉，一个了解丹麦民族精神，而远瞩到民族启明运动的领袖。

"一个了解丹麦民族精神，而远瞩到民族启明运动的领袖"——这由何而得？这是要由民族历史孕育出来的。丹麦教育，实创于其民族历史孕育出来的人物，还以其民族历史来启发感召一般民众之一种教育也。所以其教学以历史为中心，而本书 56 页说：

"只有感到民族覆亡的恐惧，而怀着生长和发荣之希求的人，才能将历史的灵魂，传递于民众。"——民众学校的教师只有这样，才能将历史的教学，化成民族生长所需的营养。

又本书第二页叙述第一领袖人物格龙维（1783—1872）的家世云：

父为路德派正宗教士。母系出丹麦中世纪的贵族；她的家乘中有不少丹麦史上有名人物。他小时听母亲讲的祖先光荣的故事，唱的赞神的诗歌，早已蕴蓄了对民族历史的深爱，和对基督教的信心；这良好家庭的童年的回忆，便是成年后生活感奋的源泉。

格龙维才情甚富，早年曾有许多极邀时誉的文学作品。由恋爱的失败，经过一个剧烈的宗教思想的变化，而卒归复于其童年路德派的信条。"从此，他的浪漫的理想的生活终止了。宗教信仰做了他终身事业的动力；他相信只有宗教信仰，能造成丹麦民族生命的更新。"（3页）——格龙维及其弟子们实在完全都是宗教气息的人物。宗教信仰，外面似若愚痴，而人生最可贵的"真诚"即含于中。恐怕正唯赖宗教乃得成其人物。现在中国事最难办的一点，就在中国人的呆气笨味之不容易有。

还有使格龙维得一个启发的，那便是当时的英国。那时英国工业资本正兴起，旧社会崩溃，新人生开始，生气蓬勃；而丹麦社会则死气沉沉。以经战败之后，物质的损毁既大，人心的颓丧尤甚，无复自信心与战胜艰难的勇气；有的人劳碌于生计，有的人放浪无聊。他每年游英一度，感想无穷：

英国人和丹麦人的生活，像朝日和昏夜般的划分，这不能以两国人民气质的不同来解释的。古代的丹麦人亦像盎格鲁萨克逊人一般勤奋，一样地充满着北欧的英雄精神。为什么那精神在英国人中间还警醒着，在丹麦人中间便长眠了呢？格龙维的解答是：英国人有自由；而丹麦人没有。……他深慕英国人已争得的宗教的人权的自由。（9页）

这是很可注意的一点！他一面有极强的宗教信仰，一面又酷爱自由的精神。从而可知他的宗教信仰之非袭取的，非守旧的，非形式的。亦就因他不随着当时教士们压迫人民之自由的宗教集会，反而加入了自由奋斗者的战线，结果他不能不辞却教职，脱离其牧师生涯，而献身于民众教育了。我想如其他始终传教，未必有多大成功；正惟其以宗教家精神来作一种教育运动，其效果乃不可及。

听说有一本书，以马克思与格龙维比较立论。因他俩是同时的人，又同在英国游历。同受到英国社会的启发和影响，结果两人都有很大的创造以贡献于世，但是殊不相同。一是一部《资本论》和共产党运动；一是一种人生观和丹麦教育运动。此殆由两人性格各异，头脑不同，因而其眼光所注亦不同：一只看英国社会之严酷黑暗一面（工业界中）；一只看他们活泼光明一面也。——此一比较亦甚有趣味。

但是有一点是这两人所同的：就是其人格气息，其思想倾向的平民化。在这本书里说：

> 基督教的原则，使格龙维成为一个彻底的平民领袖；因为只有各个灵魂都有永久生命的信仰，才能使人感觉到自己和任何贫者愚者的一体。……他的民众教育全部工作，基于人人生来平等的一个信仰。他独创 Folkelighed（民众化之意）一新名词；这是不容易翻译的。它的涵义就是丹麦人亦很少充分地领解，但它是格龙维终身事业的关键。（6页）

因此，他决计不以他的文学天才，单去成就少数知识阶级所欣赏的作品，"却要给全民众歌唱出一个较高的生命来"；他不要作文坛上的名手，却准对着全民众努力。"他终于以他的诗才，在实务世界中，创造了一个新丹麦。"（6页）

他和他的弟子们之所以能始终于其平民教育事业，而不务其他的，似全在其动机远超感慨时事救国救民之外，而实以其一种人生观念（或曰信仰）为动力源泉。丹麦经济进步的大成功，政治改革的大成功，虽什九是他们的民众学校之力；而他们自身绝不参加经济或政治运动；他们的学校亦不为经济或政治运动的场所。盖唯其自有深一层的精神在，乃不借着当前问题显精神也。这本书于叙格龙维趁丹麦改行新政治制度时机，鼓吹他的民众教育之处，结语点出得极好：

> 他（格龙维）说，农民市民要享有政权，参与立法，自己
> 先须有相当知识；他们需要的知识能力，不是什么外国语，而
> 就是要能用丹麦语，流畅地正确地发表自己的思想，能了解丹
> 麦的历史和社会情形。建设一种高等学校，使一般民众，来共
> 同讨论研究他们自身的问题，所以成了必要。……格龙维虽用
> 政治发展的机会，来提出教育的主张，他却没有造成一个政治
> 学校的动机。他的民众教育的见解，根本要深得多，目的要高
> 得多。（10页）

格龙维多是靠他的信徒弟子们到处创办推行他的学校；卒
之遍布了全国。他享了九十岁的寿考。他在老年，欣然看到他
少年时含泪播种的丰获。（以上述格龙维）

柯尔德（1816—1870）是丹麦教育中第二个有大力的人物；
他来自纯正的平民队伍中。父亲是个村落的鞋匠，母亲是邻村
的村女。他曾住过师范学校；成年后，当农民子女的教师。他
发现为青年或儿童教学，用活泼的故事，比呆板的书本好得
多；而丹麦政府规定的宗教教学法，则不许其自由。他因此不
干。他在小亚细亚斯摩那地方当了一牧师家的侍役，后来又在
那里做钉书工人。先后五年间，积蓄些零钱，约五十五英镑。
此时他教育的主张，愈以成熟而热心。他访谒格龙维，陈述他
的计划；老人又帮他募捐了七十镑，即以此一百二十五镑的微

资，开办了他的民众学校。

> 他在黎斯林购了数亩田，拆了颓败的旧屋，另盖一所茅顶房屋。在建筑中，他自己亦帮着工作。这所房共只三个窗的教室一间、住室一间、厨房一间。柯尔德和他的助教都是独身，就和二十五个学生睡在教室的阁上。学生所纳学膳费每月只十二先令。舍务是柯尔德的独身姊管理的。他们的膳食是极度的简单：一冬天全校所消耗的糖只一基罗格兰母；果汁里的葡萄每人只一颗；早餐只不甜的黑麦粥；咖啡或茶是从来没有的。但是大家欣然地毫无怨言。青年们每日饱饫着知识的粮食，有时就寝以后，师生还讨论着精神的问题哩。（20页）

据说柯尔德有时被人误认为学校的园丁，因他衣装最朴质不过。原书第四章列举丹麦民众高等学校二十要点，其一点说：柯尔德的努力，赋予格龙维的民众学校以内含的精神性和外形简单朴素。真的！唯有外形简朴可以蕴含深厚；而外面光华，怕就是精神贫乏之征呢！

柯尔德的人格，和他感应于青年们的，下列所记几段颇好：

> 柯尔德看得师生友谊非常重要的。他善用短峭的警语教人；他最能从日常微细的事情中，教人体认人生的价值。在六十年后，他的老学生还能牢记着他的几百句话。（22页）

他对青年们讲话，常要彻底地达到他们的心灵；他的明亮的深蓝的眼，注射到他们最深的精神生活。外界知识的获得，他看是次要的；有了内心生活的警觉，则知识的搜求是容易的。（21页）

他讲话时，要求听者十分的注意。他以为只有如此，能得到讲者、听者精神的融和。他从不许听者笔记，以为听者作了速记生，反与讲者精神隔膜了。（23页）

某次一个青年向柯尔德说："我很喜欢听你的讲演，却苦不能记忆。"柯尔德说："不要紧，这本来不比寻常地收取知识。好像田间装的水管，我们立了标记才便于寻找；至于播的种子却用不着，它们自会生长出来。凡是你听得高兴而播种在心里的，等它到需要的时候，便自会再现出来。"（23页）

柯尔德教人要有简单的生活。他教人就是牧羊挑粪的贱役也可以有高尚的精神。他呵责一般讴歌"进步"者的奢华的服御和粗劣的欢娱。所以民本主义的意义在常人看作是物质义化的增高的，在丹麦民众教育者，却认为要联合一种平凡的、简单的、俭啬的物质生活和一个真正的精神文化。这种生活的教训帮助丹麦人民节省了无量的金钱，叫他们在劳苦的工作中得到精神的快乐。柯尔德和农业教学无关，但他的教育在丹麦农业上却结了佳果。丹麦制的乳油之所以著名于世界市场，不仅靠实际的机械，实在靠着一个健全活泼的民族。（24页）

（以上述柯尔德）

丹麦教育创始人物之第三个施洛特（1836—1908）为林工之子——其父为森林产业的雇工。在他就学于丹京的时候，常到格龙维那里听讲，就成了他的信徒。他于格龙维的理论与方法，最有深解和笃信，人们或戏称之为"格龙维学教授"。他创办的阿斯科夫学校最为完善，可说是丹麦教育的楷模；至今仍是丹麦、挪威、瑞典诸国中民众高等学校之冠（29 页）。

施洛特为人严凝沉挚；他时常沉思默坐着，双手拢在深黑的长须后，真像神话里阿丁（Odin）神。但他一立到讲坛上，便以沉着的声音对青年们讲话。他几句简单的话，便发生了绝大的魔力（30 页）。他同柯尔德一样，虽不是个专业的农人，而丹麦农业之兴，其力绝大；因农人的勤奋进步是从他人格精神而得感奋的（31 页）。

民众高等学校给予学生们的一个观念，那就是：简单的平常的生产的工作都是伟大的。有名的阿斯科夫学校校长施洛特对于学生的影响最大。在教历史的时候，他常常讲"实际生活的艺术"唤起学生对日常工作的价值的重视。一个听过施洛特讲演历史的学生，述及青年们听了这位先生描写日常工作的光荣以后，是怎样的感动，他说："我们握紧了拳，想立刻跑出去工作！"（109 页）

他的格言，是格龙维一句诗："日常的工作是人生的韵律。"他深切地爱和青年讲话，鼓动他们热忱地工作，他自己是一个勤奋的工作者，他奋发感动了无数青年为丹麦不断地努力。闲思梦想是他所最厌恶的（30页）。他看在农工商业务上有作为的人，比制作几首抒情歌的，为更大的诗人；因为他们能在人生活动中寻得韵律。1880年谷价低落以后，丹麦开始大规模地制造乳油。饲牛的秣料的种植便亦须改良；于是萝卜种植，遂成一个常常讨论的问题。当时因施洛特的鼓舞劝导而种植的萝卜不知道有几千亩，但他这样提倡种萝卜、养乳牛、设合作牛乳场等，目的不只在实际的利益，尤在几千农户家里优良高尚的人生（23页）。（以上述施洛特）

三、丹麦教育中几个重要科目

丹麦民众学校的科目，是没有什么新鲜的。但就在它很平常的学科里，——寓有深挚意义与很大力量了。我们可举出丹麦语文、历史、音乐诗歌、体操四项来说。

（一）丹麦语文 国语国文这项学科，在我们看是顶平常的了；可是丹麦教育所给予一般民众之伟大莫比的影响就在此。因为这里含着将学校从古典主义解放出来，成为通俗化，公开于多数民众的意思。原来那时北欧学术界，还拘泥于拉丁古文，所以格龙维常想必要有一天这丹麦语高等学校会取那拉丁语高等学校——丹京大学当时以拉丁文教学——的地位而代之。他深信丹麦的学术，必须是丹麦的；他深信以现代丹麦语自由讲话，比用罗马遗迹的拉丁，更能增进真实文化。（11页）

他首先把萨沙的《丹麦纪事本末》译成丹麦语。在 1838 年 6 月 20 日——丹麦农民由封建制解放的五十年纪念日——他作第一回丹麦语的历史讲演。嗣又续讲好几回。

他的灵动的讲演，激发了听众的热忱；他们唱着民间的国歌，向他致敬礼。这样开始的运动，不久传遍了全国，别的能干的演说家亦相继作同样的讲演。在丹京成立了一个丹麦语协会；民众聚集着听讲唱歌。在别处亦有这类组织和活动。（12 页）

这"活的语言"的教育功用，在农民文化的增高上，比全部的丹麦文学还要伟大；在一般舆论的引导上，比日报亦不相差；而讲员则几乎全是格龙维的信徒。（13 页）

此外，这里更有一个意义，是对待外国语。那时丹麦国势甚弱，受德国凌压，地割于德，人民多习德语；所以提倡国语是极有意义的。尤其在斯列什威好斯坦地方的民众学校努力推动丹麦语的流行，和民族性的持续，其功甚伟。到 1920 年被统治于德国几达六十年了；终究以凡尔赛和约允许投票自决其国籍，而复归于丹麦。（138 页）

（二）历史　历史亦是个很普通的学科；唯在丹麦教育中乃表现其教育之神功。当格龙维目击英国社会的勃兴，而深感自家社会上气象的颓唐，一般人精神的萎废之时：

怎样能觉醒民众？这个问题是他很长久思索着的。他慢慢地想到要设立成人学校，讲丹麦语、讲丹麦祖先的故事，使民众从过去光荣的回忆，得到将来民族的自觉。（7页）

"只有感到民族覆亡的恐惧，而怀着生长和发荣的希求的人，才能将历史的灵魂传递于民众"；——这句话我们在前面已经引录过了。又原书第五章述其一日间的学校生活。有云：

第一课是历史。他的教育方法是依着格龙维的主张。教师把它当作一个有生命的人类故事来讲。从上古到现代为一个不断的时间的迁流；人类的生活是一个不断的历史连续。我们现在的生活亦只是其间的一阶段而已。青年们听着这故事，自会感觉到自己在这人类生活中的地位；因过去民族的光荣得到一种精神的兴奋。（58页）

历史上伟大人物的事迹，最足以启发我们的内心而扩充我们的人格。同时历史又不以抽象的推论趋于一偏，而有所执着。原书叙施洛特的历史教学云：

像格龙维一样，他以历史为一切教学的中心。历史是实际生活的回忆，是人类经验的纪录；它的价值比任何哲学的理论为多。历史的证据要求人们一致地信从，同时并不剥夺他们独立的判断。他将生活的事实陈列于青年之前，供其参考；却并

不注入任何偏见或成说。……这种客观的人生教训，于北欧人民的教化有绝大关系。（33 页）

（三）音乐诗歌　音乐本是感人最深的；而能歌咏的文学更有带着人整个生命活腾起来之力。这在格龙维的民众教育中实为特别着重的课程；尤其是儿童教育和民众教育要靠这个才能有效果。原书叙民众集会中音乐唱歌的功效极好：

这些民众集会和唱歌，就成了觉醒农民精神的方法。以前民间唱的只有赞神的歌和恋爱、战争以及饮酒的歌曲；自从格龙维和其他诗人作许多新诗歌，凡丹麦历史的大事，民族开明和进步的希望、劳苦、祈求，一切民众的精神生活都用普通语言活泼地描写，和着音乐流咏出来，民众于文字有不能领解的，唱着歌亦就感动了。每次集会听讲的前后，大家总是合唱一回，不久青年们会唱几百首的新诗歌，以宣达他们心坎里最深的感情和祈愿。（13 页）

在民众学校里，晨间唱歌以后，才开始讲课；上课完了，大家再同唱一个有关系的歌。唱歌的技术是不注意的；他们借着唱歌，兴起他们的趣味，唤发他们的友爱的精神。（55 页）

（四）体操　在起初的民众学校，其体操一科，目的是在锻炼健全的军国民，尤其是 1864 年对德战败后，具有很强烈的防卫国家的意思。1880 年前后青年对这种体育兴味渐减，恰好从

瑞典传过来一种体育方法就替代了。原书叙沃尔开特民众学校
校长德理尔说明体育应采取的新眼光云：

　　体育并不是为军事或其他特殊目的训练，亦不是单单为了
锻炼人身的体力和敏捷。体育的目的，是全人格的发展。他要
联合教育和锻炼以发展人类和动物不同的地方；这当然不仅是
身体的发育。一个人纵然经长久的锻炼而能有强大的体力和
敏捷的技能，亦决不能赶上牛的体力或猿的敏捷。但他能超
越各种动物之上，只是因为他能用他的意志来驾驭他的身体。
（127页）

　　这段话含义甚深，但我们此刻不及替他说明。

四、丹麦教育之要点

　　这本书第四章中，列举了丹麦民众高等学校二十要点。我
看着丹麦教育，实有提出要点来指说明白的必要。但原书所列
二十要点，我却觉着不尽合用。以我所见，除前揭出之根本精
神一点外，可再提出八个要点。——

　　（一）丹麦民众学校是由民众集会而来。格龙维以丹麦语
为民众讲演，而盛行开了民众讲演唱歌的集会，前已叙过。到
十八世纪末，几乎每一教会区都有一个民众会堂，大家聚集在
那里唱歌听讲；其于民众心理的启发上，乡村文化的增进上，

为功甚巨。但是单靠着集会讲演，这影响到底不会深入和永留；一个中心组织是必要的，——这中心组织便是民众高等学校。（14页）在民众学校成立以后，讲演会常为其固定事业的一种。

在中古时代，村集环绕着教堂而成；在丹麦这时，村集却环绕着民众学校而成了。住在学校邻近的村人都参与学校所举行的各种公共集会。（39页）民众学校的教师亦游行各地，在民众会堂和夏天的露天集会作公开讲演。这样民众教化的范围推广，青年愿就学于民众学校的愈多。（40页）

各地亦或另有演讲会的组织，而特建会所的。"有了这样一个会所，作兴趣和努力的中心，民众很容易得到丰富而充实的生活，以表现高尚的丹麦民族特性。"（125页）"可是亦有些地方的演讲，竟不如娱乐和交谊的事情重要；然其最初目的，却同是做民众学校的前哨的。"（126页）

（二）丹麦民众学校类乎一种补习教育。它是以十八岁至三十岁为入学年龄，与其他正式学校教育并不衔接的。学生多是受过义务教育或中等教育以后，又入社会做过事的人。以每年11月1日到次年4月1日的五个月为男生就学期；而5月1日到8月1日的三个月则给女生就学；从此等处看来，都很像成人补习教育。所谓补习自亦是有的；"一种功课寻常学童须三五年学了的，有志求学的成人三五个月便学会了"。然而主要的正面的则在人生的启发指点。人生问题的感触和认识，是必须到相当年龄才行的，所以入学年龄曾为此教育创始者争论之点。

柯尔德和格龙维发生一个重要的争点：即关于民众高等学校学生入学的年龄。老人主张至少要十八岁的青年才能有相当的成熟，能就学而获益；柯尔德却以为十五岁的学生较易于感受和范型。后来柯尔德实施起来，知道自己是错了——有了些生活的经验的青年，真是全心全意地来受教的。从此民众高等学校的入学年龄就定为十八岁。（20页）

（三）丹麦民众学校都是私人所经营，学生就学全出于自由的志愿。（53页）年幼的人进学校，常出于被动，年长的人进学校，或为有所诱慕。唯此丹麦学校既收已成年者，又无学位或职业予人；其来学自为志愿的。学校私立，故校长即是校主，学校为他所有的。（48页）自非出于志愿，亦没人来干这事。两方皆自志愿出发，不夹杂贰心他意。此其所以一则能感，一则能应，精神不明而逗合融贯，扩充开达也。假使办学的人是被派来办学的，一定无此效果。原书叙校长波拉自述其创办经过之艰难挫折而结语云：

（上略）这都是许多年前的旧语。但这许多年来，实在没有一日没有新的失望，新的进步；没有一日没有警觉我们的艰

难，勉励我们的收获。我回想这种种的艰阻和成功，心里始终充满着快乐和感激。（63页）

志愿以磨砺而愈挚切愈有味，发之于事业者，又安得不愈见精神！

（四）丹麦民众学校在政府是只给津贴而一切不干涉的。像丹麦这种教育固万不能由政府派人办，抑且以不受外界干涉为妙。格龙维的主张本有借政权而实现的希望，但卒未成。

可是，亦因为他的计划不成于在上者之手，而成于志愿为民众牺牲的人，后来的民众学校形式亦更自由，它和平民生活的关系亦更切近。（14页）

各地民众学校既办起来，在一次他们的联合会议上犹有人主张必要借助于政府力量的。

许多民众教育者，如德理尔等则竭力反对国立民众高等学校的计划。他们以为前此各校的享有教学自由，就因为不受政府干涉；这点如或放弃，其损失将不可限量。（37页）

幸此国立学校计划亦未成功，政府始终站在补助地位而不干涉。

柯尔德的民众高等学校学生纳费是很少的，他不得不向外请求经济的补助。从 1859 年起他每年接受政府的补助金，但以政府不干涉校内教学为条件。现在丹麦政府每年给予民众高等学校的补助金和奖学金约共一百万克郎。外国人到丹麦来，看了最惊异的：就是政府担负这样巨额的经费而绝不侵犯私人办学的自由。这是我们不能不感谢柯尔德的！（25 页）

（五）丹麦民众学校很富于家庭意味。原书有几段话，叙明此点：

民众高等学校像一个家庭；校长和他的夫人像家长，学生像子女。他们大家合桌会餐，谈谈笑笑，很是快乐。校长借此机会，给学生们一点友谊的忠告，或报告几条重要新闻，使他们很容易知道国内外的大事。民众学校这种自由活泼的会餐，使学生感到家庭般的安乐，那是和寻常学校的生活绝不同的。（57 页）

民众学校必须如家庭一般，才能完成它的使命。它当然教青年参加人民和国家乃至人类的诸般活动；但同时决不可失却了他们儿童时家庭生活的热情。他们得了解：人生不应当变成一种利己的竞存，而应当是一种群利的分享，这样，国家乃至世界，亦成了人们共同的家庭。（34 页）

我们学校亦有一个共同的社会目的，就是丹麦家庭生活的维系。我们要使青年明了家庭生活一经破裂，全部社会组织是要分崩的。只要建立在家庭般的友爱的精神上，国家乃至人类才有安宁，人们利己的竞争才有救济。这一点，欧洲大战已给我们一个痛苦的教训，而格龙维的理想亦更得到一个事实的佐证了。（45页）

这个"学校家庭化"的风气，实倡始于施洛特及其夫人，这是不能不纪念而感谢的！

施洛特多才的夫人是很有功于阿斯科夫学校生活的满足的。几百个学生食宿的烦琐，丹麦国内外几千个来参观的宾客的应酬，都是她一身任其劳。（34页）

施洛特夫人很能干地把阿斯科夫学校造成青年们的一个大家庭。她这种努力永为民众高等学校校长夫人的美范，亦将民众学校化为丹麦社会生活的一个有机部分。她性情是快乐的、豁达的、坦白而敏锐的。她除尽其对丈夫子女的职分以外，更将她优美的家庭，公开于校内的青年。（35页）

（六）丹麦民众学校使师生同学间发生很好的友谊关系。柯尔德的教育，他自己曾说过，没有什么原理与方法，只是他在十八岁时学着爱人爱神的道理，自己十分快乐；就立志用他的时间和精力，去帮助别人得到这个快乐。所以师生间、同学间的友爱，是丹麦教育中的精髓。原书第五章叙民众学校一日间的生活，自晨间歌唱以后，功课开始，到夜里十点半钟校内熄灯，停止谈话，大家安静休息，而总结云：

民众学校的老学生，回想在校的时候，各人的性情意见，尽管不同，而不晓得怎样，有一种很深的精神上的契合和友爱。这个精神就活跃于歌唱中，表现于谈话里。所谓"活的语言"，就是教师忘了他自我，传达着永久的真理，而影响到学生精神生活的谈话。（58页）

他们（学生）的信仰教师，和中古时代的学生自由集合于大师的讲坛一样。师生间自然地发生一种自由的友谊的关系。（55页）

从这般的教育成为风气，而化及全体民众；故原书叙说丹麦社会内部没有阶级冲突，就说：丹麦之所以能这样侥幸，是由于财产分配得平等，和农民的探索人生意义的运动，把全体民众不论阶级、家世、职业、资产都联合在友爱的精神之下。（90页）其财产分配得较为平等，则合作事业为力最大；因其产业的发达不从资本主义路也。合作事业之发达，又属民众教育之功。

许多青年出了民众学校，又进农业学校。等到自己谋生的时候，他有坚强的友谊，共进的勇气。青年们已具有使合作运动成功所必需的性格了。（114页）

合作事业之成败，全看参与合作者之友谊、信用、担当如何；假如没有丹麦教育是不会有以合作立国的丹麦国家的。

（七）丹麦民众学校以师生间、同学间的谈话讨论为其教育一要点。原书第五章叙学校一日间生活，于体育运动以后：

接着是问答和谈话时间。教师从日报上看到的材料，可以随便提出讨论。教师只注意着学生言论的不分歧于枝节问题，讨论是绝对自由的。民众学校的学生不是来研究某种学科而是来了解人生与个人地位的，所以这种同学意思的交换，给他们以十分的满足。

这种谈话又是解答讲课中疑难的一个方法。学生有课内不懂的问题，趁这时可充分提出。教师有不能满意作答，或问题太复杂，而不便于公开讨论时，再由教师和学生作个别谈话。教师从这种谈话中，得很大的益处；他们发现学生进步的程序与需要，而更谋教学的适应。民众高等学校是真以青年为中心；先引起他们的需要，而后供给其知识的。

课前课后，我们常看见学生们交换笔记，或自由阅读。有时亦听到他们讨论着马的种类、猪肉的价格、节制问题、妇女在社会的地位和时事等等。学生来自各方，这种共同的切磋讨论，所得的益处是不难想象的。

（八）丹麦民众学校课程不甚划一固定，是其一要点。原书 49 页云："学生的课程是自由的；师生共同生活于友爱中，

不难协定所教所学的科目。"又 74 页极言采取个性适应原则，
顺应学生个别的需要。前记柯尔德回答一新教师问教些什么
科目的话："我每天早晨和学生作一小时的讲话，晚上和他们
讲些史事或我自己的生平。这中间的时光请您监导着他们的
做事和纪律；至于教些什么，您自己决定就是了。"此亦可为
一证。

五、丹麦教育之变迁改进与扩展

丹麦之民众学校自格龙维、柯尔德创始以来，于今已八十
年。此中自有不少变迁和改进之处，我们亦须就其重要者撮志
一二；还有其发达扩展，亦有可记者。

所谓其重要的变迁改进，质言之，就是增进了科学教学，
复滋殖了职业训练的学校，而互为联络辅翼。当初的民众学校
是以历史文学等为其教育的主要题材；但"在施洛特时代，进
化论的学说已到处迫着人们的承认，他就知道有思想的青年，
除了文学历史以外，还要求自然律的透彻研究"。（38 页）自然
科学是不能不讲的；但自然科学的研究很易导入唯物主义，与
他们的教育生冲突。又况格龙维的门人，几乎全体是跟着那位
导师的轨范，受着历史文学的陶熔，难觅得出科学家。可巧有
一位青年的气象学和物理学者拉柯尔，被施洛特请来担任这科
学的讲座；他颇能解决这困难问题——

拉柯尔是个有资望的农人之子，是在格龙维主义的家庭生长的。他兼有儿童般的宗教信仰和极深的科学兴味，正是民众学校所需要的教师。他受了格龙维的历史的方法影响，所以他教授数学、物理亦依照历史发达的顺序；这是和系统的教学法不同的。他给学生们讲说：怎样累代的思想家，潜心致力，而渐渐发明数与自然的定律，人类怎样凭着他的才能，而征服了自然环境。就是寻常不会感到数学和物理兴趣的青年，这样亦能于科学有个概括的了解。拉柯尔从人生的观点教科学，所以科学与民众学校其他学科自然有精神的一致了。在十九世纪末，许多青年因传统的信仰受科学的打击而陷于思想上矛盾的痛苦。难得拉柯尔又是调和信仰与科学的人，自然更加得着青年们的悦服了。（39页）

这是民众学校增进了科学教育开始时的一个例子。后来阿斯科夫学校又得其他多能的教师，科学教学更加圆满。然而我们觉得科学与宗教信仰的调和终是不易为力的，不知他们怎得许多好科学教员。科学思想，又影响到历史教学：

现代科学的精神影响到民众学校里历史教学。以前，历史是当作人类生活的故事，古代史是特别着重；从阿美利加发见以后，教师是难得讲到的。在今日，我们的历史教学却趋重于现代史的了解。我们在历史演化中已不单讲上帝指引；我们只持续着理想主义，而描写几个有功于上帝和人类的伟大人物。

（44页）

还有一个新趋势，便是社会学和社会进化的注重。我们学生的大多数是不留意社会问题的。这是因为丹麦农人生活于很好的社会情境中；其最热心社会改造的工人，又很少进民众学校。但我们教师竭力引起青年们对社会问题的兴趣；而同时农人中的小地主亦因乔治显理氏经济学说，感觉到切身的关系。有一部分教师是很踌躇于社会主义的传授的；他们恐怕过分着重了，会把历史教学化成唯物的，而妨碍民众学校之目的——精神的觉醒。（45页）

还有以文学艺术渐渐替代了宗教教育，亦是科学的影响。

在旧日，教师们要表现出民众精神向上的冲动时，都引证着北欧神话的材料；在今日我们则取例于现代文学作品和艺术了。（44页）

丹麦农业之盛，农民合作之发达，自不能不有其训练所在；然而这种职业训练的学校却都是由民众学校渐渐滋殖出来的。盖在民众学校虽并没有施行过职业的训练，但另一方面职业学校却渐渐和民众学校连带着产生出来。——教授农业、机械画、家事等科，它们大都是民众学校的学生办理的。（41页）

施洛特的学生俾得孙于1875年后，在阿斯科夫左近建设拉特伦农业学校。数年后，亚页尔等又在奥登斯——就是那时柯尔德的学校所在地，设立达伦农业学校。拉柯尔的兄弟约根在丹京附近设立林边农业学校。不久，这样的学校就增加到十所了。（41页）

"这文化与职业两方面的活动各自独立，而又互相关联，共同携手着为丹麦的民众服务。"（41页）中农的子弟大都能先进民众学校，再进农业学校。小农的子弟普通只能受一个冬季的成人教育；因此小农的农学校，所教的仍旧有普通民众学校的课程。这两种学校一向有密切的关系，可以总称为"丹麦青年学校"。（107页）

因其如此，所以丹麦民众教育能帮助农民应付那谷价低落经济恐慌的农业变革，而有其伟大贡献于农业。"这种情形，从农业变革时直到现在没有更改。民众高等学校的前辈学生在农业专门技能方面处于领导地位，他们管理许多改进农业的团体。除农会和合作社以外，他们还管理十八世纪末十九世纪初产生的许多小农的农会。"（105页）——关于丹麦教育的变迁改进的话，大要如是。

所谓丹麦教育的发达扩展，是指其扩展到都市里，扩展到外国，最后并有"国际民众学院"。扩展到外国，大都是外国人看了丹麦教育的好，而师取其意，各自在其本国模仿建立的。瑞典挪威甚多，其他欧洲国家亦有之，最后则美国和日本亦有了。扩展到都市，及国际民众学院之设，则是丹麦人的努力。

丹麦教育家是充满着宗教家精神的。信如柯尔德的话，他将以他的精力与时间"帮助别人亦得到这快乐"；他如何能单在乡间尽力，而终竟置都市人生活于不顾呢！丹麦教育自然发生于乡村，且始终以乡村生活为主；但如其终竟不到都市里去，将不成其为丹麦教育的精神了。然在都市中创办这种教育，却非易事。"都市中的喧嚣烦攘是难得养护教育生活的。市民与农民性质是根本不同的；其生活的状况和一般的情境是不适于民众高等学校事业的。"有许多人尝试，均遭失败，盖至波拉（Borup）而始成功云。（61页）又其次，丹麦教育是不能不扩展到国际间的；——国际间的仇恨心理，人类和平的破坏，在"爱人爱神"的丹麦教育家又何能置之不顾呢？所以在欧洲大战期间就酝酿出这国际民众学院的计划。曼涅支（丹麦教育家）实为其发愿创办者，"像是得了宗教的灵感一般"不顾艰苦要去实行。欧战后他奔走于各国，得各国人士的同情赞助，以1921年创建于丹麦的爱尔西诺市。学生来自英美德奥各国；将从各民族间的了解融洽，打破障蔽，释除夙怨。"希望对于改造未来的世界能多少贡献一些力量。"（79页）原书记其学校情形甚有趣味，录其一段于此：

英国学生喜欢那自认和学生一样，自己只知真理极小的一部分的谦卑教师。德国学生却愿意尊崇一位能领导他们的教师，把制度和理想传授给他们，他们得作努力。英国学生重事实，不喜欢理论和空想；他要实用的知识，所以喜欢社会学和心理学。德国学生虽然亦修习社会学和心理学；可是他们为知识而爱知识，对学问实用的价值表示怀疑。……学生性格的混杂虽使编制课程感到困难，但亦有许多益处。在各国人民聚在一堂，学习地质、世界史、世界文学的时候，兴趣自然更浓厚。日常和异国学生相处，亦能助学习外国语。学生因性格互异，可相为熏习。英人的愿负责任和幽默，德人的勤俭和富于感性，丹麦人的奋勉和勇于助人，瑞典人的机智，这都能互为影响的。（79页）

六、从而论到我们的教育

我们既叙明丹麦教育，从而论到中国的教育问题。在旧日（指西洋式教育未入中国之时）中国国家虽极注重教化，而于今日所谓教育者大半阙如，或听诸人民自理。此教化盖与西洋之宗教略具相当功用，其内容为人生的教训而绝不含知识技能在内。又以生产技术及其他技术未进于科学之域，各项职业的训练，但行于父子师徒之间，鲜以学校教育行之。其有类乎学校教育者，厥为"士子"之读书。读书不成，仍归于农工商各途；读书而能成其为士者，则士亦即为一种职业于社会间。其职业即为官或教书等，为官教书又主于以教化为事。故士之教育除一部分为文艺教育外，主要在明人生而敦伦理；凡所诵习莫能出此，是可征也。然自清光绪间废科举兴学校以来，一切情形大变于旧；今所谓中国教育问题，正指此三十余年间之新式教育言。

新式教育之兴，将以起一国之衰；乃至于今日而其弊大见，适所以祸国焉而已！方其弊之见端，改革之议屡作，前后纷更，屈指难记。举其最近转变之可得言者，约有两点：

（一）为由都市教育改趋于乡村教育；

（二）为由人才教育改趋于民众教育。

"乡村教育""民众教育"，这是三五年来教育界里最时髦的话头；可是在以前，谁曾提过呢！这个转变是怎样而来？不外是由模仿感觉到问题而生的一个自觉。原来西洋近代文明是建筑在工商业上的一种文明，亦即是以都市为中心而发挥的一种文明。其所以称霸于世界，远侵到东方，震撼惊醒吾人之迷梦的在此；故吾人急起自救，模仿它的亦在此。新式教育即此模仿中的一件事。虽不必单提直指地办都市教育，而因其为西洋那样的社会孕育发展出来的一种教育，固自不期而然地是一种都市教育了。所以三十年间新式教育的结果，就是一批一批地将农村人家子弟诱之驱之于都市而不返。又以我工商业之不发达，麇集于都市之人乃不得不假政治名义重剥农民以自养；乃不得不争夺其所剥削的地盘而酿发战祸。故新式教育于乡村曾无所开益，而转促其枯落破坏。然中国固至今一大乡村社会也，乡村坏则根本摧。教育界之有心人发现其非，于是有乡村教育之提倡。乡村教育是大标特标出来的，而都市教育始未有其名号；正为其一则出于自觉，一则模仿于不自如。

由人才教育改趋于民众教育，其故亦复如是。当初所以兴办学堂，所以派学生出外游学，原是造就人才。因为在西洋国家有许多可歆羡的事，中国想仿办的，都必须从造就人才入手。例如想办海军，必须派人游学海军，想练陆军，赶紧成立陆军学堂；想办警察，想修订法律，想开矿、筑铁路，乃至种种，都必派人游学或兴学。所以那时游学回来的人，国人莫不以奇才相待；而学堂毕业出身的，亦都要奖官授职。初办教育时其用意如是，眼光如是，固为时势所不能逃。乃时至今日，不嫌人才少，反苦人才多。不但军界人才多，法政人才多，即农业工业人才亦摆起来，没有用。始恍然几个专门人才决救不得国；必待一般民众觉悟而且进步，整个社会才得好。于是民众教育之呼声大起。民众教育是大标特标出来的，而人才教育始未有其名号；亦如前云自觉与模仿之分也。

我们知道丹麦教育正是一种乡村教育，一般民众教育。今日中国教育界的新觉悟、新趋势不期乃与数万里外异国之八十年前旧事相合。此不事模仿而自然巧合者本是最好不过，——模仿反倒不好。然我们虽不想处处求合于丹麦教育，丹麦教育固尚有足引起我们觉悟而亟图改变之点。窃以为我们的教育当前有两大问题亟待考量的：

（一）教育将趋重知识技能，抑要着眼人生行谊的问题；

（二）是教育将主于官办，或听由社会上私人经营的问题。

丹麦教育很明显的，在前一问题上是着眼人生行谊；在后一问题上是私人经营而国家从旁补助。但三十余年来，我们的新教育恰一一与之相反；——于前趋重知识技能，于后主于官办。

本来近世西洋人的长处，就在其超进于往世的知识技能，而中国人之所短亦正在此。初无待职业教育之提倡，中国之兴学自始即着眼在各种专门知识技能，期以西洋之"实学"救我夙昔空疏之弊。况学校制度仿自西洋，在西洋原是以科学的讲习为主。由是三十余年来教育上风气一变于旧，竟以"知识欲"相标榜。乃其结果，此"实学"教育顾未见有何实用之效，科学亦迄未发达。此诚何故？这自亦有很多原故，难以一言赅尽之。然试以丹麦教育来相比较，乃彼始未尝着力于实用的知识技能如我所为；而实用之效，我所亟求不得者，在彼反大著成功。是不可深长思邪？此其所以然，我想至少有两层可以说的。

（一）知识技能是生活的工具，是死的；只有生命本身才是活的。必待活泼的生命去进求，而后知识技能才得有；必待活泼的生命去运用，而后其功用乃著。生命消沉无力，则知识技能一切谈不到；而果得生命活泼，亦自然知所进求运用，正自不难著其功。如前所述，格龙维、柯尔德、施洛特的教育，正是为其民族生命作的一番鼓进振导工夫，使颓废的丹麦人平添了无限活力。因此丹麦民众学校虽不直接讲究农业学术，而讲究农业的学校团体机关都由此滋殖出来，柯尔德、施洛特均与农业教学无关，而大家都公认他在丹麦农业上著奇功伟绩。这正所谓"有体必于用"，不在用上求而用自有。所之，在中国入手便讲知识技能，专在用上求，忽略了生命本体，结果无体亦无用。

（二）中国旧日书房教育，于科学知识实用技能完全没有，其必须采取西人长处以补我之所短，夫复何疑。然中国文化至清代而益成定型，外面光华，内容枯虚，似盛而实衰，其教育正亦不能外是。从来中国教育特别致意之点在人生行谊；所谓"读书明理"，其理正指人生之理。清代率天下为八股时艺，一宗朱注，演孔孟书为游戏文章；学术界风气又以名物考订为事，鲜及义理。故在高等教育上，此"人生之学"浸僵浸腐，殆已僵成尸。同时，礼教之威严愈著，人情真意愈以衰薄。故在一般社会上，此人生行谊教育亦已僵化而鲜生意。于此际也，欲言吸收融取他人长处实难。譬如艺果树者之插枝接木，欲在此树本上得为如彼之开花结果非不可能，但头一条件必须此树本之生意充足。我诚欲融取西洋教育之长，必先从来之教育先自更苏。乃清末兴学，眼光所倾注既在彼而不在此；学校课程虽有"人伦道德""修身"等目，而枯燥为学生所厌，中国旧教育至此无复绪余。以是求所谓知识之花，实用之果，三十余年来曾亦不可得。非独不可得也，时至今日，新教育制度不几已穷乎！

我们可以断言：中国学术除非不复兴盛则已，如其兴也，必自人生问题之讨究入手，乃引起其他一切若近若远之科学研究；抑必将始终以人生问题为中心而发展一切学术焉。中国教育除非从此没办法则已，如其有办法，必自人生行谊教育之重提，而后其他一切知识技能教育乃得著其功；抑必将始终以人生行谊教育为基点而发达其他知识技能教育焉。如前所陈，中国教育今当置重于乡村教育民众教育。然使所谓民众教育徒琐琐于识字、于常识、于农业改良，而于吾人如何处兹历史剧变的世界，无所启发指点，则可云毫不相干。今之乡村社会于千余年风教不改之后，忽尔变革激急，祸患迭乘，目眩黑白之辨，人无乐生之心；而时则旧文化既毁，若政治，若经济、社会生活之各方面，乃非有伟大的创造，开民族历史之新局，必无生路。一方农民心理既不胜其窘闷消沉；一方时代责任所期于彼者顾极重且远。自非有极深之信仰绝强之意志之大教育家，从人生问题上启发指点，俾其心理有大转移，则一切谈不到。更无论所谓识字运动、农业改良运动等，在其本身各有难于推行之点，可断言其无功也。窃愿努力民众教育者省识及此，而亟图之。——此在我们非必求符于丹麦教育；然观于丹麦教育，固有引起我们对此刻中国教育问题之认识者（关于中国民众教育之诸问题当别为文讨论之）。

今日中国教育之主于官办，亦是时势所必致。盖新式教育原从异方社会摹取而来，不是中国社会上自然而然的产物。如果不是借着国家权力在提倡，它将不能在中国社会上出现乃至推行。有的借国家崇贵的名义，有的借法令的强制，尤其是在经费上要靠公家才得措办。所以在当日倡导新教育运动的人，对"官办教育"一层，似不产生什么疑问。到近年来国民党的政纲政策更像是一切事归国家包办才对。虽然现在私立学校亦还有，而曾未闻有人大声疾呼反对官办教育。其实教育这桩事，既不同于军事、外交、警察、司法，唯国家乃有权执行；又不同于交通事业要统一管理才方便。何况教育最忌的是机械呢！丹麦教育最大的长处是不就机械，处处富于自然旨趣。假使丹麦教育亦是官办的，——是政府派来的官校长，支官款，办官事，那恐怕所有一切的精神真趣都没有了。因办学的人根本便非是自发的志愿，而是被派遣来的；——机械的。一切依据官厅法令章程办事，而不出于办学者自己的意思；——又是机械的。款项非从辛苦自筹，便无爱惜之意，翻或令不肖者生觊觎贪竞之心。纵然防弊甚严，涓滴不失，亦是机械的。总之，是一套机械。什么人格感应的教育，什么师生同学的友谊交情，什么学校俨如家庭，什么课程自由、适应个性，一切的一切，全无从说起，根本取消。我们敢说要想中国教育有生机，非打破推翻今日官办教育的局面，得一大解放不可，官办教育，教育愈办愈死。官不办教育，听社会上有志教育的人去办教育，才得愈办愈活。分析言之，其利弊不同有四。

（一）官办教育有形式，不如社会自办教育有精神。因唯其自动乃有精神。而官办的事向来是官样文章。记得从前上边政府督励各县举办小学堂，一县或报说办有几百几千，其实每每悬着招牌没学生。现在政府又督励各县举办民众教育了，结果还不是同从前一样。即实在认真去办，其认真之处亦在形式，精神则讲求不到。办教育的人精力全用在应付外面，而不用在教育本身；即办得好亦是形式好。其下焉者更但求敷衍过公事便完。这是几十年官办教育的写真，人人眼见的。

（二）社会自办教育得各抱理想自由试验；而官办教育必有规绳，不免窒塞创造。然中国现在所需要的正是创造。因中国社会旧日的一切多不适用，近今从西洋直接抄袭过来的又不适用，所以非创造自家所适用的一套新文化不可；政治、经济乃至一切皆然，教育正同一例。窒塞创造即是窒塞中国前途。何况中国今日教育已到途穷、非变不可地步。这变断非由官去变，要自由试验而后才变得通。

（三）官办教育易离开社会，不如社会自办切近事实。三十余年来所以必须以官力办教育者，原以顺从社会之自然，否则无此教育。然官力愈大，教育之离开社会将不免愈远。卒之，一切非此社会所需要有的教育，非此社会所可能有的教育，均见于中国。教育自教育，社会自社会之弊乃特著于中国，而中国社会病矣！今欲求教育之切近社会事实，必须出自社会自办；教育界出自社会自办，则二者将息息相关、息息相通，欲离开社会而不可得也。

（四）官办教育每多虚抛浪费，远不如社会自办者用钱经济。凡是一个肯留心的人，曾在官办教育里任过事，当无不稔知官办教育用钱是如何滥抛得可惊。正在患穷的中国社会，似应讲求用钱经济之道；那就莫如将教育事业付诸社会自理，才得将花不心痛的钱的心理改变了，而为自知撙节。这出入之间，我们相信是很大的。

所谓改革官办教育的局面，而由社会自办是怎样呢？那就要政府退处于考核、监督、奖励、补助地位，促兴社会事业而不阻碍社会事业；——现在有些社会事业正为政府力量所抑阻。我意并非不要政府力量，但以为政府力量宜用之得当耳。包办就是不得当；对于有志教育的人办教育有成效者从旁提倡掖助即为得当。将政府款项用在津贴社会上好的学校，比政府用款开办一个学校，又经济，又见精神。其有某地方教育不发达者不妨从宽津助以示提掖之意。又或有某项教育事业鲜为社会注意者，亦不妨特加提掖；甚或政府来举办亦无不可。因为完全听诸社会上有志人士去办，或一地方社会之自理，不免有各不相为谋之处，缺乏统筹全局的计划。必须要政府来补足其不周遍不均适之点。但从大体上说，是以社会自办为主，政府办为辅。——此在我们亦非必求符于丹麦教育；然观于丹麦教育，固有引起我们对此刻中国教育问题之醒觉注意者。

天下事的分别，只有敩轻敩重之间，初无绝对如何如何者。以上说过的四个问题，我们只是赞成最近所萌芽重乡村教育的趋势，敩重民众教育的趋势；我们只是提醒大家要敩重人生行谊教育，敩重社会自办教育。必有轻重，才见方向，才有路走。即曰轻重，自亦非抹杀哪一边。

图书在版编目（CIP）数据

因为至性，所以动人：梁漱溟谈读书 / 梁漱溟著；
梁培宽，梁培恕辑录 . -- 北京：中国文史出版社，
2021.9

ISBN 978-7-5205-3205-1

Ⅰ . ①因… Ⅱ . ①梁… ②梁… ③梁… Ⅲ . ①读书笔
记—中国—现代 Ⅳ . ① G792

中国版本图书馆 CIP 数据核字（2021）第 202340 号

出 品 人：刘未鸣　段　敏
责任编辑：张春霞

出版发行：中国文史出版社
社　　址：北京市海淀区西八里庄路 69 号院　邮编：100142
电　　话：010-81136606　81136602　81136603（发行部）
传　　真：010-81136655
印　　装：北京新华印刷有限公司
经　　销：全国新华书店
开　　本：700mm×1000mm　1/32
印　　张：11.5
字　　数：229 千字
版　　次：2022 年 4 月第 1 版
印　　次：2022 年 4 月第 1 次印刷
定　　价：59.80 元